全国交通土建高职高专规划教材

公路交通工程及沿线设施概论

王海春　主　编
许　云　付大智　副主编
过秀成[东南大学]　主　审

人民交通出版社

内 容 提 要

本书为全国交通土建高职高专规划教材，内容包括：绪论、道路交通的基本特性、交通安全设施、监控系统、通信系统、收费系统、照明系统、供配电系统、服务设施与房屋建筑、公路交通环境污染及防治。

本书可作为全国交通土建高职高专高等级公路维护与管理专业、道路桥梁工程技术专业教材，也可作为高职高专其他相关专业选修教材，亦可供交通工程技术人员学习参考。

图书在版编目（CIP）数据

公路交通工程及沿线设施概论/王海春主编. --北京：人民交通出版社，2008.8

ISBN 978-7-114-07344-1

I. 公… II. 王… III. 道路—沿线设施—高等学校：技术学校—教材 IV. U417

中国版本图书馆 CIP 数据核字（2008）第 130163 号

全国交通土建高职高专规划教材

书　　名：公路交通工程及沿线设施概论
著 作 者：王海春
责任编辑：卢仲贤　刘永超
出版发行：人民交通出版社股份有限公司
地　　址：（100011）北京市朝阳区安定门外外馆斜街 3 号
网　　址：http://www.ccpress.com.cn
销售电话：（010）59757973
总 经 销：人民交通出版社股份有限公司发行部
经　　销：各地新华书店
印　　刷：北京市密东印刷有限公司
开　　本：787×1092　1/16
印　　张：11.75
字　　数：280 千
版　　次：2008 年 8 月　第 1 版
印　　次：2020 年 1 月　第 7 次印刷
书　　号：ISBN 978-7-114-07344-1
定　　价：29.00 元

全国交通土建高职高专规划教材编审委员会

总　　序

针对高职高专教材建设与发展问题，教育部在《关于加强高职高专教材建设的若干意见》中明确指出：先用2至3年时间，解决好高职高专教材的有无问题。再用2至3年时间，推出一批特色鲜明的高质量的高职高专教育教材，形成**一纲多本、优化配套**的高职高专教育教材体系。

2001年7月，由人民交通出版社发起组织，15所交通高职院校的路桥系主任和骨干教师相聚昆明，研讨交通土建高职高专教材的建设规划，提出了28种高职高专教材的编写与出版计划。后在交通部科教司路桥工程学科委员会的具体指导下，在人民交通出版社精心安排、精心组织下，于2002年7月前完成了28种路桥专业高职高专教材出版工作。

这套教材的出版发行，首先解决了交通高职教育教材的有无问题，有力支持了路桥专业高职教育的顺利发展，也受到了全国各高职院校的普遍欢迎。

随着高职教育教学改革的深入发展、高职教学经验的丰富与积累，以及本行业有关技术标准、规范的更新，本套教材在使用了2至3轮的基础上，对教材适时进行修订是十分必要的，时机也是成熟的。

2004年8月，人民交通出版社在新疆乌鲁木齐召开了有19所交通高职院校领导、系主任、骨干教师共41人参加的教材修订研讨会。会议商定了本套教材修订的基本原则、方法和具体要求。会议决定本套教材更名为“交通土建高职高专统编教材”，并成立了以吉林交通职业技术学院张洪滨为主任委员的“交通土建高职高专统编教材编审委员会”，全面负责本套教材的修订与后续补充教材的建设工作。

2005年6月，编委会在长春召开了同属交通土建大类、与路桥专业链接紧密的“工程监理专业、工程造价专业、高等级公路维护与管理专业”主干课程教材研讨会，正式规划和启动了这三个专业教材的编写出版工作。

2005年12月，教育部高等教育司发布了“关于申报普通高等教育‘十一五’国家级规划教材”选题的通知（教高司函[2005]195号），人民交通出版社积极推荐本套教材参加了“十一五”国家级规划教材选题的评选。

2006年6月，经教育部组织专家评选、网上公示，本套教材中有十五种入选为“十一五”国家级规划教材，2008年1月，又有六种教材在“十一五”国家级规划教材补报中列选，共计21种，标志着广大参与本套教材编写的教师的辛勤劳动得到了社会的认可、本套教材的编写质量得到了社会的认同。

2006年7月，交通土建高职高专统编教材编审委员会及时在银川召开会议，有24所各省区交通高职院校或开办有交通土建类专业的高等学校系部主任、专业带头人、骨干教师以及人民交通出版社领导共39位代表出席了本次会议。会议就全面落实教育部“十一五”国家级规划教材的编写工作进行了研讨。与会代表一致认为必须以入选的十五种国家级规划教材为基本标准，进一步全面提升本套教材的编写质量，编审委员会将严格按照国家级规划教材的要求审稿把关，并决定本套教材更名为**“全国交通土建高职高专规划教材”**，原编委会相应更名为**“全国交通土建高职高专规划教材编审委员会”**。以期在全国绝大多数交通高职院校和开办有交通土建类专业的高等院校的参与、统筹、规划下，本套教材中有更多的进入“十一五”国家级规划教材行列。

2007 年 5 月，编委会在湖南长沙召开工作会议，就“十一五”国家级规划教材主参编人员的确定和教材的编写原则作出了具体安排，全面启动“十一五”国家级规划教材的编写与出版工作。

2008 年 4 月，编委会在广东珠海召开工作会议，研讨了**“工学结合”**高职高专教材编写思路，决定在“十一五”国家级规划教材编写过程中，注重高职教学改革新方向，注重工程实践经验的引入，倡导**“工学结合”。**

本套高职高专规划教材具有以下特色：

——顺应交通高职院校人才培养模式和教学内容体系改革的要求，按照专业培养目标，进一步加强教材内容的针对性和实用性，适应学制转变，合理精简和完善内容，调整教材体系，贴近模块式教学的要求；

——实施开放式的教材编审模式，聘请高等院校知名教授和生产一线专家直接介入教材的编审工作，更加有利于对教材基本理论的严格把关，有利于反映科研生产一线的最新技术，也使得技能培训与实际密切结合；

——全面反映 2003 年以来的公路工程行业已颁布实施的新标准、规范；

——服务于师生、服务于教学，重点突出，逐章均配有思考题或习题，并给出本教材的参考教学大纲；

——注重学生基本素质、基本能力的培养，教材从内容上、形式上力求更加贴近实际；

——为加强学生的实际动手能力，针对《工程测量》、《道路建筑材料》等课程，本套教材特别配套有实训类辅导教材；

——为方便教学，本套教材配套有《道路工程制图多媒体教材》、《公路工程试验实训多媒体教材》、《路基路面施工与养护技术多媒体教材》、《桥涵设计多媒体教材》、《桥涵施工技术多媒体教材》、《现代道路测量仪器与技术多媒体教材》等。

本套教材的出版与修订再版，始终得到了交通部科教司路桥工程学科委员会和全国交通职教路桥专业委员会的指导与支持，凝聚了交通行业专家、教师群体的智慧和辛勤劳动。愿我们共同向精品教材的目标持续努力。

向所有关心、支持本套教材编写出版的各级领导、专家、教师、同学和朋友们致以敬意和谢意。

全国交通土建高职高专规划教材编审委员会
人民交通出版社
2008 年 5 月

前　言

根据对公路工程设计、施工、监理、监测、养护等单位的调研，建议高职高专高等级公路维护与管理专业应开设公路交通工程及沿线设施课程。公路交通工程及沿线设施包括安全设施、服务设施和管理设施三种。对这部分内容，目前所使用的教材中，仅在《交通工程学基础》、《公路养护技术管理》、《公路勘测设计》中作了简单介绍，但内容不够全面，不能很好满足学生学习的需要。同时，随着公路设计全周期、全寿命理念的引进，公路交通工程及沿线设施显得尤为重要。但到目前为止，还没有一本高职高专教材较为全面地介绍公路交通工程及沿线设施。为此，编写了这本《公路交通工程及沿线设施概论》教材。

本教材以公路工程基本建设项目设计文件编制办法为主线，以现行公路工程技术标准、公路交通安全设施设计规范、公路交通安全设施设计细则、公路交通安全设施施工规范为依据，兼顾不同等级公路，主要从道路交通的基本特性、交通安全设施、监控系统、收费系统、通信系统、照明系统、供配电系统、服务设施和房屋建筑、公路交通环境污染及防治几个方面，介绍公路交通工程及沿线设施的内容。本教材可作为高等级公路维护与管理专业的专业主干教材，也可作为高职高专其他相关专业的选修教材。

由于交通安全设施设计规范的变化，编者依据新规范对原教材进行了修订。本教材的编写由青海交通职业技术学院、青海省高等级公路管理局和陕西交通职业技术学院共同完成，具体分工如下：主编青海交通职业技术学院王海春编写第一章、第四章和第九章，副主编青海省高等级公路管理局付大智编写第六章，副主编青海交通职业技术学院许云编写第三章，青海交通职业技术学院刘建明编写第五章，青海交通职业技术学院王荣编写第二章，青海省高等级公路管理局张文杰编写第七章，青海省高等级公路管理局王昌春编写第八章，陕西交通职业技术学院殷青英编写第十章。

全书由东南大学交通学院过秀成教授担任主审，在编写过程中得到了主、参编院校和青海省高等级公路管理局的大力支持，同时也得到了人民交通出版社提供的大量参考资料，在此向支持、关心和帮助本书编写的有关领导和专家致以衷心的谢意。

由于编者水平有限、时间仓促，疏漏失误之处敬请批评指正。

编　者

2010 年 8 月

目　　录

第一章 绪　论

> **学习要点：**
>
> 掌握交通工程学及公路交通工程设施的概念，交通工程及沿线设施设置的原则及等级划分，交通工程及沿线设施的作用；了解交通工程及沿线设施的配置规定。

第一节　交通工程学及交通工程设施的概念

一、交通工程学的定义

交通工程学是一门发展中的交叉学科。它与运输工程学、道路工程学、汽车工程学、电子工程学、工效学(Ergonomics 曾译名人机工程学)、心理学和经济学等有着密切的关系，兼有自然科学和社会科学的内容，且其内容不断发展丰富。目前，对其定义和内涵各有不同的认识和提法。

就交通工程的学科而言，美国交通工程师协会早在 20 世纪 40 年代就交通工程给出了这样的定义："交通工程是研究道路及与它们相联系的土地的规划、几何设计及交通管理，以使人和物的移动达到安全、便利、有效及经济的目的"。澳大利亚著名的交通工程学教授布伦敦给交通工程下的定义是："交通工程是关于交通和出行的量测科学，是研究交通流和交通发生的基本规律的科学。为了使人和物安全有效地移动，把这些科学应用于交通系统的规划、设计和运营。"我国 1987 年出版的《中国大百科全书》对交通工程的定义是："交通工程是道路交通的发生、构成和运动规律的理论及其运用的科学，是由道路工程科学衍生而发展的。研究的对象是人、车、路及其与土地的使用、房屋建筑等综合环境之间的相互关系，目的是探求使道路交通系统运输能力最大、经济效益最高、交通事故最少和公害程度最低的科学技术措施，从而指导道路系统的规划建设和交通系统的运行管理。其学科主要内容包括：人、车特性的研究、交通流理论、交通调查、交通规划、道路通行能力、停放车、几何设计、道路交叉、交通事故和安全、交通信号和系统、交通公害、电子信息系统和交通控制、公共交通和交通节能。"有些学者认为交通工程学是涉及工程(Engineering)、法规(Enforcement)和教育(Education)的科学，因此称之为 3E 科学；有些学者认为交通工程还涉及环境(Environment)和能源(Energy)，因此，称之为 5E 科学。

二、交通工程及沿线设施的概念

从上述交通工程学各种定义可以看出一个共同的观念，即交通工程应是以道路交通为研究对象，以人、车、路和环境的相互关系为研究背景的科学。就实际工程而言，交通工程设施是根据交通工程学的原理和方法，为使道路通行能力最大、经济效益最高、交通事故最少、公害程度最低而设置的系统、设施和给人或车配备的装备，即为使车辆迅速、高效、安全、舒适地行驶而设置的各类设施。

根据公路工程基本建设项目设计文件编制办法，公路工程基本建设的新建和改建项目（对于公路养护的大、中修工程，可参照使用），不论是什么等级的公路，不论采用几阶段设计（初步设计、技术设计和施工图设计），在设计文件中均应包括交通工程及其沿线设施内容，只不过其深度和广度要根据公路的等级和服务的水平来决定。故本书所包含的内容主要是依据公路工程基本建设项目设计文件编制办法编写的，主要包括：绪论、道路交通的基本特性、交通安全与管理系统、监控系统、通信系统、收费系统、照明系统、配供电系统、服务系统及房屋建筑、公路交通环境污染及防治，同时，为了使读者了解人、机、路的关系，增加了一章道路交通基本特性的内容；另外，监控系统、通信系统、收费系统、照明系统和配供电系统的各章节是以高速公路为例编写的，其他等级的收费公路同样适用。交通安全设施、道路交通基本特征和服务设施及房屋建筑、公路交通环境污染及防治，则涵盖了不同等级的公路。总体来讲，公路交通工程及沿线设施包括交通安全设施、服务设施和管理设施三种。

第二节　交通工程及沿线设施设置的原则及等级的划分

一、交通工程及沿线设施设置的原则

（1）交通工程及沿线设施的建设规模与标准应根据公路网规划、公路的功能、等级交通量等确定。

（2）交通工程及沿线设施总体设计应符合公路总体设计的要求，准确体现设计意图，相互匹配，协调统一，充分发挥公路的整体效益。

（3）交通工程及沿线设施应按照“保障安全、提供服务、利于管理”的原则进行设计。

（4）交通工程及沿线设施包括交通安全设施、服务设施和管理设施三种，各项设施应按统筹规划、总体设计、分期实施的原则配置，并结合交通量的增长与技术发展状况等逐步补充、完善。

二、交通工程及沿线设施等级的划分

交通工程及沿线设施等级分为 A、B、C、D 四级，各级公路交通工程及沿线设施等级与适用范围应符合表 1-1 的规定。

交通工程及沿线设施等级与适用范围　　表 1-1

交通工程及沿线设施等级	适用范围	交通工程及沿线设施等级	适用范围
A	高速公路	C	一级公路、二级公路作为集散公路时
B	一级公路、二级公路作为干线公路时	D	三级公路、四级公路

第三节　交通工程及沿线设施的设置规定

一、交通安全设施的设置应符合下列规定

（1）A 级应设置系统、完善的标志、标线、视线诱导标、隔离栅、防护网；中间带必须连续设置中央分隔带护栏和必需的防眩设施；桥梁与高路堤路段必须设置路侧护栏；互通式立体交叉及其周边地区路网应连续设置预告、指路标志；车道边缘线、分合流路段宜连续设置反光突起

路标；出口分流三角端应设置防撞设施。

（2）B 级应设置完善的标志、标线、视线诱导标及必需的隔离栅、防护网；一级公路中间带必须连续设置中央分隔带护栏和必需的防眩设施；桥梁与高路堤路段必须设置路侧护栏；互通式立体交叉及其周边地区路网应连续设置预告、指路标志；平面交叉必须设置完善的预告、指路或警告、支线减速让行或停车让行等标志，以及反光突起路标和配套、完善的交通安全设施，并保证视距。

（3）C 级应设置较完善的标志、标线及必需的视线诱导标、隔离设施；一级公路中间带必须设置隔离设施；桥梁与高路堤路段应设置路侧护栏；平面交叉应设置预告、指路或警告、支线减速让行或停车让行等标志和配套、完善的交通安全设施，并保证视距。

（4）D 级应设置标志；视距不良、急弯、陡坡等路段应设置路面标线及必需的视线诱导标；路侧有悬崖、深谷、深沟、江河湖泊等路段应设置路侧护栏；平面交叉应设置标志和必需的交通安全设施。

（5）特殊情况下的交通安全设施：

①连续长陡下坡路段、危及运行安全处，应设置避险车道。必要时宜在长陡下坡路段的起始端前设置制动车道等交通安全设施。

②风、雪、沙、坠石等危及公路安全的路段，应设置防风栅、防雪（沙）栅、防落网、积雪标杆等交通安全设施。

③公路养护作业时，应设置限制速度的醒目的交通警示、诱导等交通安全设施。

④公路改（扩）建时，交通安全设施的设置应进行专门设计。

二、服务设施的设置应符合以下规定

（1）A 级应设置服务区、停车区和公共汽车停靠站。

服务设施建设规模应根据公路设计交通量、交通组成等计算确定。服务区车区位置应根据区域路网、地形、景观、环保等进行规划和布设。

服务区应提供停车场、公共厕所、加油站、车辆修理所、餐饮与小卖部等设施，平均间距应为 50km。停车区应提供公共厕所、长凳等设施和少量停车车位。停车区与服务区或停车区之间的间距宜为 15 ~ 25km。公共汽车停靠站应根据沿线城镇分布、出行需求，并结合服务区或互通式立体交叉设置。

（2）B 级宜设置服务区、停车区、公共汽车停靠站。

服务区应提供停车场、公共厕所、加油站、小卖部等设施，平均间距宜为 50km。停车区应提供公共厕所、长凳等设施和少量停车车位。公共汽车停靠站可根据沿线城镇分布、出行需求选择适宜地点设置。

（3）C 级、D 级可根据需要设置加油站、公共厕所等设施。

三、管理设施的设置应符合以下规定

（1）A 级应设置监控、收费、通信、配电、照明和管理养护等设施，实时收集交通流信息并及时发布，迅速采取相应对策，疏导交通，保障行车安全。

监控设施分为 A1 和 A2 两类。A1 类适用于八车道高速公路，四、六车道高速公路的特长隧道、特大桥、服务水平低于二级的路段；A2 类适用于四、六车道高速公路的其他路段。A1 类应配置完善的信息采集、交通异常自动判断、交通监视、诱导、主线及匝道控制、信息处理及发布等设施;A2 类应设置较完善的信息采集、交通异常判断、交通监视、诱导及主线控制、信息处理和发布等设施。

当桥梁、隧道设置结构监测、养护监测等设施时,应与路段的监控系统统一规划设计,协调管理。

收费设施应与公路设计采用的服务水平相协调。

通信设施应满足监控、收费和管理业务需求,结合路网统一规划、统一标准、统一体制,适应信息化管理和通信技术的发展。

公路两侧应设置紧急报警设施。

公路收费广场、服务区应设置照明设施。位于城市出入口路段的互通式立体交叉、特大桥等宜设置照明设施。

管理所(监控分中心)和养护工区应根据公路管理业务需求设置,平均间距宜为 50 km。

(2)B 级宜设置基本的信息采集、交通监视、简易信息处理及发布等监控设施,及时疏导交通,保障行车安全。平面交叉应视交通量情况配置警示灯或信号灯等设施。管理所和养护工区应根据公路管理养护业务需求设置。

(3)C 级平面交叉应视交通量情况设置警示灯或信号灯等设施。道班房和养护工区应根据公路管理养护业务需求设置。

(4)D 级应根据公路管理养护业务需求设置道班房等养护设施。

(5)管理设施其他相关规定:

①监控、收费、通信、照明等管理设施的建设规模,应根据预测交通量进行总体设计,并据此实施基础工程、地下管线及预留预埋工程等。

②监控设施宜分期修建,当服务水平降至二级时,实施二期工程。

③收费设施的机电设备宜按开通后第 5 年的预测交通量配置;收费广场、站房及其征地等应按远期规划设计。

④公路地下通信管道应按远期规划设计。干线通信管道铺设容量:六、八车道高速公路应等于或大于 6 标准管孔;四车道高速公路应等于或大于 4 标准管。

⑤公路房屋布局应合理,建筑应经济实用、环保节能,且与周围环境相协调。

⑥房屋建筑规模宜按第 10 年的预测交通量设计。

第四节　交通工程及沿线设施的作用

道路不仅在承受汽车行驶的强度方面和交通容量方面应满足要求,而且应解决行车的安全性和舒适性,以及交通运行和环境方面的问题。因此,对于文通工程及沿线设施的设置是必不可少的,特别是当前提倡公路设计全寿命周期成本新理念的今天,交通工程及沿线设施的作用显得尤为重要,其作用有下列几点。

一、提高行车安全性

为了有效地减少交通事故,只重视道路本身几何构造的设计是不够的,还必须有完善的服务设施,建立交通管理设施,设置交通安全设施、休息设施、交通监控系统和改善交通环境的设施,才能满足公路车辆的安全、畅通、舒适和日益增长的经济发展的需要。

在交通控制与管理方面,国外许多工业发达国家在一些干线公路和重点城市街道上设置了点、线、面自动控制中心，还设置了许多种由反光材料制作的标志与标线、灯光显示标志、可变标志和大型门式标志等提供信息、监视行车的交通控制系统。由此，可缩短运行时间约20% ~25% 。美国加利福尼亚州康科德市完善道路服务设施对减少交通事故取得了良好效果，减少事故21% ~67% 。

二、提高道路通行能力与利用率

根据道路与交叉口具体条件，进行交通渠化设计，实行快慢车分流、人车分流，组织单向交通，开辟专用道路，避免过境车辆穿越市区，健全各种交通法规，建立交通监控系统，设置交通安全设施，可极大地提高道路通行能力。一条具有完善监控系统和完善安全设施的高速公路，其通行能力与行车速度是一般公路的2.5 ~3.0 倍。一条四车道的高速公路每昼夜的交通量为5 万车次，最高可达7 万 ~8 万车次。高速公路的运输效益是很高的，如美国的高速公路只占本国公路总里程的1.1% ，但它所能承担的交通量却占公路总交通量的19% ；前联邦德国的高速公路占其公路总里程的1.6% ，而完成的运量却占其公路总运量的24% ~25% 。

三、保证车辆连续运行

驾驶人员由于驾驶作业引起生理和心理上的变化，长时间开车会疲劳，这时感觉、知觉、判断、意志决定、运动等都受到影响，视力下降，作业粗糙，注意力不集中，对环境判断发生错误。统计表明，因疲劳所产生的事故约占总事故的1% ~1.5% 。试验数据表明：驾驶员以100km/h的速度行驶30 ~40min 后，出现抑制高级神经活动的信号，表现为昏昏欲睡、主动性降低；2h后，生理机能便进入睡眠状态。休息服务设施能消除驾驶者的疲劳与紧张，给长途行驶的汽车加油、加水及提供必要的维修检查，以保证长途行车的连续通行。

四、创造良好的交通环境

交通工程设施的合理设置，具有提高行车速度、减少停车次数的功能，同时也提高了汽车燃油的使用效率，减少了燃料耗量，降低了汽车尾气和噪声对环境的污染。

公路监控系统和通信系统，减少了驾乘人员因停车延误引起的烦躁情绪，完善的标志、标线使驾驶人员不致迷失方向，也减少了其他困惑，使其旅行自如。先进的监控系统还可预报旅行时间，从而方便出行者事先安排出行计划。

第二章　道路交通的基本特性

学习要点：

本章主要讲述人、车、路的交通特性，应重点掌握驾驶员、行人及车辆的交通规律。

第一节　人的交通特性

道路交通系统中的人包括驾驶员、行人和乘客。人是交通系统中的主要部分。驾驶员通过视觉、听觉、触觉器官从交通环境中获得信息，经过大脑进行处理，作出判断，再支配手、脚等运动器官操纵汽车，使汽车按驾驶员的意愿在道路上运行。如果在信息的搜集、处理、判断的某一环节上发生差错，就可能引起交通事故，造成交通安全隐患。所以，驾驶员的可靠性对交通安全有决定性影响。

一、驾驶员的交通特性

道路交通把人、车、路和环境融为一体，组成一个复杂的大系统。人是道路交通的主体，在协调和控制交通中占有举足轻重的主导地位。其中机动车驾驶员的交通特性是研究的主要对象。道路交通系统中的各种要素都是围绕着这个“特殊的”要素进行设计和运作的。

1. 驾驶员的任务

驾驶员是道路交通系统中“会思考”的部分，其主要任务是：

(1)沿着选定的路线驾驶车辆，完成从起点到终点的运输过程，以实现人员和货物在空间上的转移。

(2)遵守交通法规，正确理解信号、标志、标线的含义，服从交通警察的指挥，自觉维护交通秩序，以保证交通的安全和通畅。

(3)遇到不利情况，及时调整车速或改变车辆的位置和方向，甚至停车，以避免交通事故的发生。

2. 驾驶员的信息处理过程

1)信息处理过程

人的感觉器官可以接收到各种各样的刺激，如驾驶员的眼睛可以看见车内的仪表、车外的道路、车辆、行人、交通信号和标志，耳朵可以听见发动机和喇叭的声音，鼻子可以闻到异常气味，手脚可以感觉到振动等。所有这些可以被人直接或间接感知到的各种刺激，就是这里所说的信息。车辆在行驶过程中，驾驶员通过视觉、听觉、触觉、器官从交通环境中获取信息，经过大脑进行处理，作出判断和反应，再通过对手脚的支配来操纵汽车，使其按驾驶员的意志在道路上行驶，这就是信息处理的过程。

2)信息感知阶段

信息感知阶段也就是收集并理解信息的阶段。所谓感知就是感觉器官获取的信息在头脑中的反映。由于感知方面的原因造成的事故约占驾驶员责任事故的一半以上。在信息感知阶段,最重要的是要敏捷而准确。发生感知迟缓或感知错误,除了刺激方面的原因,如有些信息过于突然、过于隐蔽、刺激强度过于微弱等以外,主要是驾驶员心理和生理方面的原因。心理方面主要是注意力不集中、注意的范围过小、注意转移和分配能力差等。生理方面主要是感觉器官和大脑机能不健全或不正常,比如有视觉障碍(色盲、近视)、酒精中毒、驾驶疲劳等。这些原因都会造成感官和大脑迟钝,使得感知缓慢,甚至错误。尤其是酒后,感知能力比正常时明显降低,此时驾车极易造成重大事故,所以要绝对禁止酒后开车。

3)分析判断阶段

信息被感知以后,驾驶员把感知到的情况与自己的知识经验进行对照、分析,然后判断出道路的宽窄,前后车的速度、意图,行人的年龄、动向等,并根据自驾车辆的技术状况、本人的健康状况及心理机能等,决定采取相应的措施。这些判断项目中,任何一项判断不准,都容易导致行车事故。

在驾驶员的判断中,对距离的判断非常重要。驾驶员在驾驶车辆的过程中,经常会进行超车、会车等行为。会车时要判断两车侧向间隙的大小,超车时要判断前车的车速、本车与前车的距离。当对面有来车时,还要判断与对面来车的距离及来车的车速等。如果对对面来车的车速和距离估计不足,就会给行车带来危险。

4)操作反应阶段

驾驶员处理信息的最后阶段,是肢体的操作反应阶段,即手脚按大脑决策后的指令进行具体操作,并产生效果。尽管由于操作错误造成的事故不多,但常常是一些比较严重的事故。因此要求驾驶员的操作技能必须熟练,才能在紧急情况下不致出现失误。

3. 视觉特性

驾驶员在行车过程中,需要及时感知各种交通信息,根据统计分析,各种感觉器官给驾驶员提供交通信息的比例如下:视觉 80%,听觉 10%,触觉 2%,味觉 2%,嗅觉 2%。可见,视觉是驾驶员信息输入最重要的感觉器官。因此,对视觉机能的检查是考核驾驶员的重要内容。

外界光线经过刺激视觉器官的大脑中所引起的生理反应,叫做视觉。视觉器官的外围感受器是人的眼睛。

1)视力

视力就是眼睛分辨两物点之间最小距离的能力。根据眼睛所处的状态和时间不同,又有静视力、动视力和夜间视力之分。

静视力是站在视力表前 5m 处,依次辨认视标测定的视力,视力共分 12 级,我国驾驶员的体检视力标准为两眼的视力各应在 0.7 以上;或裸眼视力 0.4,矫正视力达到 0.7 以上,无红、绿色盲。

动视力是驾驶员在行车过程的视力。动视力与汽车行驶的速度有关,随着车速的提高,视力明显下降。此外,动视力还随驾驶员年龄的不同而有所差异,年龄越大,动视力低落的幅度越大。

夜间视力受光照度、背景亮度等诸多因素的影响。光照度增加则视力增加,光照度在 0.1 ~1 000 lx范围内,光照度与视力之间近似为直线关系。黄昏时间对驾驶员行车最为不利,原因在黄昏时刻,前照灯的照度正与周围景物的光亮度相近,难以看清周围的车辆和行人,容易发生事故。

2)视觉适应

视觉适应是视觉器官对于光亮程度突然变化而引起的感受性适应过程。由明亮处进入暗处，眼睛习惯后，视力恢复，称为暗适应；由暗处到明亮处，眼睛习惯后，视力恢复，称为明适应。

暗适应通常较明适应的时间长，通常要3~6min才能基本适应，约30~40min才能完全适应；而明适应则可在1min内达到完全适应。一般，由隧道外进入没有照明条件的隧道内，大约发生10s的视觉障碍，这成为肇事原因。在隧道出口产生的视觉障碍，大约在1s左右，故问题不大。因此，在隧道入口处应设有缓和照明，以减少视觉障碍，或在路旁设置"隧道内注意开灯"的标志，唤起驾驶员注意。夜晚在城区和郊区交界处，由于照明条件的改变，也会使驾驶员产生视觉障碍，从而影响行车安全，设置照明设施时应予考虑。

此外，黄昏时路面的明亮度急速降低，但天空还较明亮，视觉的暗适应较困难，而此时正值驾驶员和行人都感到疲劳的时候，所以事故发生率较高，应从多方面予以重视。

3）眩目

若视野内有强光照射，颜色不均匀，使人的眼睛产生不舒适感，形成视觉障碍，这就是眩目。夜间行车，对来车的前灯强光照射，最易使驾驶员产生眩目现象。这种现象有连续与间断之分。夜间行车多半是间断性的眩目。当受到对向车灯强烈照射时，不禁要闭目或移开视线，这种现象称之为生理性眩目。若由于路灯照明反射所产生的眩光使驾驶员有不愉快的感觉，这种现象为心理性眩目。眩目是由眩光产生的。眩光会使人的视力下降，下降的程度取决于光源的强度、视线与影响光之间的夹角、光源周围的亮度、眼的适应性等多种因素。汽车夜间行驶，多数遇见的是间断性眩目。

与眩光有关的另一种现象是消失现象，即当某一物体因同时受到对向车的车灯照射，而在某一相对距离内完全看不清该物，呈消失状态。一般站在路中心线的行人当双向车距行人约50m时，呈现消失现象，将辨认不出行人。为此在夜间横过马路时，站在中心处是很危险的。

4）立体视觉

立体视觉是人对三维空间各种物体远近、前后、高低、深浅和凸凹的一种感知能力。现代视差信息理论认为，双眼注视景物时，会在视网膜上产生视差，这是深度知觉的基础。当深度信息传到大脑枕区再经加工处理后，便产生了深度立体感知。这种把两眼视差所产生的二维物像融合为一个单一完整的具有三维立体感的三维物像的能力称为双眼视觉。立体视觉的生理基础是双眼视觉功能必须正常，立体盲患者在视差的传递或视中枢信息处理时会发生断路或紊乱，从而导致对深度距离的判断不准或反应迟钝。

5）视野

在静止状态下，头部不动两眼注视前方时，眼睛两侧可以看到的范围称为静视野。头部不动，但眼球可以转动时，所能看见的范围称为动视野。静视野和动视野可以用角度来衡量。正常人的视野大约每只眼睛上下（垂直视野）达135°~140°，左右（水平视野）达150°~160°；两眼视野约为180°。动视野比静视野大，左右约宽15°，上方约宽10°，下方无明显变化。人眼的视野可用视野计进行测定，如果驾驶员的双眼视野过小，则不利于行车安全。驾驶员的视野与行车速度有密切的关系。当汽车行驶时，视野的深度、宽度、视野内的画面都在不断变化，驾驶员就是根据视野的内容操作车辆的。随着汽车行驶速度的提高，注视点前移，视野变窄，周界感减少。

6）色视觉

能引起视觉的电磁波称为可见光。可见光的波长在400~760μm之间，色视觉在可见光波长范围内，不同波长的感觉阈限不同，可见的颜色是从波短的紫色到波长的红色之间的颜色。波长在此范围以上的称红外线,在此范围以下的称紫外线。

我国交通标志使用六种颜色:红、黄、蓝、绿、黑、白。红色波长最长,对人的视觉和心理有一种危险感和强烈刺激,多用于禁令标志。黄色具有明亮和警戒感觉,用于注意危险的警告类标志。蓝色和绿色使人产生宁静、和平与舒适的感觉,多用于指示、指路标志。

7)错觉

错觉,是对外界事物的不正确的知觉。错觉可能是生理和心理原因引起的。当前的知觉与过去的经验相矛盾,或者思维推理上的错误,都是造成错觉的原因。

在改建道路时,往往将路幅宽度一分为二,一半进行改建,一半留着通车。可是坐在车上总觉得翻修的那半幅宽一些,维持行车的这半幅窄一些。驾驶员行经凹形路段时,位于下坡段看对面的上坡段,容易产生错觉,把上坡段的坡度看得比实际坡度大。在下坡路段上行车,驾驶员觉察不出自己是在下坡。

4. 反应特性

反应是回答某种刺激所产生的动作。

就驾驶车辆而言,对一个特定刺激产生感知并对它作出反应,包括以下4个性质截然不同的心理活动。

(1)感知:对需要作出反应的刺激的再认识和了解。

(2)识别:对刺激的辨别和解释。

(3)判断:对刺激作出反应的决策。

(4)反应:由决策引起的肢体反应。

这一系列连续活动所用的总时间称为感知—反应时间。它实际上是信息处理过程的灵敏程度。

5. 疲劳驾驶

驾驶员在连续驾驶车辆后,产生心理、生理机能下降和驾驶操作效能下降的现象称为疲劳驾驶。

驾驶汽车是一项脑力与体力并重,神经比较紧张的技术性工作。驾驶员长时间坐在固定的座位上,要从复杂的环境中不断获取交通信息并迅速处理,这种紧张状况时刻都在增加驾驶员的心理负担。由于驾驶工作的连续性,在行车中还常常因遇到交通堵塞或红灯信号而停车,以致心情烦躁,加重心理负担,因而容易疲劳。在一些景物单调的道路上长距离行车,也易产生疲劳。

6. 饮酒与驾驶

饮酒后也不宜驾驶车辆。酒的主要成分是酒精,酒的烈性程度,是指所含酒精浓度的大小。人饮酒后,酒精被胃肠黏膜迅速吸收,溶解于血液中,通过血液循环流遍全身,渗透到各组织内部。由于酒精与水有融合性,所以体内含水量高的组织和器官,比如大脑和肝脏等,酒精含量也高。酒精具有麻醉作用。它作用于高级神经中枢,最初使人有些轻松,减弱了对运动神经的约束,四肢活动敏捷。随着脑与其他神经组织内酒精浓度的增高,中枢神经活动便逐渐迟钝,先使人的判断力发生障碍,而后四肢活动也变得迟缓了。

7. 注意

注意是心理活动对一定事物的指向和集中。由于这种指向和集中,人才能清晰地反映周围现实中的特定事物,而离开其他的事物,如驾驶员在行车过程中只盯着与行车安全有关的车辆、行人、信号及路面状况等。

8. 动态判断

动态条件下对距离和速度的知觉，随经验增加而逐渐提高。判断距离的能力能使驾驶员正确估计道路宽度、超车距离，选择可插间隙等。空间知觉在很大程度上取决于驾驶员的经验。新驾驶员通过狭窄的通道或门，开始怀疑自己的汽车不能通过；一些有经验的驾驶员，当由小汽车换成驾驶公共汽车或大型货车时，开始也会遇到同样情况。经过一段时间之后，他们才能达到以前判断距离的能力。

9. 驾驶员的差异

在拟定道路设计标准、汽车结构尺寸时，在对事故进行分析并采取安全措施时，要考虑驾驶员的各种特点，诸如性别、年龄、气质、知识水平、驾驶技术熟练程度、精神状态等。设计取值一般根据满足85%驾驶员的需要为度，对其余15%的驾驶员的变化只予以适当考虑。

10. 外界因素对驾驶员的影响

驾驶员的上述有关交通特性除受自身生理—心理素质、婚姻状况、精神状态等条件影响外，还受道路条件，车辆状况、交通环境等外界因素的影响，现扼要叙述如下。

(1)道路线形设计欠妥，可能使视线失去诱导，使驾驶员产生错觉，增加驾驶员的心理紧张程度和驾驶疲劳。

(2)车辆的结构尺寸、仪表位置、操纵系统、安全设备等都对驾驶有影响。

(3)环境的影响：交通标志的布设会约束驾驶员的行为；道路周围若有吸引人注意的干扰点，驾驶员的注意力会分散；若沿途播放轻音乐，可加快车速；路上行人过多，会增加驾驶员的心理紧张等。

11. 驾驶员应具备的职业特点

汽车驾驶员应具备下述职业特点：身体健康；能从危险之中选择出最危险的情况；正确、冷静、迅速而恒定地作出反应；在黄昏时有必要的视力；对眩光不敏感；有判断速度、距离的能力；对转向盘和踏板能施加不同力；能辨别不同颜色；准确行车；技术熟练；对工作有兴趣；对同志态度和蔼；遵守交通法规等。

二、行人的交通特性

行人交通特征表现在行人的速度、对个人空间的要求、步行时的注意力等方面。这些与行人的年龄、性别、出行目的、教养、心境、体质等因素有关，也与行人生活的区域、周围的环境、街景、交通状况等有关。

三、乘客的交通特性

乘客交通特性的共同要求是安全、迅速、舒适。因此，线形设计、交通工具配备、交通设施布设都应考虑到这些要求。

当汽车在曲线上行驶时，横向力系数大于0.2时，乘客有不稳定感；横向力系数大于0.4时，乘客站立不住，有倾倒的危险。所以在线形设计标准中对平曲线的最小半径有规定。

汽车由直线经缓和曲线进入圆曲线，其离心力逐渐增加，当离心力增加很快时，乘客感到不舒服，为了使得乘客不感到转弯，所以要限制离心加速度α。1909年，英国肖特提出合适的α应为0.6m/s。这样，对缓和曲线的长度提出了要求。

在山区道路上或在陡边坡高填土道路上行车，乘客看不到坡脚，会产生害怕心理。如果在这种路段的路肩上设置护栏或放缓边坡，会消除不安心理。

第二节　车辆的交通特性

车辆的交通特性在确定交通工程的某项任务中起很大作用。车辆的尺寸会影响到道路线形、交通结构物的净空、停车场地等交通设施设计。车辆的各种性能与使用这些性能的驾驶员结合在一起，又会影响到交通流的特性和交通安全。

道路交通中使用的车辆主要是汽车。按照我国国家标准，汽车划分成下列7类。

轿车：乘坐2~8人的小型载客车辆。根据发动机排量(V)大小可分为微型($V \leqslant 1L$)、普通级($1L < V \leqslant 1.6L$)、中级($1.6L < V \leqslant 2.5L$)、中高级($2.5L < V \leqslant 4L$)和高级($V > 4L$)5种。

客车：指乘坐9人以上，具有长方形车厢，主要用于载运人员及其行李物品的车辆。根据车辆长度(3.5m、7m、10m、12m)，可将客车分为微型、轻型、中型、大型、特大型5种。

货车：又称为载货汽车，主要用来运送各种货物或牵引全挂车。货车按载质量(1.8t、6t、14t)可分为微型(载质量≤1.8t)、轻型(1.8t<载质量≤6t)、中型(6t<载质量≤14t)、重型(载质量>14t)4种。

越野汽车：主要用于非公路上载运人员和货物或牵引设备，一般为全轴驱动。按驱动形式可分为4×4、6×6、8×8几种。

自卸汽车：指货厢能自动倾翻的载货汽车，如用在工矿企业和建筑工地上装载散装原料、砂土等的汽车。自卸汽车有向后倾卸的和向左右后三个方向均可倾卸的两种。

牵引汽车：专门或主要用来牵引的车辆，如专门牵引集装箱挂车，可分为全挂牵引车和半挂牵引车。

专用汽车：又称特种汽车，是一种为了承担专门的运输任务或作业、装有专用设备、具备专用功能的车辆，如救护车、消防车、押钞车、洒水车、邮政车、电视转播车、油罐运输车、水泥搅拌车等。

一、汽车的主要技术参数

汽车的主要技术参数包括尺寸参数、质量参数和性能参数。

1. 尺寸参数

汽车的主要尺寸有外廓尺寸、轴距、轮距、前悬、后悬等。

外廓尺寸是车辆外廓的长、宽、高，它影响道路建设的净空和车内容量。

轴距是汽车前、后轮轴之间的距离，它对汽车的整备质量、总长、最小转弯直径、纵向通过半径以及汽车的轴荷分配、制动性、操纵稳定性等都有影响。

轮距为汽车横向两轮间的距离，它能使车内宽度、车辆最小转弯半径等发生变化。

前悬、后悬分别是汽车前、后轴中心到汽车最前端和最后端之间的距离，它们对汽车的通过性、撞车的安全性、驾驶员的视野等起着决定性作用。

2. 质量参数

汽车的质量参数包括汽车的整车整备质量、载客量或装载质量、自身质量利用系数和轴荷分配。

整车整备质量是指车上带有全部装备(包括随车工具、备胎等)，加满燃料、水，但没有装货和载人时的整车质量。它对汽车的成本和使用经济性均有影响。

载客量是指轿车和客车的座位数；装载质量是指汽车在硬质良好路面上行驶时所允许的

额定装载量。载客量或装载质量影响道路的运营效益，也与行车安全密切相关。

自身质量利用系数是指汽车装载质量与整车整备质量的比值。该系数反映了汽车的设计水平和工艺水平，它的值越大，说明该汽车的结构和制造工艺越先进。

轴荷分配是指汽车在空载或满载静止状态下，各车轴对支承平面的垂直载荷，也可以用占空载或满载总质量的百分比来表示。轴荷分配对轮胎寿命和汽车的使用性能有影响。

3. 汽车的性能参数

汽车的性能参数包括：动力性、燃油经济性、最小转弯半径、通过性、操纵稳定性、制动性和舒适性等。除汽车的动力性、制动性与驾驶员的驾车特性息息相关外，其他参数更多的是受汽车设计和制造的控制。

二、汽车的主要特性

在现代交通系统中，道路的修筑、桥梁的架设、交通事故的分析无不与车辆的性能有关。因此在设计和分析交通设施时必须充分地考虑机动车的主要特性。

1. 动力性能

单纯地比较牵引力的大小，并不能说明两辆车之间动力性能的好坏。为了对动力性能作进一步探讨，特引进动力因数的概念。根据机动车行驶方程，可得到：

$$P_t - P_w = P_f \pm P_i + P_j = W(f \pm i) + \delta \frac{W}{g} a \qquad (2\text{-}1)$$

或：

$$(P_t - P_w)/W = (f \pm i) + \frac{\delta}{g} a$$

式中：P_t——牵引力，kN；

P_w——空气阻力，kN；

P_f——滚动阻力，kN；

P_i——坡道阻力，上坡时取“+”，下坡时取“-”号，kN；

P_j——加速阻力，kN；

W——车辆的重力，kN；

f——滚动阻力系数；

i——道路的纵向坡度，上坡时取“+”号，下坡时取“-”号；

a——加速度，m/s^2；

δ——传动系统的回转质量换算系数；

g——重力加速度，m/s^2。

式(2-1)右边与汽车行驶时的道路阻力 $\varphi = f \pm i$ 及加速度 a 与 δ/g 的乘积有关。左边是机动车的牵引力 P_t 和空气阻力 P_w 之差除以车重 W，它表征机动车本身具有的参数。我们将 $(P_t - P_w)/W$ 称为动力因数，并用符号 D 表示，于是：

$$D = \varphi + \frac{\delta}{g} a \qquad (2\text{-}2)$$

由式(2-2)可知，无论机动车的自重等参数有什么不同，只要其动力因素相同，便能克服同样的坡度，产生同样的加速度。目前常把动力因素作为表征车辆动力特性的指标。表示 D-V 关系的图称为动力特性图，如图 2-1、图 2-2 所示。

利用式(2-2)和动力特性图，可以确定机动车行驶的最高速度、加速能力和爬坡能力。

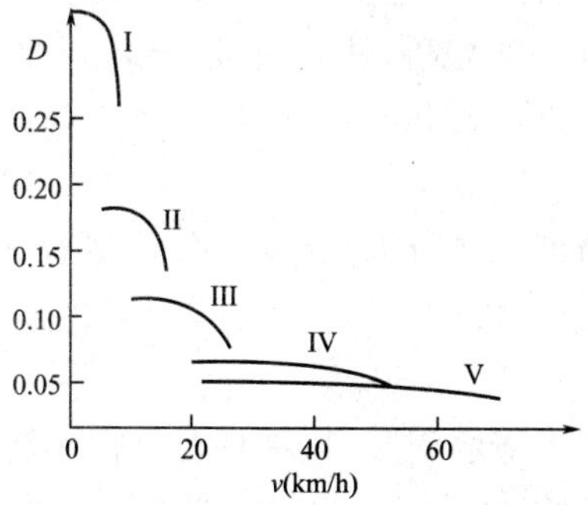

图 2-1　CA10B 动力特性图

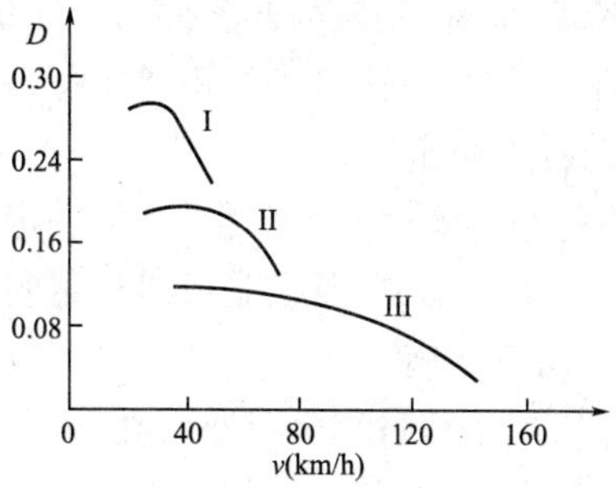

图 2-2　某轿车动力特性图

1)汽车的最高行驶速度

汽车的最高行驶速度是指在水平良好的水泥混凝土或沥青路面上,汽车能达到的最高行驶速度。

2)加速能力

在公路和城市道路的设计和交通事故分析中,车辆的加速性能是关键性因素之一。它影响到变速车道长度、最大纵坡度、最小超车视距等技术指标的选定。车辆加速度的大小决定于车辆的自重、发动机功率、各挡传动比及滚动阻力、坡道阻力、空气阻力等诸多因素。

3)爬坡能力

最大爬坡度是指汽车满载、变速器挂 I 挡时的最大爬坡度。轿车最高车速大,加速时间短,又经常行驶在较好的路面上,所以一般不强调其爬坡能力。

2. 制动性能

指汽车强制停车和降低车速的能力。汽车制动性能的好坏,直接关系到行车安全。制动性能好,汽车才能以较高的速度行驶。

3. 通过性

通过性是指汽车在各种道路和无路地带行驶的能力。

4. 机动性

指汽车所具有的牵引力所决定的汽车加速、爬坡和最大速度的能力。汽车的动力性能越好,车速就会越高、爬坡能力和加速能力就会越强。

5. 稳定性

行驶稳定性是指汽车根据驾驶员的意愿按照规定的方向行驶,且不产生侧滑或倾翻的能力。汽车行驶稳定性直接影响到行车的安全。

三、自行车的交通特性

自行车交通是目前我国城市交通的一大特点,除个别城市自行车不多外,大、中、小不同规模城市的出行方式构成中,自行车出行均占有很大的比例。一般大城市自行车出行量占总出行量的 35% ~55%;中等城市占 45% ~65%;小城市更高,有的超过 80%。因此,研究自行车的交通特性,对于治理城市交通、保障交通安全具有重要的意义。

自行车有如下基本特性。

1. 短程性

自行车是靠骑车人用自己的体力转动车轮,因此其行驶速度直接受骑车人的体力、心情和意志的控制，行、止、减速与制动亦决定于骑车人的操纵；同时，也受到路线纵坡度、平面线形、车道宽度、车道划分、气候条件与交通状况的直接影响。个人的体力虽有强、弱之分，但总是很有限的。因此，只适应于短距离出行，一般在5~6km以内（或20min左右）。

2. 行进稳定性

自行车静态时直立不稳，当以一定速度前进时，则可保持行进的稳定性，只要不受突然出现的过大横向力的干扰，是可以稳定向前而不致侧向倾倒的。

3. 动态平衡

自行车骑行过程中重心较高，因此，存在如何保持平衡的问题，特别是在自行车转向或通过小半径弯道时，就必须借助于人体的变位或重心倾斜以维持运行中的动态平衡。

4. 动力递减性

自行车前进的原动力是人的体力，是两脚蹬踏之力。一般成年男子，10min以上可能发挥出的功率约为220.6W，成年女子约为147.1W，儿童更小，约为73.5W，持续时间越长，则可能发挥出的功率越小，车速亦随之减小。这就是动力递减的结果。一般自行车出行不宜超过10km。

5. 爬坡性能

由于自行车的动力递减，对于普通无变速装置的自行车，不能爬升大坡、长坡，也不宜爬陡坡，否则控制不住易酿成危险。通常规定，在短坡道上坡度不大于5%，长坡道上坡度不大于3%；对纵坡3%、4%与5%的坡道，其坡长限制分别为500m、200m和100m。当然，对于北方冰雪地区，其坡度与坡长更应减小，否则冬天无法骑车。

6. 制动性能

自行车的制动性能，对于行车安全与通行能力具有重要意义，它与反应时间一起决定纵向安全间距，即纵向动态净空（$L_{净}$）。根据国内外的研究资料，提供纵向动态净空的计算值见表2-1。

纵向动态净空距离　（单位：m）　表2-1

自行车速度(km/h)	5	10	15	20	25	30
$0.14V_{max}$	0.7	1.4	2.1	2.8	3.5	4.2
$0.0092V^2_{min}$	0.23	0.92	2.07	3.68	5.75	8.28
$L_{净}=1.9+0.14V_{max}+0.0092V^2_{min}$	2.83	4.22	6.07	8.38	11.15	14.38

第三节　道路的交通特性

道路是供行人步行和车辆行驶的设施的统称。道路按照其所处的地区不同，可以分为公路、城市道路、厂矿道路、林区道路、乡村道路等。通常，把位于城市及其郊区以外的道路，称为公路；而位于城市范围以内的道路，则称为城市道路。

一、公路的类别与等级

在公路网中，由于每条道路在国民经济中的作用不同，自然条件的复杂程度不同，车辆种类和速度以及运量不同，其技术完善程度和管理方法也就不同。从规划、设计和管理的要求出发，需要对公路网中的道路进行分类。

1. 公路的技术分级

在交通部[①]《公路工程技术标准》(JTG B01—2003)(以下简称《标准》)中,把公路按其功能和适应的交通量分为高速公路、一级公路、二级公路、三级公路、四级公路五个等级,在各等级中又根据不同的计算行车速度,规定了其相应的工程技术标准。

高速公路为专供汽车分向、分车道行驶并全部控制出入的多车道公路。四车道高速公路能适应将各种汽车折合成小客车的年平均日交通量为25 000~55 000辆;六车道高速公路能适应将各种汽车折合成小客车的年平均日交通量为45 000~80 000辆;八车道高速公路能适应将各种汽车折合成小客车的年平均日交通量为60 000~100 000辆。

一级公路为供汽车分向、分车道行驶,并可控制出入口的多车道公路。四车道一级公路能适应将各种汽车折合成小客车的年平均日交通量为15 000~30 000辆;六车道一级公路能适应将各种汽车折合成小客车的年平均日交通量为25 000~55 000辆。

二级公路为供汽车行驶的双车道公路。双车道二级公路能适应将各种汽车折合小客车的年平均日交通量为5 000~15 000辆。

三级公路为主要供汽车行驶的双车道公路。双车道三级公路应能适应将各种车辆折合成小客车的年平均日交通量为2 000~6 000辆。

四级公路为主要供汽车行驶的双车道或单车道公路。四级公路应能适应将各种车辆折合成小客车的年平均日交通量为双车道2 000辆以下;单车道400辆以下。

2. 公路的行政等级

国家《公路管理条例实施细则》规定:公路分为国家干线公路(简称国道),省、自治区、直辖市干线公路(简称省道),县公路(简称县道),乡公路(简称乡道)和专用公路五个行政等级。

国道指具有全国性政治、经济的公路,包括重要的国际公路、国防公路、连接首都与各省、自治区首府和直辖市的公路,连接各大经济中心、港站、枢纽、商品生产基地和战略要地的公路。

省道是指具有全省(自治区、直辖市)性政治、经济意义,连接省内中心城市和主要经济区的公路,以及不属于国道的省际间的重要公路。

县道是指具有全县(旗、县级市)性政治、经济意义,连接县城和县内主要乡(镇)、主要商品生产和集散地的公路,以及不属于国道、省道的县际间的公路。

乡道是指主要为乡(镇)内经济、文化、行政服务的公路,以及不属于县道的乡与乡之间及乡与外部联络的公路。

专用公路是指专供或主要供厂矿、林区、油田、农场、旅游区、军事要地等与外部联络的公路。

二、公路主线的几何特征

公路是建筑在大地表面上供各种车辆行驶的空间线状结构物。它的组成包括几何线形、路基路面、桥梁隧道、排水系统、防护工程、附属设施等。

除交叉口以外的公路路段(亦称主线)的几何线形分为平面线形、纵断面线形、横断面线形三方面进行设计。

---

① 交通部已改名为交通运输部。

1. 平面线性

将公路的中心线投影在大地水平面上所得的线形称为平面线形，它由直线和曲线组成。这里的平曲线包括圆曲线及缓和曲线。

1）直线

两点之间用直线连接时，距离最短，视线最好，这是直线的优点。但是，直线过长，不利于行车安全，驾驶员容易思想麻痹，产生单调疲劳，而且容易出现超速行驶，不安全，所以对直线长度有所限制。考虑到直线不容易与周围地形相配合，所以在现代高等级公路设计中，直线部分所占的比例越来越少。据统计，国外高速公路直线只占30%左右，其余的70%都是平顺圆滑、与周围环境相协调的空间曲线，使其达到最佳的视觉效果。

2）圆曲线

圆曲线是平面线形中常用的线形。在公路设计中，无论转角大小，均应设置圆曲线。圆曲线具有宜与地形相适应、可循性好、线形美观、易于测设等优点。

3）缓和曲线

在直线与圆曲线之间还应插入缓和曲线，这是因为：

（1）直线段曲率为零，曲率半径为无穷大，而圆曲线的曲率半径 R 为常数。从直线到圆曲线（或者相反）需要有一段曲率和曲率半径逐渐变化的路段，使离心力逐渐变化，满足舒适性的要求。

（2）从直线到圆曲线（或者相反），车辆前轮需要转过相当的角度，此时驾驶员转动转向盘需要逐步进行，与此相对应的车轮轨迹的曲率是逐渐变化的。

（3）在圆曲线上，路面需要横向外侧超高，而直线段不需要超高，因此在直线与圆曲线之间需要有超高的过渡段。

以上三点都说明在直线和圆曲线之间需要有一段过渡曲线，这就是缓和曲线。

《公路工程技术标准》（JTG B01—2003）规定，各级公路的缓和曲线一律采用回旋线，因为它比较简单、实用。如果圆曲线的半径很大，超过《公路工程技术标准》（JTG B01—2003）规定的不设超高的最小半径时，也可以不设缓和曲线。

2. 纵断面线形

沿公路中线作竖直剖面，并将此空间曲面展成平面，便得到公路的纵断面。纵断面设计线由直线和竖曲线组成。在纵坡变化的地方，必须逐步过渡，这就需要设置竖曲线。竖曲线一般采用圆曲线，也可采用抛物线。

3. 横断面线形

公路横断面由车行道、路肩、中间分隔带、边坡、边沟等组成。对于高速公路和一级公路，还设有变速车道、爬坡车道、紧急停车带及路上设施等。

4. 行车视距

行车视距包括停车视距、会车视距及超车视距，其中主要的是停车视距。

1）停车视距

当驾驶员突然发现前方路上有障碍不能绕过，而能安全地停止在障碍物前所需的距离，称为停车视距。

2）会车视距

会车视距是指两辆对向行驶的汽车，能在同一车道上及时制动而不碰撞所需的最小距离。它近似地等于一辆汽车停车视距的2倍。所以在《公路工程技术标准》（JTG B01—2003）中规定:“高速公路、一级公路应满足停车视距的要求;其他各级公路一般应满足会车视距的要求,会车视距的长度不应小于停车视距的2倍。”

3)超车视距

《公路工程技术标准》(JTG B01--2003)中还规定:“对向行驶的双车道公路,应根据需要并结合地形,在适当的距离内设置具有超车视距的路段。”超车视距是为了超越前车,借用对向车道而不至与对向来车相撞所需的最小距离。高速公路和一级公路由于单向行驶,不存在超车视距问题。

三、道路交叉

道路与道路相交的部位称为道路交叉口。根据相交道路的主线高程是否相等,首先可以把交叉口分为平面交叉和立体交叉两大类。当相交道路的主线高程相等时,称为平面交叉;当相交道路的主线高程不相同时,称为立体交叉。

复习思考题

1. 驾驶员的交通特性主要表现在哪几个方面?它与交通安全有何关系?
2. 驾驶疲劳的影响因素有哪些?
3. 根据行人的交通特性,结合自己的亲身体会谈谈对行人如何进行管理。
4. 汽车的行驶方程式是什么?
5. 汽车的动力性能指的是什么?
6. 什么是城市道路的交通特性?
7. 城市道路横断面形式分几种?它们的优缺点及适用条件是什么?
8. 结合当地事故多发地点的情况,谈谈道路条件与交通安全的关系。

第三章　交通安全设施

学习要点：

本章主要讲述了道路交通安全设施的设置方法与原则，应重点掌握各类设施的分类、作用及设置方法。

第一节　概　　述

交通安全设施属于道路的基础设施，公路交通工程的重要组成部分，包括交通护栏、交通标志、交通标线、隔离栅、防眩设施、轮廓标和活动护栏。它直接影响着高速公路"快捷、安全、舒适"功效的发挥以有经济效益的实现，对减轻事故的严重度、排除各种纵横向干扰、提供视线诱导、增强道路景观起着重要的作用。

护栏是一种纵向吸能结构，通过自体变形或车辆爬高来吸收碰撞能量，从而改变车辆行驶方向、阻止车辆越出路外或进人对向车道、最大限度地减少对乘员的伤害。按其在公路中的纵向设置位置，可分为路基护栏和桥梁护栏；按其在公路中的横向设置位置，可分为路侧护栏和中央分隔带护栏；根据碰撞后的变形程度，可分为刚性护栏、半刚性护栏和柔性护栏。

路基护栏设置于公路路侧建筑限界以外，以防止失控车辆越出路外或碰撞路侧构造物和其他设施。

桥梁护栏设置于桥梁上的护栏。

(1)纵向有效构件　桥梁护栏中能有效地阻挡失控车辆越出桥外的纵向受力构件。根据其承受碰撞荷载的大小，可分为主要纵向有效构件（如主要横梁）和次要纵向有效构件（如次要横梁）。

(2)纵向非有效构件　桥梁护栏中不考虑承受车辆碰撞荷载的纵向非受力构件。

中央分隔带护栏设置于公路中央分隔带内，以防止失控车辆穿越中央分隔带闯入对向车道，并保护中央分隔带内的构造物。

刚性护栏是一种基本不变形的护栏结构。混凝土护栏是其主要代表形式，由一定形状的混凝土块相互连接而组成墙式结构，通过失控车辆碰撞后爬高并转向来吸收碰撞能量。

半刚性护栏是一种连续的梁柱式护栏结构，具有一定的强度和刚度。波形梁护栏是其主要代表型式，由相互拼接的波纹状钢板和立柱构成连续梁柱结构，利用土基、立柱、波纹状钢板的变形来吸收碰撞能量，并迫使失控车辆改变方向。

柔性护栏是一种具有较大缓冲能力的韧性护栏结构。缆索护栏是其主要代表形式，由数根施加初拉力的缆索固定于端柱上而组成钢缆结构，主要依靠缆索的拉应力来抵抗车辆的碰撞荷载、吸收碰撞能量。

交通标志是用图形、符号、颜色和文字向交通参与者传递特定信息，设置在路侧或道路上方的安全设施，是交通法规具体化、形象化的表现形式，有“无声的交通警察”之称。它能为道路使用者提供确切的交通情报，保证车辆安全、畅通、有序地运行，同时还是道路的装饰工程、形象工程和美化工程。交通标志主要包括：警告标志、禁令标志、指示标志、指路标志等。

交通标线是由标划于路面上的各种线条、箭头、文字、立面标记等构成的交通安全设施，它的作用是管制和引导交通，可以与标志配合使用，也可单独使用。

隔离栅是用于阻止人、畜进入公路或沿线其他禁入区域、防止非法侵占公路用地的设施。

桥梁护网是安装于公路上跨桥梁两侧、用于阻止有人向公路内抛扔物品、杂物，或防止运输散落物等落到公路上的防护设施。

防眩设施是防止夜间行车受对向车辆前照灯眩目影响的设施。

轮廓标是沿公路土路肩设置的，用以指示公路方向、车行道边界的视线诱导设施。

活动护栏是设置在中央分隔带开口处用以分隔对向交通的可移动护栏，在抢险、救援等紧急情况下，能及时、方便地开启，使车辆紧急通过。

第二节 路 基 护 栏

一、护栏防撞性能

公路护栏按防撞等级可分为：路侧 B、A、SB、SA、SS 五级；中央分隔带 Am、SBm、SAm 三级。各等级护栏的碰撞条件和性能应满足表 3-1 的规定。

护栏防撞性能

表 3-1

防撞等级	碰撞条件			碰撞加速度*（m/s^2）	碰撞能量（kJ）
	碰撞速度（km/h）	车辆质量（t）	碰撞角度（°）		
B	100	15	20	≤200	
	40	10	20		70
A、Am	100	15	20	≤200	
	60	10	20		160
SB、SBm	100	15	20	≤200	
	80	10	20		280
SA、SAm	100	1.5	20	≤200	
	80	14	20		400
SS	100	1.5	20	≤200	
	80	18	20		520

注：* 指碰撞过程中，车辆重心处所受冲击加速度 10ms 间隔平均值的最大值，为车体纵向、横向和铅直加速度的合成值。

在综合分析公路线形、设计速度、运行速度、交通量和车辆构成等因素的基础上，需要采用的护栏碰撞能量低于 70kJ 或高于 520kJ 时，应进行特殊设计。

二、路基护栏

公路路侧安全净区的宽度得不到满足时，应按护栏设置原则进行安全处理。路侧护栏应位于公路土路肩内，中央分隔带护栏宜以公路中心线为轴对称设置。护栏的任何部分不得侵入公路建筑限界以内。

1. 设置原则

1）路侧护栏

（1）车辆驶出路外有可能造成二次特大事故的路段，必须设置路侧护栏。

（2）凡符合下列情况之一、车辆驶出路外有可能造成单车特大事故或二次重大事故的路段，必须设置路侧护栏：

①二级及以上等级公路边坡坡度和路堤高度在图 3-1 的 I 区方格阴影范围之内的路段；

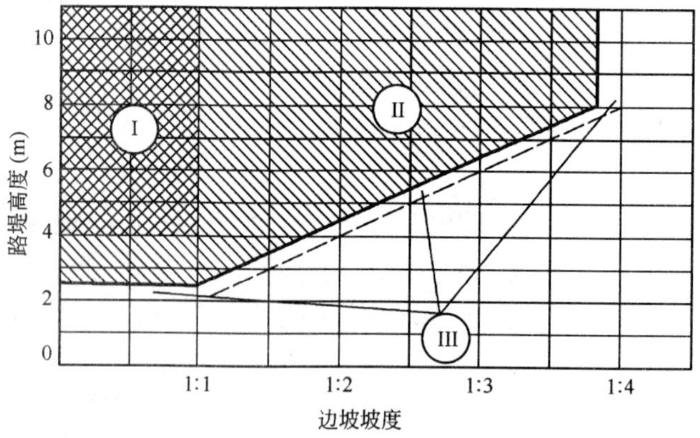

图 3-1　边坡坡度、路堤高度与设置护栏的关系

②路侧有江、河、湖、海、沼泽、航道等水域的路段。

（3）凡符合下列情况之一、车辆驶出路外有可能造成重大事故的路段，应设置路侧护栏：

①二级及以上等级公路边坡坡度和路堤高度在图 3-1 的 II 区斜线阴影范围以内的路段；

②高速公路、一级公路路侧安全净区内设有车辆不能安全穿越的照明灯、摄像机、可变信息标志、交通标志、路堑支撑壁、声屏障、上跨桥梁的桥墩或桥台等设施的路段；

③二级及以下等级公路路侧边沟无盖板、车辆无法安全穿越的挖方路段；

④三、四级公路路侧有悬崖、深谷、深沟等的路段。

（4）凡符合下列情况之一、经论证车辆驶出路外有可能造成一般或重大事故的路段，宜设置路侧护栏：

①二级及以上等级公路边坡坡度和路堤高度在图 3-1 的 III 区内的路段，三、四级公路边坡坡度和路堤高度在图 3-1 中 I 区内的路段；

②二级及以上等级公路纵坡大于或等于现行《公路工程技术标准》(JTG B01—2003)规定的最大纵坡值的下坡路段和连续长下坡路段；

③二级及以上等级公路平曲线半径小于现行《公路工程技术标准》(JTG B01—2003)一般最小半径的路段外侧；

④在高速公路、一级公路用地范围内存在粗糙的石方开挖断面、高出路而30cm以上的混凝土基础、挡土墙或大孤石等障碍物时；

⑤高速公路、一级公路互通式立体交叉出口匝道的三角地带及匝道小半径圆曲线外侧。

(5)根据车辆驶出路外有可能造成的交通事故等级，应按表3-2的规定选取路侧护栏的防撞等级。因公路线形、运行速度、填土高度、交通量和车辆构成等因素易造成更严重碰撞后果的路段，应在表3-2的基础上提高护栏的防撞等级。

路基护栏防撞等级的适用条件 表3-2

<table>
<tr><th rowspan="2">公路等级</th><th rowspan="2">设计速度(km/h)</th><th colspan="3">车辆驶出路外或进入对向车道有可能造成的交通事故等级</th></tr>
<tr><th>一般事故或重大事故</th><th>单车特大事故或二次重大事故</th><th>二次特大事故</th></tr>
<tr><td rowspan="2">高速公路</td><td>120</td><td rowspan="4">A、Am</td><td rowspan="3">SB、SBm</td><td>SS</td></tr>
<tr><td rowspan="2">100、80</td><td rowspan="2">SA、SAm</td></tr>
<tr><td rowspan="2">一级公路</td></tr>
<tr><td>60</td><td>A、Am</td><td>SB、SBm</td></tr>
<tr><td>二级公路</td><td>80、60</td><td rowspan="3">B</td><td>A</td><td>SB</td></tr>
<tr><td>三级公路</td><td>40、30</td><td>B</td><td>A</td></tr>
<tr><td>四级公路</td><td>20</td><td></td><td></td></tr>
</table>

(6)路侧护栏最小设置长度应符合表3-3的规定；相邻两段路侧护栏的间距小于表3-3中规定的最小长度时宜连续设置。

路侧护栏最小设置长度 表3-3

<table>
<tr><th>公路等级</th><th>护栏类型</th><th>最小长度(m)</th></tr>
<tr><td rowspan="3">高速公路、一级公路</td><td>波形梁护栏</td><td>70</td></tr>
<tr><td>混凝土护栏</td><td>36</td></tr>
<tr><td>缆索护栏</td><td>300</td></tr>
<tr><td rowspan="3">二级公路</td><td>波形梁护栏</td><td>48</td></tr>
<tr><td>混凝土护栏</td><td>24</td></tr>
<tr><td>缆索护栏</td><td>120</td></tr>
<tr><td rowspan="3">三、四级公路</td><td>波形梁护栏</td><td>28</td></tr>
<tr><td>混凝土护栏</td><td>12</td></tr>
<tr><td>缆索护栏</td><td>120</td></tr>
</table>

2）中央分隔带护栏

（1）当整体式断面中间带宽度小于或等于 12m 时，必须设置中央分隔带护栏；大于 12m 时，应分路段确定是否设置中央分隔带护栏。

（2）公路采用分离式断面时，行车方向左侧应按路侧护栏设置；上、下行路基高差大于 2m 时，可只在路基较高的一侧按路侧护栏设置。

（3）高速公路和禁止车辆掉头的一级公路中央分隔带开口处，必须设置活动护栏。

（4）根据车辆驶入对向车道有可能造成的交通事故等级，应按表 3-2 的规定选取中央分隔带护栏的防撞等级。因公路线形、运行速度、交通量和车辆构成等因素易造成更严重碰撞后果的路段，应在表 3-2 的基础上提高护栏的防撞等级。

2. 构造和材料要求

护栏从路面到护栏顶部的高度宜为 70 ~ 100cm。需要的护栏高度超过 100cm 时，护栏结构应避免失控车辆的乘员头部直接撞击护栏。路侧、中央分隔带内路基土压实度不能满足现行《公路路基设计规范》（JTG D30—2004）中对路基路床压实度的要求时，或路侧护栏立柱外侧土路肩保护层厚度小于 25cm 时，应采取加强措施。

混凝土护栏的混凝土强度等级、配筋量和基础设置应通过设计计算确定。混凝土护栏所受碰撞荷载的分布如表 3-4 所示。

混凝土护栏所受碰撞荷载的分布 表 3-4

防撞等级	碰撞荷载标准值（kN/m）	荷载分布长度（m）	力的作用点
A、Am	53	4	距护栏顶面 5cm
SB、SBm	91	4	
SA、SAm	86	5	
SS	104	5	

护栏在设置的起讫点、交通分流处三角地带、中央分隔带开口以及隧道入、出口处等位置，应进行便于失控车辆安全导向的端头处理。不同形式的路基护栏之间或路基护栏与桥梁护栏之间，应进行过渡处理。护栏所用材料必须具有足够的强度、耐久性，且易于维护管理。山区、林区等可充分利用当地符合使用要求的建筑材料。

三、桥梁护栏

作用于桥梁护栏上的碰撞荷载大小可按表 3-5 的规定确定。钢筋混凝土墙式桥梁护栏的碰撞荷载分布可采用表 3-4 的规定。

桥梁护栏碰撞荷载 表 3-5

防撞等级	碰撞力（kN）	
	$Z = 0$m	$Z = 0.3 \sim 0.6$m
B	95	75 ~ 60
A、Am	210	170 ~ 140

续上表

防撞等级	碰撞力(kN)	
	$Z=0$m	$Z=0.3\sim0.6$m
SB、SBm	365	295 ~ 250
SA、SAm	430	360 ~ 310
SS	520	435 ~ 375

注：Z 是桥梁护栏的容许变形量。

1. 设置原则

(1)高速公路桥梁的外侧和中央分隔带，必须设置桥梁护栏。

(2)作为干线公路的一级、二级公路桥梁，必须设置路侧护栏；作为干线公路的一级公路桥梁，必须设置中央分隔带护栏。

(3)作为集散公路的一级、二级公路桥梁应设置路侧护栏；作为集散公路的一级公路桥梁宜设置中央分隔带护栏。

(4)跨越深谷、深沟、江河湖泊的三、四级公路桥梁，应设置路侧护栏；位于其他路段经综合论证可不设置护栏的桥梁，应设置视线诱导设施或人行栏杆。

(5)根据车辆驶出桥外或进入对向车行道有可能造成的交通事故等级，应按表 3-6 的规定选取桥梁护栏的防撞等级。因桥梁线形、运行速度、桥梁高度、交通量和车辆构成等因素易造成更严重碰撞后果的路段，应在表 3-6 的基础上提高护栏的防撞等级。

桥梁护栏防撞等级适用条件 表 3-6

公路等级	设计速度(km/h)	车辆驶出桥外有可能造成的交通事故等级	
		重大事故或特大事故	二次重大事故或二次特大事故
高速公路	120	SB、SBm	SS
高速公路、一级公路	100、80	SB、SBm	SA、SAm
一级公路	60	A、Am	SB、SBm
二级公路	80、60	A	SB
三级公路	40、30	B	A
四级公路	20	B	A

注：二级及以上等级公路小桥、通道、明涵的护栏防撞等级宜与相邻的路基护栏相同。

2. 构造要求

1)金属梁柱式护栏的构造应满足下列规定：

(1)高速公路、一级公路的桥梁不宜设置护轮安全带，否则，其高度宜控制在 5 ~ 10cm 之间，护栏面宜与护轮安全带边缘成一直线。

(2)护栏的最小高度应满足图 3-2 的要求。在图中阴影区设置横梁时，应避免失控车辆的乘员头部直接撞击护栏。

(3)护栏构件的截面厚度应根据计算确定，并不小于表 3-7 规定的最小值。

金属制护栏的截面最小厚度值 表 3-7

材　　料	截 面 形 式	最小厚度值(mm)			
		主要纵向有效构件	纵向非有效构件和次要纵向有效构件	辅助板、杆和网	抱箍、辅助构件
钢	空心截面	3	3	3	3
	其他截面	4	3	3	3
铝合金	所有截面	3	1 2	3	1.2
不锈钢	所有截面	2	1 0	2	0.5

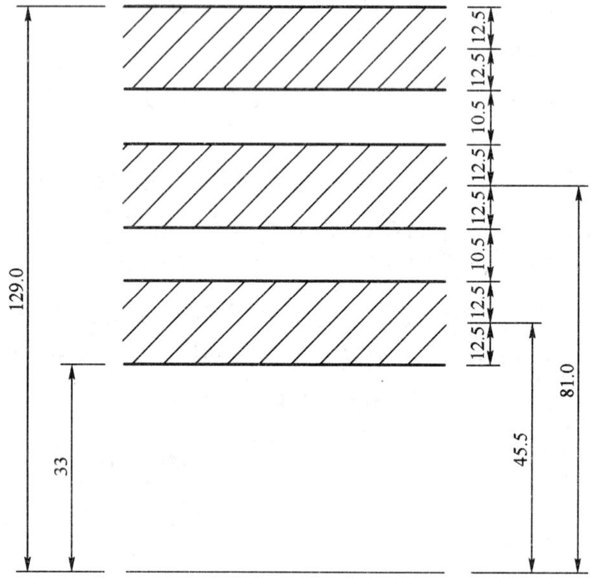

图 3-2　桥梁护栏高度要求(阴影区内宜设置横梁)(尺寸单位:cm)

(4)横梁的拼接设计应满足下列要求:

①拼接套管长度应大于或等于 $2D$,并不应小于 30cm,如图 3-3 所示。

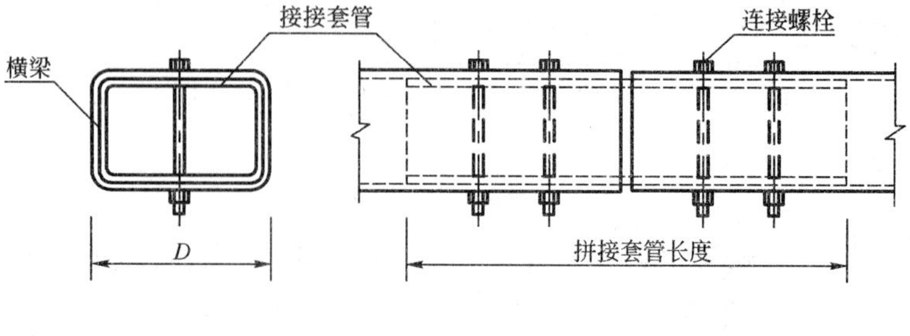

图 3-3　横梁的拼接

②拼接套管的截面抵抗矩不应低于 0.75 倍的横梁截面抵抗矩;连接螺栓应满足横梁极限弯曲状态下的抗剪强度要求。

③拼接处的设计拉力值应不小于表3-8的规定。

横梁拼接处的设计拉力值　　表3-8

防撞等级	设计轴拉力(kN)
B	30
A、Am	54
SB、SBm	70
SA、SAm	70
SS	70

④护栏面应顺适、光滑、无锋利的边角。在横梁的拼接处可有凸出或凹入,其凸出或凹入量不得超过横梁的截面厚度或1cm。

2)钢筋混凝土墙式护栏和组合式护栏未经试验验证,不得随意改变护栏迎撞面的截面形状,但其背面可根据实际情况采用合适的形状。护栏迎撞面混凝土的钢筋保护层厚度不得小于4.0cm。

3)桥梁护栏应按下列规定随主体结构设置伸缩缝:

(1)金属梁柱式护栏

①当伸缩缝处的纵向设计总位移小于或等于5cm时,伸缩缝应能传递横梁60%的抗拉强度和全部设计最大弯矩;伸缩缝处连接套管的长度应大于或等于横梁宽度的3倍。

②当伸缩缝处的纵向设计位移大于5cm时,伸缩缝应能传递横梁的全部设计最大弯矩;伸缩缝两侧应设置端部立柱,其中心间距不应大于2.0m;伸缩缝处连接套管的长度应大于或等于横梁宽度的3倍。

③当伸缩缝处发生竖向、横向复杂位移时,桥梁护栏在伸缩缝处可不连续,但应在伸缩缝两端设置端部立柱,其中心间距不应大于2.0m,两横梁端头的间隙不得大于伸缩缝设计位移量加2.5cm。横梁端头不得对失控车辆构成危险。

(2)钢筋混凝土墙式、梁柱式护栏在桥面伸缩缝处应断开,其间隙不应大于桥面伸缩缝的设计位移量,钢筋混凝土梁柱式护栏在伸缩缝两端应设置端部立柱。

(3)组合式护栏中钢筋混凝土部分应符合墙式护栏中有关伸缩缝设置的规定,金属结构部分应符合金属护栏中有关伸缩缝设置的规定。

4)护栏根据需要可设置承受碰撞受力构件以外的辅助构件。所有辅助构件应与桥梁护栏受力构件牢固连接,并不得侵入公路建筑限界以内。

5)桥梁护栏与桥面板应进行可靠连接。

6)当桥梁护栏与路基护栏的结构形式不同时,应进行过渡段设计。

7)金属构件的密封和排水应符合以下规定:

(1)空心断面构件应设置排水孔或在所有的拼缝处完全密封。

(2)镀锌孔、排水孔的直径不应大于空心截面周长的1/12。非镀锌构件排水孔的孔径不应小于8mm,其间距应大于70cm。镀锌孔、排水孔的位置应布设恰当。

第三节　交 通 标 志

公路交通标志的分类、形状、图案、颜色、文字、规格，应符合现行《道路交通标志和标线》(GB 5768.2—2009)的规定。交通标志应与交通标线配合使用，动态交通标志的设置不应妨碍静态交通标志的使用。交通标志所提供的信息应全部与交通管理有关，除旅游区标志、服务设施标志外，不应带有任何广告色彩。

一、公路交通标志功能

道路交通标志是以颜色、形状、字符、图形等向道路使用者传递信息，用于管理交通的设施。交通标志应结合道路及交通情况设置。通过交通标志提供准确及时的信息和引导，使道路使用者顺利快捷地抵达目的地，促进交通畅通和行车安全。

二、公路交通标志设置原则

(1)公路交通标志的设置，应以不熟悉周围路网体系的公路使用者为设计对象，综合考虑周边路网与公路条件、交通条件、气象和环境条件等因素，制定合理的设置标准，根据各种交通标志的功能和驾驶人员的行为特征进行合理设置。

(2)对二级及以上等级的公路和其他等级的国、省道公路，应优先设置指路标志；其他公路或未设置相关指路标志的公路，经论证可设置必要的警告标志。禁令标志应设置在交通法律、法规发生作用的地点附近醒目的位置，并应避免与其他交通标志的互相影响。限速标志应根据不同路段的通行能力、车型构成比例、车辆的运行速度等分段进行设置。

(3)在选择路网中指路标志的目的地信息时，应根据路网密度、公路等级、公路功能、目的地知名度等进行统一考虑。不同种类的交通标志信息应互相呼应，不得出现信息中断。

(4)交通标志沿公路纵、横向设置的位置应符合现行《道路交通标志和标线》(GB 5768.2)的规定。位于高速、一级公路路侧安全净区内的交通标志应根据标志结构规格采用解体消能结构或设置护栏加以防护，位于其他公路路侧安全净区内的交通标志宜进行必要的诱导。

(5)公路交通标志的任何部分不得侵入公路建筑限界以内。路侧柱式交通标志的安装高度应考虑其板面规格、所在位置的线形特点和地形特征、是否有行人通行等因素，悬臂、门架式等悬空标志净空高度应预留 20 ~ 50cm 的余量。

(6)交通标志安装时，标志板面的法线应与公路中心线平行或成一定角度。路侧安装的禁令标志和指示标志为 0° ~ 45°，指路标志和警告标志为 0° ~ 10°。悬臂、门架或附着式悬空标志安装时，标志的安装角度应与道路中心线垂直或前倾 0° ~ 10°。

三、公路交通标志基本要求

(1)交通标志的设置应综合考虑、布局合理，防止出现信息不足或过载的现象。信息应连续,重要的信息宜重复显示。

(2)交通标志一般情况下应设置在道路行进方向右侧或车行道上方;也可根据具体情况设置在左侧,或左右两侧同时设置。

(3)为保证视认性,同一地点需要设置两个以上标志时,可安装在一个支撑结构(支撑)上,但最多不应超过四个;分开设置的标志,应先满足禁令、指示和警告标志的设置空间。

(4)原则上要避免不同种类的标志并设。解除限制速度标志、解除禁止超车标志、路口优先通行标志、会车先行标志、会车让行标志、停车让行标志、减速让行标志等,应单独设置;如条件受限制无法单独设置时,一个支撑结构(支撑)上最多不应超过两种标志。标志板在一个支撑结构(支撑)上并设时,应按禁令、指示、警告的顺序,先上后下,先左后右地排列。

(5)警告标志不宜多设。同一地点需要设置两个以上警告标志时,原则上只设置其中最需要的一个。

四、公路交通标志分类

(1)交通标志按其作用分类,分为主标志和辅助标志两大类。

①主标志

a. 警告标志:警告车辆、行人注意道路交通的标志;

b. 禁令标志:禁止或限制车辆、行人交通行为的标志;

c. 指示标志:指示车辆、行人应遵循的标志;

d. 指路标志:传递道路方向、地点、距离信息的标志;

e. 旅游区标志:提供旅游景点方向、距离的标志;

f. 作业区标志:告知道路作业区通行的标志;

g. 告示标志:告知路外设施、安全行驶信息以及其他信息的标志。

②辅助标志

附设在主标志下,对其进行辅助说明的标志。

(2)交通标志按显示位置分类,分为路侧和车行道上方两种,对应的支撑结构形式为柱式、路侧附着式,悬臂式、门架式、车行道上方附着式。

(3)交通标志按光学特性分类,分为逆反射式、照明式和发光式三种,其中照明式又分为内部照明式和外部照明式。

(4)交通标志按版面内容显示方式分类,分为静态标志和可变信息标志。

(5)交通标志按设置的时效分类,分为永久性标志和临时性标志。

(6)按标志传递信息的强制性程度分类,分为必须遵守标志和非必须遵守标志。禁令标志和指示标志为道路使用者必须遵守标志;其他标志仅提供信息,如指路标志、旅游区标志;禁令、指示标志套用于无边框的白色底板上,为必须遵守标志;停车让行、减速让行标志不得套用于无边框的白色底板上;禁令、指示标志套用于指路标志上,仅表示提供相关禁止、限制和遵行信息,只能作为补充说明或预告方式,并应在必要位置设置相应的禁令、指示标志。

五、公路交通标志颜色

一般情况下交通标志颜色的基本含义如下：

(1)红色　表示禁止、停止、危险，用于禁令标志的边框、底色、斜杠，也用于叉形符号和斜杠符号、警告性线形诱导标的底色等。

(2)黄色或荧光黄色　表示警告，用于警告标志的底色。

(3)蓝色　表示指令、遵循，用于指示标志的底色；表示地名、路线、方向等的行车信息，用于一般道路指路标志的底色。

(4)绿色　表示地名、路线、方向等的行车信息，用于高速公路和城市快速路指路标志的底色。

(5)棕色　表示旅游区及景点项目的指示，用于旅游区标志的底色。

(6)黑色　用于标志的文字、图形符号和部分标志的边框。

(7)白色　用于标志的底色、文字和图形符号以及部分标志的边框。

(8)橙色或荧光橙色　用于道路作业区的警告、指路标志。

(9)荧光黄绿色　表示警告，用于注意行人、注意儿童警告标志。

六、公路交通标志形状

交通标志形状的一般使用规则如下：

(1)正等边三角形　用于警告标志；

(2)圆形　用于禁令和指示标志；

(3)倒等边三角形　用于“减速让行”禁令标志；

(4)八角形　用于“停车让行”禁令标志；

(5)叉形　用于“铁路平交道口叉形符号”警告标志；

(6)方形　用于指路标志，部分警告、禁令和指示标志，旅游区标志，辅助标志，告示标志等。

七、公路交通标志边框和衬边

(1)除个别标志外，标志边框的颜色应与标志的图形或字符的颜色一致，除指示标志外，标志衬边的颜色应与标志底色一致。个别标志除外。各类标志的边框和衬边如表3-9所示。

各类标志边框和衬边　　表3-9

标志类别	边框	衬边	备注
警告	黑色	黄色	叉形符号和斜杠符号除外
禁令	红色	白色	个别标志除外
指示	—	白色	白色衬边外无蓝色
指路	白色	蓝色或绿色	

续上表

标志类别	边　框	衬　边	备　注
旅游区	白色	棕色	
道路作业区	黑色	橙色	道路作业区所用禁令、指示等标志不变，只对警告、绕行等标志
辅助	黑色	白色	
告示	黑色	白色	

(2)相同底色标志套用时，应使用边框；不同底色标志套用时，套用的禁令标志一般不使用衬边，套用的指路标志一般不使用边框；道路编号标志套用于指路标志上，也可使用边框，如图 3-4 所示。

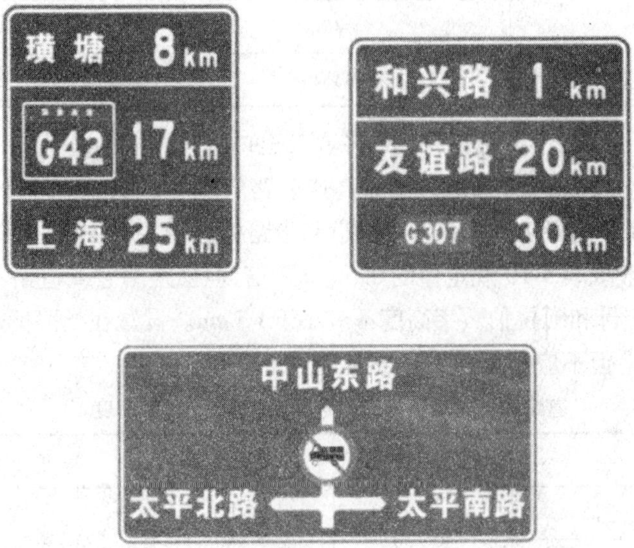

图 3-4　标志套用示例

八、公路交通标志字符

(1)道路交通标志的字符应规范、正确、工整。按从左至右、从上至下顺序排列。一般一个地名不写成两行或两列。

根据需要，可并用汉字和其他文字。标志上的汉字应使用规范汉字，除有特殊规定之外，汉字应排在其他文字上方。

如果标志上使用英文，地名用汉语拼音，相关规定按照 GB 17733，第一个字母大写，其余小写；专用名词用英文，第一个字母大写，其余小写，根据需要也可全部大写。交通标志常用名词的中英对照参见 GB 5768.2 附录 A。

(2)除特殊规定外，指路标志汉字高度一般值应根据设计速度，按表 3-10 选取。汉字字宽和字高相等。字高可考虑设置路段的运行速度(V85)进行调整。

汉字高度与速度的关系 表 3-10

速　度(km/h)	100～120	71～99	40～70	<40
汉字高度(cm)	60～70	50～60	35～50	25～30

(3)指路标志的阿拉伯数字和其他文字的高度应根据汉字高度确定,其与汉字高度的关系宜符合表 3-11 的规定。在特殊情况下,由于具体原因不能满足要求时,经论证字符高度最小不应低于规定值的 0.8 倍。

其他文字与汉字高度的关系 表 3-11

其他文字		与汉字高度(h)的关系
拼音字母、拉丁字母或少数民族文字	大小写	$1/3h$～$1/2h$
阿拉伯数字	字高	h
	字宽	$1/2h$～$4/5h$
	笔划粗	$1/6h$～$1/5h$

(4)道路编号标识中的字母标识符、数字等高,出口编号标志中的数字、字母高度不等,其高度应根据设计速度,按表 3-12 选取。国家高速公路的编号标识的字母标识符、数字字高具体规定符合 GB 5768.2 附录 B。标识在一般道路指路标志箭头杆中的公路编号或道路名称,字高可适当减小,一般取表 3-10 规定值的 0.5～0.7 倍,但公路编号或道路名称的汉字高度不应小于 20 cm,英文字母和阿拉伯数字高度不应小于 15 cm。设置在指路标志版面中的方向标志的字高可适当减小,但不应小于表 3-10 规定值的 0.5 倍。

道路编号标志和出口编号标志的字母、数字高度 表 3-12

速　度(km/h)		100～120	71～99	40～70	<40
道路编号(cm)	字母	40～50	35～40	25～30	15～20
	数字				
出口编号(cm)	数字	40～50	35～40	25～30	
	字母	约数字字高的 2/3			
	“出口”	25 或 30			

(5)指路标志的汉字或其他文字的间隔、行距等宜符合表 3-13 的规定。

文字的间隔、行距等的规定 表 3-13

文字设置	与汉字高度(h)关系
字间隔	$1/10h$ 以上
笔划粗	$1/14h$～$1/10h$
字行距	$1/5h$～$1/3h$
距标志边缘最小距离	$2/5h$

(6)文字性警告、禁令标志的字高按表3-10确定。特殊情况下,经论证文字性警告标志的字高可以适当降低,但最小不应小于表3-10字高下限值的0.6倍。

(7)辅助标志、告示标志的字高一般值可按照表3-10规定值的一半确定,但最小值不应小于10 cm。

(8)标志的汉字、拼音字母、拉丁字母、数字等采用道路交通标志字体(简体)。

九、公路交通标志尺寸

(1)警告标志的尺寸代号,如图3-5所示。其边长、边宽的一般值应根据设计速度,按表3-14选取。可考虑设置路段的运行速度(V85)进行调整。设置在胡同、隔离带的警告标志,设置空间受限制时,如果采用柱式标志可采用最小值,三角形的边长最小值不应小于60cm。

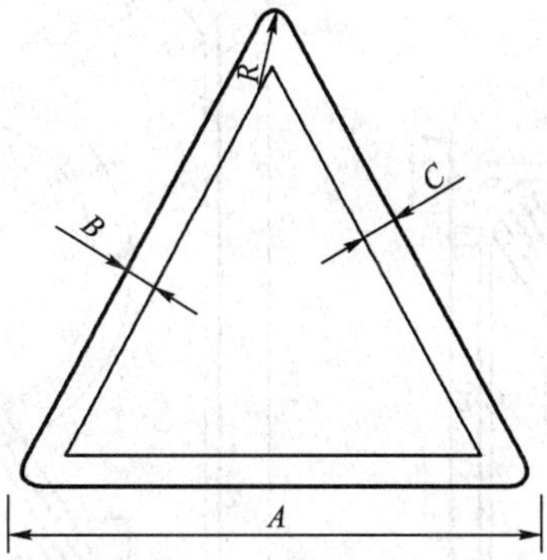

图3-5 警告标志尺寸代号

警告标志尺寸与速度的关系 表3-14

速 度(km/h)	100~120	71~99	40~70	<40
三角形边长(*A*)(cm)	130	110	90	70
黑边宽度(*B*)(cm)	9	8	6.5	5
黑边圆角半径(*R*)(cm)	6	5	4	3
衬边宽度(*C*)(cm)	1.0	0.8	0.6	0.4

(2)禁令标志的尺寸代号,如图3-6所示。其各部分尺寸的一般值应根据设计速度,按表3-15选取。可考虑设置路段的运行速度(V85)进行调整。设置在胡同、隔离带的禁令标志,设置空间受限制时,如果采用柱式标志可采用最小值。圆形禁令标志的直径最小不应小于50cm,三角形禁令标志的边长最小不应小于60cm,八角形对角线长度最小不应小于50cm。

(3)指示标志的尺寸代号如图3-7所示,其各部分尺寸的一般值应根据设计速度,按表3-16选取。可考虑设置路段的运行速度(V85)进行调整。设置在胡同、隔离带的指示标志,设置空间受限制时,如果采用柱式标志可采用最小值,指示标志的直径(或短边边长)最小不应小于50cm。

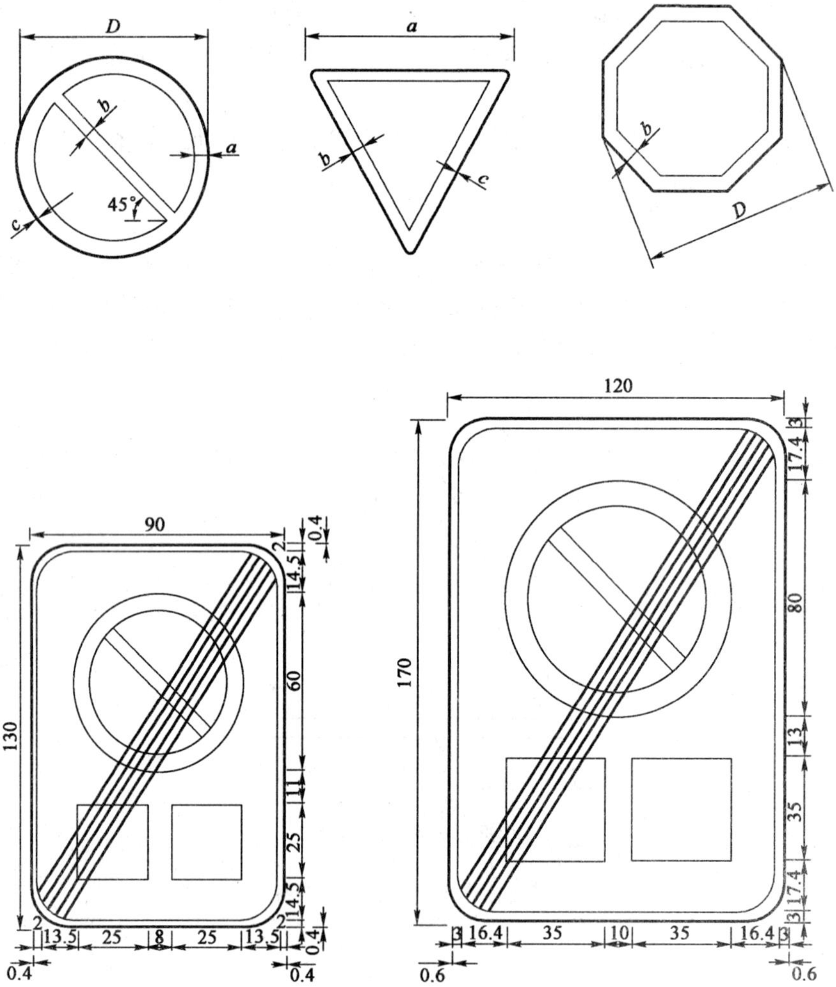

图3-6　禁令标志各部分尺寸代号(尺寸单位:cm)

禁令标志尺寸与速度的关系　　表3-15

速　　度(km/h)		100～120	71～99	40～70	<40
圆形标志(cm)	标志外径(D)	120	100	80	60
	红边宽度(a)	12	10	8	6
	红杠宽度(b)	9	7.5	6	4.5
	衬边宽度(c)	1.0	0.8	0.6	0.4
三角形标志(减速让行标志)(cm)	三角形边长(a)	—	—	90	70
	红边宽度(b)	—	—	9	7
	衬边宽度(c)	—	—	0.6	0.4

续上表

速　　度(km/h)		100～120	71～99	40～70	<40
八角形标志（停车让行标志）(cm)	标志外径(*D*)	—	—	80	60
	白边宽度(*b*)	—	—	3.0	2.0
矩形标志（区域限制和解除标志）(cm)	长(*a*)	—	—	120	90
	宽(*b*)	—	—	170	130
	黑边框宽度	—	—	3	2
	衬边宽度(*d*)	—	—	0.6	0.4

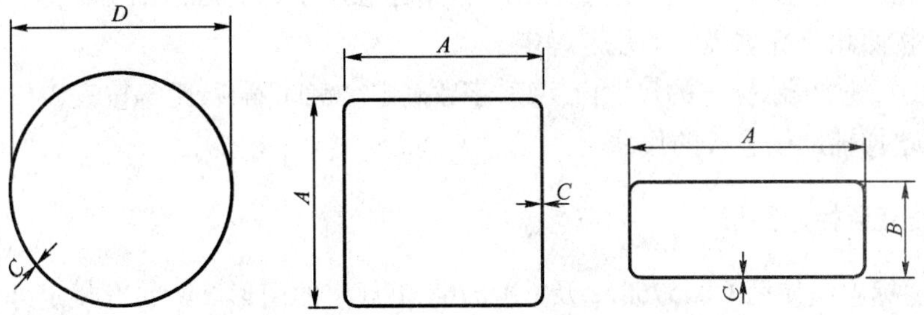

图 3-7　指示标志各部分尺寸代号

指示标志尺寸与速度的关系　　表 3-16

速　　度(km/h)	100～120	71～99	40～70	<40
圆形(直径 *D*)(cm)	120	100	80	60
正方形(边长 *A*)(cm)	120	100	80	60
长方形(边长 *A*×*B*)(cm)	190×140	160×120	140×100	
单行线标志(长方形 *A*×*B*)(cm)	120×60	100×50	80×40	60×30
会车先行标志(正方形 *A*)(cm)			80	60
衬边宽度 *C*(cm)	1.0	0.8	0.6	0.4

(4)指路标志的大小,除另有规定外,应根据字数、文字高度及排列情况确定。

(5)指路标志外边框和衬边的尺寸,如图 3-8 所示。

(6)其他规定如下:

①警告、禁令、指示标志最小尺寸仅适用于城市里狭窄道路、分隔交通的隔离栏上,并应采用柱式支撑形式。

②用于城市里狭窄道路、分隔交通的隔离栏上的禁令、指示标志小于最小尺寸时,其他禁令、指示标志小于表 3-15、表 3-16 规定的一般值时,仅表示信息告知。

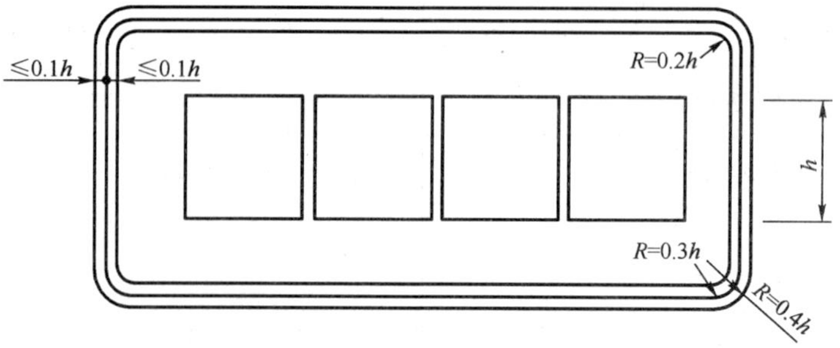

图 3-8 外边框和衬边尺寸

(7)旅游指引标志尺寸由字高、字数和图形确定。旅游符号标志尺寸一般宜采用 60cm × 60cm。

(8)作业区标志一般为警告、禁令、指示、指路标志用于作业区的临时标志,尺寸根据作业区限制速度按照相应标志尺寸的规定确定。

(9)辅助标志、告示标志的尺寸由字高、字数确定。字间隔、行距等按表 3-13 的规定执行。如有需要可增加辅助标志板的尺寸。

十、公路交通标志图形

(1)交通标志应使用 GB 5768.2 及 GB 5768.1 规定的图形。除另有规定外,图形可以单独、组合使用于不同的标志中。

(2)交通标志如使用本部分规定以外的图形或标志,应按 GB 5768.1 规定程序执行,并应以附加辅助标志的方式说明标志的含义。

十一、公路交通标志设置位置

(1)警告标志前置距离一般根据道路的设计速度按表 3-17 选取。也可考虑所处路段的最高限制速度或运行速度等按表 3-17 进行适当的调整。

警告标志前置距离一般值(单位:m) 表 3-17

速度(km/h)	减速到下列速度(km/h)											
	条件 A	条件 B										
	0	10	20	30	40	50	60	70	80	90	100	110
40	*	*	*	*								
50	*	*	*	*	*							
60	30	*	*	*	*							
70	50	40	30	*	*	*	*					
80	80	60	55	50	40	30	*	*				
90	110	90	80	70	60	40	*	*	*			

续上表

速度(km/h)	减速到下列速度(km/h)											
	条件 A	条件 B										
	0	10	20	30	40	50	60	70	80	90	100	110
100	130	120	115	110	100	90	70	60	40	*		
110	170	160	150	140	130	120	110	90	70	50	*	
120	200	190	185	180	170	160	140	130	110	90	60	40

注:条件 A—道路使用者有可能停车后通过警告地点,典型的标志如注意信号灯标志、交叉口警告标志、铁路道口标志等。

条件 B—道路使用者应减速后通过警告地点,典型的标志如急弯路标志、连续弯路标志、陡坡标志等。

*—不提供具体建议值,视当地具体条件确定。

(2)禁令、指示标志应设置在禁止、限制或遵循路段开始的位置。部分禁令、指示标志开始路段的路口前适当位置应设置相应的指路标志提示,使被限制车辆能够提前绕道行驶。

(3)指路标志设置位置应符合每一指路标志的具体规定。

(4)除另有规定外,标志安装应使标志面垂直于行车方向,视实际情况调整其水平或俯仰角度:

①标志安装应尽量减少标志面对驾驶员的眩光;

②标志安装角度宜根据设置地点道路的平、竖曲线线形进行调整;

③路侧标志应尽可能与道路中线垂直或成一定角度。其中,禁令和指示标志为 0°~45°,如图 3-9a)所示;指路和警告标志为 0°~10°,如图 3-9b)所示;

④门架、悬臂、车行道上方附着式标志的板面应垂直于道路行车方向,并且板面宜倾斜 0°~15°,如图 3-9c)所示。

十二、公路交通标志逆反射材料及照明

1. 一般要求

除另有规定外,标志应采用逆反射材料制作标志面或安装照明设施,也可以根据地形、日照情况采用发光式。标志在白天和夜间的颜色应满足 GB 5768.1 的规定。

2. 逆反射材料

(1)用于标志面的逆反射材料主要为反光膜。反光膜的逆反射性能应符合 GB/T 18833 的规定。

(2)选择逆反射材料应综合考虑以下原则或因素:

①标志背景环境影响大、行驶速度快、交通量大的道路宜选用逆反射性能好的材料;

②门架式标志、悬臂式标志和车行道上方附着式标志宜选用比路侧柱式标志和路侧附着式标志逆反射性能好的材料;

③四级及以下公路、交通量很小的道路,根据实际情况可选用较其他道路逆反射性能低的材料。

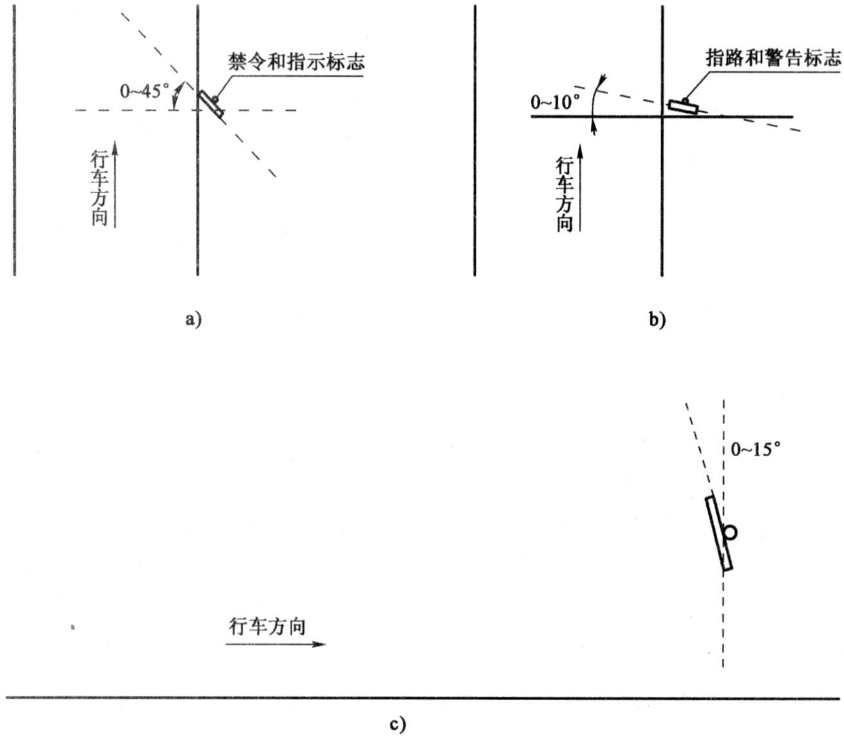

图 3-9　标志安装角度示意

a)路侧禁令和指示标志;b)路侧指路和警告标志;c)门架、悬臂、车行道上方附着式标志

3. 照明

(1)交通标志的照明应采用白色光源,安装于标志板结构内部或上方或其他适当位置。

(2)内部照明为将光源安装于标志板结构内部的照明方式,分单面显示和两面显示两种,要求如下:

①内部照明标志应根据板面大小、所受风力等进行结构设计;

②确保标志面照度均匀,在夜间具有 150 m 以上的视认距离;

③金属构件应经防腐处理合格,防雨防尘,电器元件耐久可靠,检修方便。

(3)外部照明为将光源安装于标志板上部,照亮标志面的照明方式,要求如下:

①所选用的外部照明光源的显色指数 Ra 一般不应低于 80,光源应进行专门设计,照明灯具及其阴影不能影响标志认读;

②光源在标志面上的照度应均匀,最大照度与最小照度之比应小于 4,在夜间具有 150m 以上的视认距离;

③外部照明光源不应造成眩目;

④支撑灯具的构件应防锈处理合格,照明器件耐久可靠,性能优良,检修方便。

4. 主动发光

(1)主动发光标志的主动发光部分可采用高亮度发光二极管(LED)等器件或材料。主动发光标志的非主动发光的标志面部分宜采用逆反射材料制作,要求同逆反射材料。

(2)主动发光标志应确保在夜间具有150m以上的视认距离。

(3)主动发光标志的频闪应同步。

十三、公路交通标志支撑方式

1. 柱式

(1)柱式一般有单柱式、多柱式。柱式标志内边缘不应侵入道路建筑限界,一般距车行道或人行道的外侧边缘或土路肩不小于25cm。

(2)标志板下缘距路面的高度一般为150~250cm。设置在小型车比例较大的城市道路时,下缘距地面的高度可根据实际情况减小,但不宜小于120cm。设置在有行人、非机动车的路侧时,设置高度应大于180cm。

(3)单柱式是标志板安装在一根立柱上,如图3-10a)所示。适用于中、小型尺寸的警告、禁令、指示标志和小型指路标志。

(4)多柱式是标志板安装在两根及两根以上立柱上,如图3-10b)所示。适用于长方形的指示或指路标志。

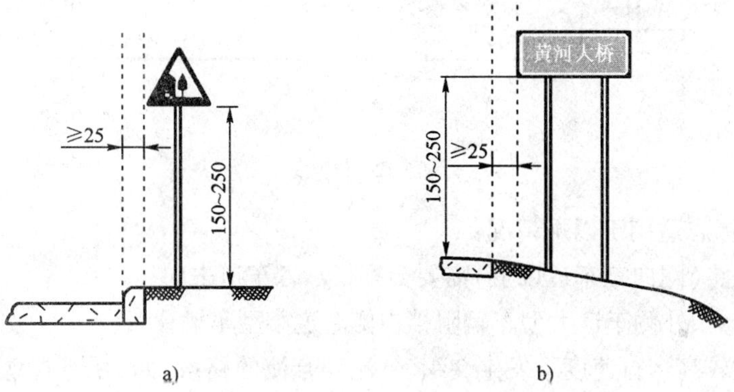

图3-10　柱式(尺寸单位:cm)

a)单柱式;b)多柱式

2. 悬臂式

(1)悬臂式是标志板安装于悬臂上,如图3-11所示。标志下缘离地面的高度应大于该道路规定的净空高度。

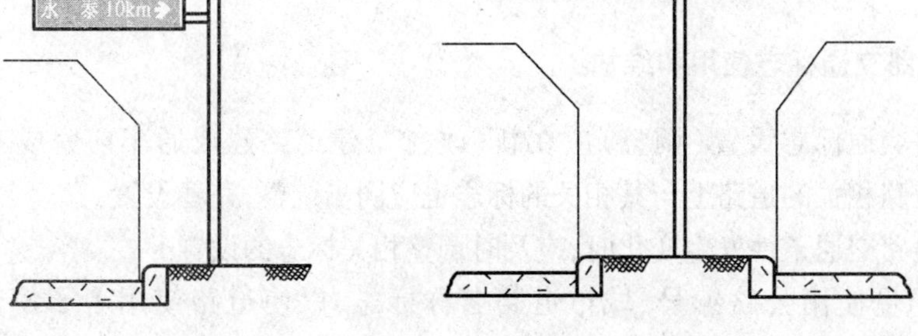

图3-11　悬臂式

（2）悬臂式适用于以下情况：

①柱式安装有困难；

②道路较宽、交通量较大、外侧车道大型车辆阻挡内侧车道小型车辆视线；

③视距或视线受限制；

④景观上有要求。

3. 门架式

（1）门架式是标志安装在门架上，如图 3-12 所示。标志下缘离地面的高度应大于该道路规定的净空高度。

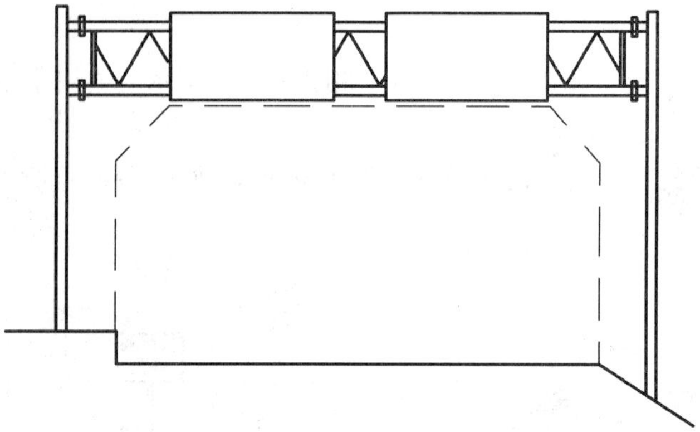

图 3-12　门架式

（2）门架式标志适用于以下情况：

①多车道道路（同向三车道以上）需要分别指示各车道去向；

②交通量较大、外侧车道大型车辆阻挡内侧车道小型车辆视线；

③交通流在较高运行速度下发生交织、分流和合流的路段，如：互通式立体交叉间隔距离较近标志设置较密处、高速公路与高速公路相交的互通立体交叉主线区域等；

④受空间限制，柱式、悬臂式安装有困难；

⑤出口匝道在行车方向的左侧；

⑥景观上有要求。

4. 附着式

（1）标志附着安装在上跨桥和附近构造物上，如图 3-13 所示。按附着板面所处位置不同分车行道上方附着式、路侧附着式两种。

（2）附着式标志的安装高度应符合柱式和悬臂式的规定。

十四、公路交通标志使用和维护

（1）道路交通标志设置（调整）应在新（改、扩）建道路建成通车前完成，路网中与此新（改、扩）建道路相关的道路上与其相关的标志也应同步调整，完善设置。

（2）当道路交通条件发生变化时，应及时调整相关标志的设置。

（3）应尽量使用公路编号、城市道路名称标志，以使道路使用者了解其所在路线和位置。

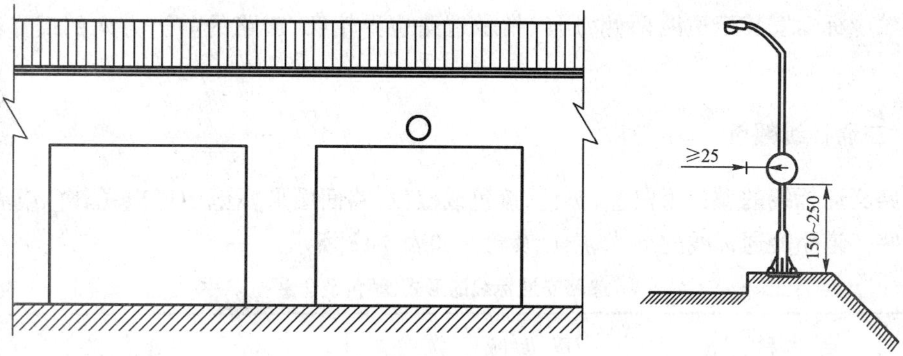

图 3-13　附着式

(4)标志应经常清洁、维护,保持足够的逆反射性能,保证视认性。标志使用中还应避免其被树木遮挡、被路灯照明影响视认。

(5)标志的形状、颜色在其使用期内应符合本部分的规定。

第四节　交 通 标 线

道路交通标线是由施划或安装于道路上的各种线条、箭头、文字、图案及立面标记、实体标记、突起路标和轮廓标等所构成的交通设施,它的作用是向道路使用者传递有关道路交通的规则、警告、指引等信息,可以与标志配合使用,也可以单独使用。各等级公路和城市快速路、主干路应按本部分规定设置反光交通标线。其他道路可根据需要按本部分设置标线。

一、交通标线的分类

(1)道路交通标线按功能可分为以下三类:

①指示标线　指示车行道、行车方向、路面边缘、人行道、停车位、停靠站及减速丘等的标线;

②禁止标线　告示道路交通的遵行、禁止、限制等特殊规定的标线;

③警告标线　促使道路使用者了解道路上的特殊情况,提高警觉准备应变防范措施的标线。

(2)道路交通标线按设置方式可分为以下三类:

①纵向标线　沿道路行车方向设置的标线;

②横向标线　与道路行车方向交叉设置的标线;

③其他标线　字符标记或其他形式标线。

(3)道路交通标线按形态可分为以下四类:

①线条　施划于路面、缘石或立面上的实线或虚线;

②字符　施划于路面上的文字、数字及各种图形、符号;

③突起路标　安装于路面上用于标示车道分界、边缘、分合流、弯道、危险路段、路宽变化、

路面障碍物位置等的反光体或不反光体；

④轮廓标　安装于道路两侧，用以指示道路边界轮廓、道路的前进方向的反光柱（或反光片）。

二、交通标线颜色

道路交通标线的颜色为白色、黄色、蓝色或橙色，路面图形标记中可出现红色或黑色的图案或文字。道路交通标线的形式、颜色及含义如表3-18所示。

道路交通标线的形式、颜色及含义　　表3-18

编号	名　称	图　例	含　义
1	白色虚线		划于路段中时，用以分隔同向行驶的交通流；划于路口时，用以引导车辆行进
2	白色实绩		划于路段中时，用以分隔同向行驶的机动车、机动车和非机动车，或指示车行道的边缘；划于路口时，用作导向车道线或停止线，或用以引导车辆行驶轨迹；划为停车位标线时，指示收费停车位
3	黄色虚线		划于路段中时，用以分隔对向行驶的交通流或作为公交专用车道线；划于交叉口时，用以告示非机动车禁止驶入的范围或用于连接相邻道路中心线的路口导向线；划于路侧或缘石上时，表示禁止路边长时间停放车辆
4	黄色实线		划于路段中时，用以分隔对向行驶的交通流或作为公交车、校车专用停靠站标线；划于路侧或缘石上时，表示禁止路边停放车辆；划为网格线时，标示禁止停车的区域；划为停车位标线时，表示专属停车位
5	双白虚线		划于路口，作为减速让行线
6	双白实线		划于路口，作为停车让行线
7	白色虚实线		用于指示车辆可临时跨线行驶的车行道边缘，虚线侧允许车辆临时跨越，实线侧禁止车辆跨越

续上表

编号	名　称	图　例	含　义
8	双黄实线		划于路段中，用以分隔对向行驶的交通流
9	双黄虚线		划于城市道路路段中，用于指示潮汐车道
10	黄色虚实线		划于路段中时，用以分隔对向行驶的交通流，实线侧禁止车辆越线，虚线侧准许车辆临时越线
11	橙色虚、实线		用于作业区标线
12	蓝色虚、实线		作为非机动车专用道标线；划为停车位标线时，指示免费停车位
13	本部分规定的其他路面线条、图形、图案、文字、符号、凸起路标、轮廓标等		

道路交通标线颜色的色度性能应符合 GB/T 16311 的规定。实际应用中，如需使用表3-18内容以外的道路交通标线，应遵循 GB 5768.1 附录 A 的要求。设置于路面的道路交通标线应使用抗滑材料，标线表面的抗滑性能一般应不低于所在路段路面的抗滑性能。连续设置的实线类标线，应每隔 15m 左右设置排水缝，其他标线有可能阻水时，应沿排水方向设置排水缝，排水缝宽度一般为 3～5cm。

三、标线设置原则

1. 一般路段的交通标线

（1）高速公路和一级公路的一般路段应设置车行道边缘线、车行道分界线；二级及以下等级的双车道公路应设置路面中心线，路面较宽或非机动车较多的路段可设置车行道边缘线。

（2）车行道边缘线应设置于公路两侧紧靠车行道的硬路肩内，不得侵入车行道内。车行道分界线应设置于同向行驶的车行道分界处。

(3)车行道边缘线的宽度应为 15 ~ 20cm，车行道分界线的宽度应为 10 ~ 15cm，路面中心线的宽度应为 10 ~ 15cm。交通标线的宽度应根据公路的设计速度和路面宽度。

2. 特殊路段的交通标线

(1)经常出现强侧向风的特大桥梁路段、宽度窄于路基的隧道路段、急弯陡坡路段、车行道宽度渐变路段，应设置禁止变换车道线，线宽与车行道分界线一致。

(2)二级及以下等级的公路桥梁段与路基段同宽时，路面中心线在桥梁长度范围应设置双黄中心实线，在桥梁引道两端大于 160m 范围内应设置黄色虚实线。公路桥梁窄于路基段且宽度小于 6m 时，在桥梁及两端渐变段范围内可不划中心线。

(3)路面文字标记应按由近到远的顺序排列，字数不宜超过 3 个，设置规格应符合表 3-19 的规定。最高限速值应按一个文字处理。

(4)位于中央分隔带或路侧安全净区内未加护栏防护的桥墩、隧道洞口、交通标志立柱等构造物应设置立面标记，颜色为黄黑相间，线宽及间距均为 15cm。立面标记应向车行道方向以 45°角倾斜。立面标记宜设置为 120cm 高。

公路路面文字标记规格 表 3-19

设计速度(km/h)	字　高(cm)	字　宽(cm)	纵向间距(cm)
120、100	900	300	600
80、60	600	200	400
40、30、20	300	100	200

(5)二级及以下等级的公路上设置减速丘设施时，应在距其两侧各 30m 的范围内设置减速丘预告标线。

(6)需要车辆减速或提醒驾驶员注意安全行车处，可根据需要设置减速标线。

3. 互通式立体交叉、服务区、停车区出入口交通标线

(1)互通式立体交叉、服务区、停车区出入口交通标线应根据互通式立体交叉、服务区、停车区的型式，准确反映交通流的行驶方向。

(2)互通式立体交叉出入口处，宜设置导向箭头。出门导向箭头的规格、重复设置次数可参考表 3-20 选取。出 F1 导向箭头应以减速车道渐变点为基准点，间距 50m。入口导向箭头应以加速车道起点为基准点，视加速车道长度而定，可设三组或两组。

导向箭头的长度及设置次数 表 3-20

设计速度(km/h)	120、100	80、60	40、30、20
导向箭头(m)	9	6	3
重复设置次数	≥3	3	≥2

4. 平面交叉渠化标线

(1)二级及以上等级的公路平面交叉应设置渠化标线，其他公路的平面交叉宜设置渠化标线。导向箭头的规格、重复设置次数可参考表 3-20 选取。

(2)平面交叉应根据其型式、车道宽度、交叉公路的优先通行权和各种交通流量的分析结

果设置渠化标线。

5. 收费广场交通标线

（1）进入收费广场应设置减速标线、收费岛路而标线、岛头标线，各条减速标线的设置间距应根据驶入速度、广场长度经计算确定。

（2）收费广场出口端可设置部分车行道分界线。

6. 突起路标的设置

（1）下列情况下，应在路面标线的一侧设置突起路标，并不得侵入车行道：

①高速公路的车行道边缘线上；

②一级公路互通式立体交叉、服务区、停车区路段的车行道边缘线上；

③互通式立体交叉匝道出入口路段。

（2）隧道的车行道分界线上宜设置突起路标。

（3）突起路标可单独设置成车行道边缘线和车行道分界线。

（4）突起路标的壳体颜色、设置位置、间距应符合现行《道路交通标志和标线》（GB 5768.3）的规定。

四、材料选择

（1）交通标线涂料的技术要求应符合现行《路面标线涂料》（JT/T 280）和《道路交通标线质量要求和检测方法》（GB/T 16311）的要求。

（2）二级及以上等级的公路应采用反光型涂料。无照明设施的三、四级公路宜采用反光型涂料，有照明设施的三、四级公路可采用非反光型涂料。

（3）选用标线材料时，应根据标线材料的逆反射值、防滑值、抗污性能、环保性能、与路面的附着力、性价比等综合考虑。

（4）突起路标应符合现行交通行业标准《突起路标》（JT/T 390）的要求。突起路标与涂料标线配合使用时，应选用定向反光型，其颜色应与标线颜色一致。设置于路面中心线、隧道内的突起路标，应选用双面反光型。

第五节　隔离栅和桥梁防护网

隔离栅的高度不宜低于 1.5m，桥梁护网距桥面的高度不宜低于 1.8m。

一、设置原则

1. 隔离栅

（1）除特殊路段外，高速公路、需要控制出入的一级公路沿线两侧必须连续设置隔离栅，其他公路可根据需要设置。

（2）凡符合下列条件之一者，可不设置隔离栅：

①高速公路、需要控制出入的一级公路的路侧有水渠、池塘、湖泊等天然屏障的路段；

②高速公路、需要控制出入的一级公路的路侧有高度大于 1.5m 的挡土墙或砌石等陡坎

的路段；

③桥梁、隧道等构造物，除桥头、洞口需与路基隔离栅连接以外的路段。

(3)隔离栅遇桥梁、通道时，应在桥头锥坡或端墙处围封。

(4)隔离栅遇尺寸较小、流量不大的涵洞时可直接跨越。

(5)隔离栅的中心线应沿公路用地范围界限以内 20～50cm 处设置。

2. 桥梁护网

(1)上跨高速公路、需要控制出入的一级公路的车行或人行构造物两侧均应设置桥梁护网。

(2)公路跨越铁路、通航河流、交通量较大的其他公路时，应根据需要设置桥梁护网。

(3)桥梁护网应做防雷接地处理，接地电阻应小于 10Ω。

二、隔离栅的结构形式及选择

1. 结构形式

隔离栅有金属网型、刺铁丝和常青绿篱三大类。常青绿篱在南方地区与刺铁丝隔离栅配合使用，具有降噪、美化路容和节约投资的功效。金属网隔离栅按网面材料的不同又可进一步分为电焊网、钢板网、编织网等形式(表 3-21)。

隔离栅的分类 表 3-21

类型		埋设条件	支撑结构
金属网	电焊网	混凝土基础或直埋土中	钢支柱
	钢板网		
	编织网		
刺铁丝		混凝土基础或直埋土中	钢筋混凝土支柱或钢支柱
常青绿篱		土中	

2. 形式选择

隔离栅的形式选择必须考虑其性能、造价、美观、与公路周围环境的协调、施工条件及养护维修等因素，并应与公路的设计标准相适应。

1)金属网型

金属网隔离栅是一种结构合理、美观大方的结构形式，但单位造价较高，主要适用于：

(1)城镇及城镇郊区人烟稠密的路段和城市快速干道的两侧；

(2)风景区、旅游区、名胜古迹等美观性要求较高的路段两侧；

(3)互通立交、服务区和通道的两侧；

(4)编织网型比较适宜于地势起伏不平的路段，而钢板网和电焊网型适用于地势平坦路段。

2)刺铁丝型

刺铁丝隔离栅是一种比较经济适用的结构形式，但美观性较差，故主要适用于：

(1)人烟稀少的路段，山岭地区的公路；

(2)郊外的公路保留用地;

(3)郊外高架构造物下面;

(4)路线跨越沟渠而需封闭的地方。

其他在互通立交区域、服务区、停车区、收费站、管理(局)所等处及设置刺铁丝隔离栅的路段,隔离栅的设置宜与绿化相配合,选择合适的小乔木或灌木,在管辖地界范围形成绿篱,以有效地增强该区域的景观。

第六节 防眩设施

夜间在道路上行驶的车辆会车时,其前照灯(大灯)的强光会引起驾驶员眩目,致使驾驶员获得视觉信息的质量显著降低,造成视觉机能的伤害和心理的不适,使驾驶员产生紧张和疲劳感,是诱发交通事故的潜在因素。防眩设施就是防止夜间行车受对向车辆前照灯眩目的人工构造物,有板条式的防眩板、扇面状的防眩大板、防眩网、防眩栅等构造形式。中央分隔带植树原则上不属于防眩设施,但植树除具有美化路容的功能外,同时也起着防眩的作用,故植树也可作为防眩设施的一种类型。

同其他交通安全设施一样,评价防眩设施的设置效果是一件非常困难的事情。防眩设施的功能和效果不像护栏和标志标线那样,易被人们认同和接受,因此,是否设置防眩设施在公路界讨论了很长一段时间。近年来,随着全国各地高速公路的建成开通,人们对公路交通的安全、快速和舒适有了新的认识,防眩设施也在高等级公路上得到了应用。事实证明,设置防眩设施可有效地消除对向车前照灯的眩光影响,保护驾驶员的视觉健康,美化道路景观,对改善夜间行车环境,吸引夜间交通量,提高道路通行能力发挥了积极的作用。

一、眩光

眩光是指在视野范围内,由于亮度的分布或范围不适宜,在空间或在时间上存在极端的亮度对比,以致使驾驶员视觉机能或视距降低。引起眩光的生理原因主要是由于视网膜受高亮度光线的刺激,其适应状态被破坏,眼球内产生光散射,形成光幕,瞳孔缩小而致。

对道路交通产生影响的眩光源主要有车辆的前照灯、太阳光、道路照明、广告、标志的定向照明、路面反光镜及其他物体表面的反射光,从行道树之间渗透的太阳光,或在道路纵坡顶部射向驾驶员眼睛的太阳光,对其驾驶行为的影响都比较严重。而当车辆朝着太阳升降的方向长时间行驶时,对驾驶员的眩光影响则因连续作用而加剧。

1. 眩光分类

眩光按其视觉效应可分为失能眩光和不舒适眩光。前者造成视觉功能方面可度量的损失,它可通过改变眩光条件,根据目标视距的减少量来测定;后者造成舒适程度的降低,但不会损害视觉,目前还没有公认的定量值。失能眩光又称生理性眩光,不舒适眩光又称为心理性眩光,它们的影响不同,但无严格的界限。随着亮度由低向高的变化,开始出现不舒适的感觉,但不影响视觉功能,即产生不舒适眩光;随着亮度继续增大,不舒适程度趋于严重，伴随有视觉功能的降低，此时既有不舒适眩光，也有失能眩光产生；再提高亮度，严重影响视觉功能，甚至视觉作业根本无法进行，直至暂时失明——强光盲，这时完全是失能眩光。汽车在夜间行驶时，驾驶员多数是受到对向来车间断性前照灯强光的直射，出现生理性眩光，也称危害性眩光。

人眼睛对眩光感觉的强弱与下列因素有关：

(1)光源的强度；

(2)光源表面积的大小；

(3)光源的背景亮度；

(4)光源与视线的相对位置；

(5)视野内光束发散度的分布；

(6)眼睛部分受到的照度；

(7)眼睛的适应性。

2. 眩光对驾驶员行驶行为的影响

分析驾驶员对行车环境的感觉表明，从道路景观中获得视觉信息对驾驶员来说是相当重要的。驾驶员在行车中要达到安全、快速、舒适的目的，就必须清楚地观察到道路前方一定距离内的情况，获得道路前方线形走向等对安全行驶有用的信息。但在夜间行驶时，视觉环境改变了，驾驶员的视野比白天狭窄，加之眩光干扰，使驾驶员在夜间获得视觉信息的质量显著地降低，行车比白天更困难和更危险。具体表现为：

(1)驾驶员遇到强光直射时，常将头转向一边，避开强光，这是利用增大视线与强光束的角度来减弱眩光的作用，眩光源与视线的夹角越大，视觉功能降低的程度就越小。

(2)通过观察驾驶员在会车时车辆在车道上的横向位置表明，在距会车点大约250m处，大部分驾驶员有一种朝对向车辆方向行驶的趋势，随着距离减小，操纵偏离有明显的降低，这种现象解释为驾驶员在接近冲突点(目标物、会车)之前“沉着”或“紧张”地操作和侵占别人车道的行为。但对向车辆的存在迫使驾驶员认识到潜在的危险，因此要修正车辆的横向位置以避免和对向车辆发生碰撞。这些修正操作使车辆偏离对向车辆而获得较大的横向间距，或者由于眩光减少视距，使驾驶员降低车速。如果驾驶员不能正确做出上述修正操作，或操作不当时，就可能发生由于眩光影响而导致车辆碰撞或越出路外的事故。

(3)由于瞬间的强光直射，将使驾驶员视觉经历一个暗适应过程，眼前“一片漆黑”。发生视力障碍的时间约为10s左右，在这期间驾驶员不适应黑暗环境，看不清前方路况，往往冒险行车而可能发生事故。

二、防眩设施设置原则

1. 设置依据

设置防眩设施可防止对向车前照灯的眩目，改善夜间行车条件，增大驾驶员的视距，消除驾驶员夜间行车的紧张感觉，降低交通事故率。防眩设施还可改善道路景观，诱导驾驶员视线，克服行车的单调感。下列情况可作为考虑设置防眩设施的依据：

(1)夜间相对白天事故率较高的路段；

(2)夜间交通量较大,特别是载货汽车等大型车混入率较高的路段;

(3)不寻常的夜间事故(尾撞、碰撞路侧结构物或从弯道外侧越出路外)较多的路段;

(4)中央分隔带宽度小于3m的路段;

(5)平曲线半径小于一般最小半径的路段;

(6)夜间事故较集中的凹形竖曲线路段;

(7)道路使用者对眩光程度的评价。

2. 一般原则

1)设置的路段

高速公路、一级公路凡符合下列条件之一者,应设置防眩设施:

(1)中央分隔带宽度小于9m的路段;

(2)夜间交通量较大、服务水平达到二级以上的路段;

(3)圆曲线半径小于一般值的路段;

(4)凹形竖曲线半径小于一般值的路段;

(5)公路路基横断面为分离式断面,上下行车行道高差小于或等于2m时;

(6)与相邻公路或交叉公路有严重眩光影响的路段;

(7)连拱隧道进出口附近。

2)可不设置的路段

具备下列条件之一的路段,可不设置防眩设施:

(1)中央分隔带宽度大于9m;

(2)上下行车道路面高差大于2m;

(3)配有连续照明。

3)设置位置

防眩设施应设置在道路的中央分隔带上,且最好与护栏、隔离封闭设施配合使用,既可节省投资,又可防止行人在公路上随意横穿而使驾驶员行车紧张。防眩设施可设置在道路的中央分隔带中心线上,也可靠中央分隔带一侧设置。

4)一般设置要求

(1)防眩设施的设置应注意连续性,避免在两段防眩设施中间留有短距离的间隙,这种情况会给毫无思想准备的驾驶员造成很大的潜在眩目危险。

(2)长区段设置防眩设施时,应考虑在形式或颜色上有所变化,可把植树和防眩板交替设置。一般每隔5km左右宜适当改变形式或颜色,以给驾驶员提供多样化的景观,克服行车的单调感。

(3)防眩板的宽度应根据中央分隔带宽度确定,并注意与道路景观相协调。如某公路的防眩板板宽0.70m,而中央分隔带宽度仅1.00m,防眩板边缘紧靠行车道,既容易被车辆刮倒,也使驾驶员有压迫感,防眩板给人的感觉就像一面面又大又笨的铁扇排立在道路中央,非常难看,且由于板宽,两板间的距离大,驾驶员驱车经过时感到眩目,昼夜对驾驶员视觉的刺激都很大,影响了行车质量。

(4)防眩设施与各种护栏结构组合设置时,要根据不同地区的情况结合防风、防雪、防眩、景观等多方面的综合要求,考虑设置组合结构的合理性。

三、防眩设施结构形式

一般来说,可以从以下几个方面来评价防眩设施结构形式的功能是否符合要求:

(1)有效地减少对向车前照灯的眩目,对驾驶员的心理影响小(压抑感、单调感);

(2)经济、美观;

(3)施工简单、易于维护;

(4)对风阻挡小,积雪少,通视效果好;

(5)受车辆冲撞时不对车辆构成威胁。

道路上使用的防眩设施可分为三种类型,如图3-14所示。

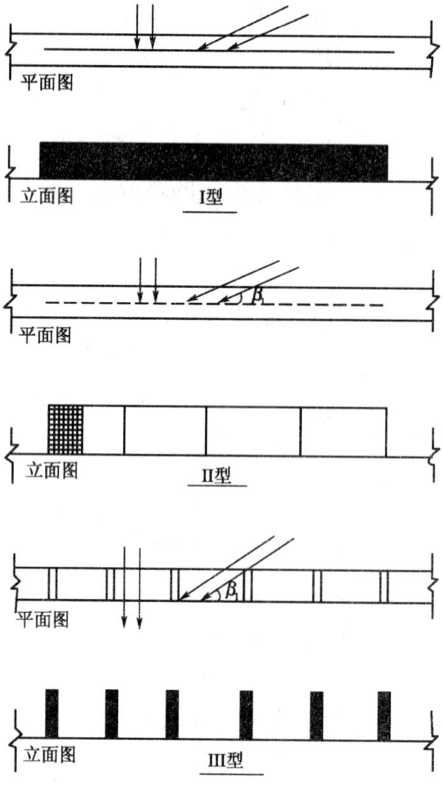

图3-14 防眩设施形式

I型:是指连续封闭型的防眩设施,如足够宽度的中央分隔带(宽度≥9m)上的树墙等。它基本上阻止了对向车道从水平面上所有角度射来的光线。

II型:是由连续网状结构组成的防眩设施,金属(或塑料)防眩网为其代表形式。它能阻挡水平面上0~β_1角度射来的光线,在β_1角以外可横向通视。

III型:是以一定的间距连续设置板状结构而组成的防眩设施。金属(或塑料)防眩板为其代表型式,防眩扇板、百叶窗式防眩栅、一定间距植树等从遮光原理上讲均是III型防眩设施。它可阻挡水平面上0~β_1角度射来的光线,在β_1角以外可横向通视。

目前在公路上广泛使用的防眩设施结构形式主要为防眩板，其次为植树、防眩网。图3-15为防眩板的一种结构图示。防眩板是一种经济美观、对风阻挡小、积雪少，对驾驶员心理影响小的比较理想的防眩结构形式。

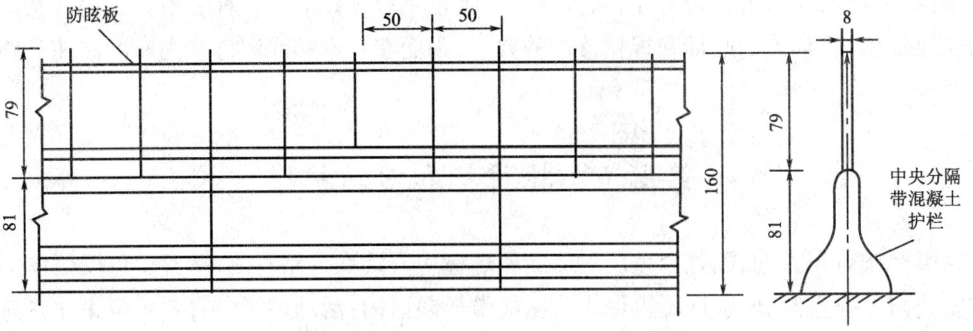

图3-15 设置于混凝土护栏上的防眩板(尺寸单位:cm)

四、防眩设施高度

防眩设施的高度与车辆前照灯高度、驾驶员视线高度、道路纵断面曲线及前照灯的最小几何可见度角、配光性能等因素有关。不同车辆的前灯高度与驾驶员视线高度对防眩设施高度的要求不同。从现阶段行驶的车辆看，载货汽车驾驶员的视线在不断增高，小车驾驶员的视线高有逐渐降低的趋向。防眩设施的高度一般只要使组合频率高的小车与小车、小车与大车相遇时具有良好的效果即可。据交通运输部公路科学研究院研究，不同车辆组合时的防眩设施最小高度为1.60～1.70m。

五、植树防眩

在中央分隔带上植树是最先试验采用的防眩措施，它具有防眩、美化路容、降低噪声和诱导交通等多重功能。植树防眩特别适用于较宽的中央分隔带，作为道路总体景观的一部分，和自然环境相协调，给驾驶员提供了绿茵连绵、优美舒适的行车环境。道路绿化是视野所及范围内行车的重要参照物。

以一定间距植树防眩的形式应注意路线的走向。当路线走向与太阳运行方向接近垂直时，不宜采用植树防眩，因在这种情况下，树木遮挡太阳光在路面上形成阴影，树木间透过的太阳光洒在路面上，给行间车中的驾驶员造成明暗相间的眩目感觉，它对驾驶员视觉功能的损害比夜间前照灯的眩目更为严重。

另外，以一定间距植树防眩的形式，夜间在前照灯照射距离之外，树丛隐约像一个人站立在中央分隔带上，由于心理定势作用的影响、驾驶员很难迅速区别是树还是人，高速行驶时会感到极度的紧张。

因而，从某种程度上来说，密集植树防眩比间隔植树防眩应用更广一些。但密集植树防眩也有不利的一面，即阻碍了驾驶员的横向通视，使其不能很好地观赏车道左侧的景观，视野变窄，并有压迫感和单调感，容易疲倦打瞌睡。故密集植树防眩的高度不宜超过1.40m，一般以1.20～1.40m为宜。

由上所述，密集植树和以某一间距植树防眩都有一定的缺陷，因而近年来国外比较推崇一种所谓的自由栽植方式。其基本依据和做法是:由于交通量一定时,在道路上行驶车辆的车头时距是连续型随机变量,并符合正态分布,故由此联想到树木的栽植间距也可有大有小,但控制其平均值在 5 ~ 6m,且使每一栽植的间距,从理论上讲也是随机变量,符合正态分布曲线。这样虽说是自由栽植,但疏密有序,从数理分析上也是有规律的。这种栽植方式比较接近于自然的随便栽植,符合人的心理和视觉特性的要求,因而在日本和欧洲许多国家的高速公路上已流行开来。

第七节　轮廓标和活动护栏

轮廓标按行车方向,配置白色反射体的轮廓标应安装在公路右侧,配置黄色反射体的轮廓标应安装与公路左侧,轮廓标不得侵入公路建筑界限以内;活动护栏应有效的阻止非紧急车辆在中央分隔带开口处的通行,活动护栏应便于移动。

一、轮廓标

1. 标的设置原则

(1)高速公路、一级公路的进出匝道应全线设置轮廓标,轮廓标在公路前进方向左、右对称设置。直线路段设置间距不应超过 50m,曲线路段和匝道处置间距不应大于表 3-22 的规定。公路路基宽度、车道数量有变化的路段及竖曲线路段,可适当加密轮廓标。

曲线路段、匝道处轮廓表设置间距　　表 3-22

曲线半径(m)	≤89	90 ~ 179	180 ~ 274	275 ~ 374	375 ~ 999	1 000 ~ 1 999	≥2 000
设置间距(m)	8	12	16	24	32	40	48

(2)二级及以下等级公路的视距不良路段、设计速度大于或等于 60km/h 的路段、车道数或车道宽度有变化的路段,以及连续急弯陡坡路段宜设置轮廓标,其他路段视需要可设置轮廓标。

2. 轮廓标的构造及设置

轮廓标是设置于行车道边缘的设施,其构造与路边构造物有关。当路边无构造物时,轮廓标为柱体。独立设置于路边土路肩中。当路边有护栏、桥梁栏杆、侧墙等构造物时,轮廓标就附着于这些构造物的适当位置上。设置间距见表 3-22,设置示意图见图 3-16。

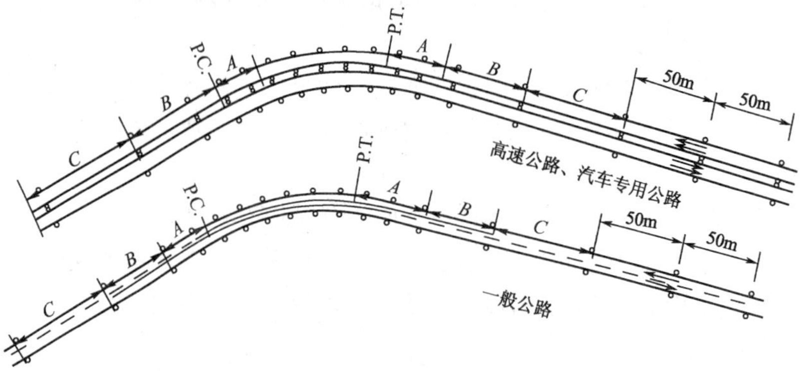

图 3-16　轮廓标设置图

1)设置于土中的轮廓标

主体结构为三角形断面的立柱,由柱体、反射器和基础等部分组成,如图3-17所示。柱体为白色,与距路面55cm以上部分的25cm黑色标记形成对比色,称为白天标记,在黑色标记中间镶嵌一块18cm×4cm的反射器,反射器为定向反光材料。轮廓标的基础材料为混凝土。当道路设有中央分隔带时,轮廓标为单面;当道路没有中央分隔带时,轮廓标为双面。为使轮廓标损坏后更换方便,柱体与基础可以采用装配的形式。

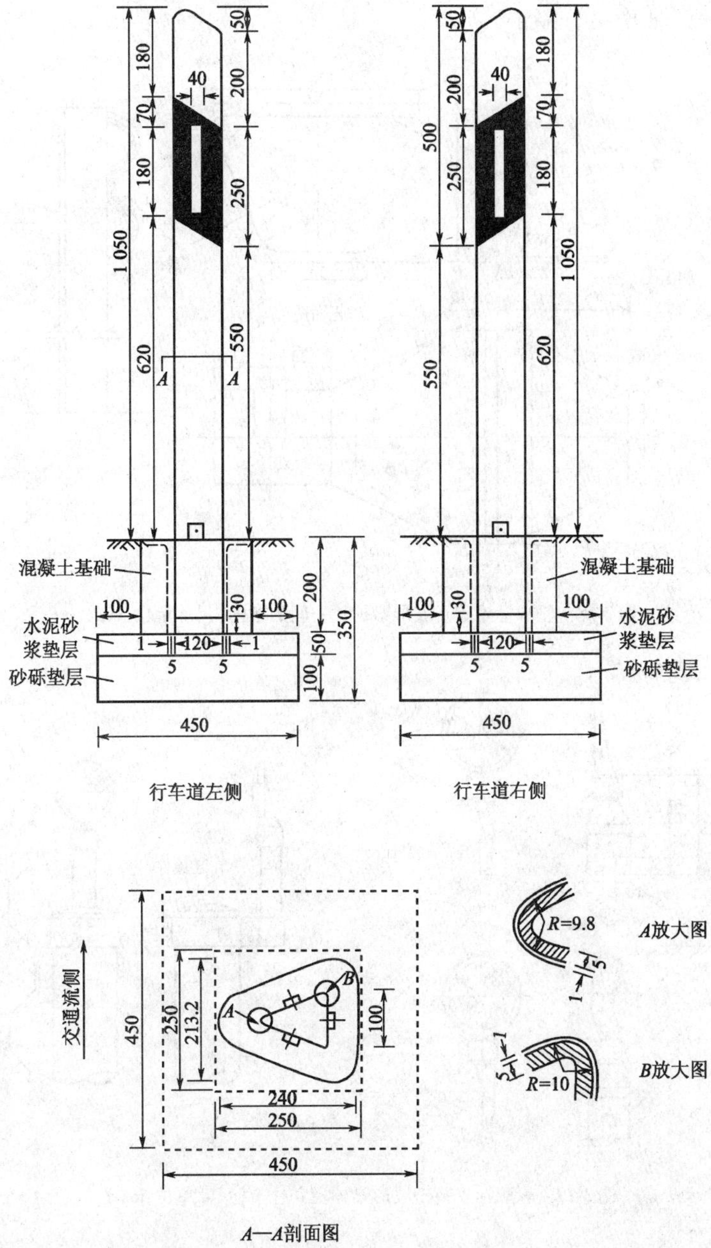

图3-17　轮廓标(设置于土中)的构造(尺寸单位:mm)

2)附着在波形梁护栏上的轮廓标

轮廓标附着于波形梁护栏中间的槽内时,反射器为梯形,与后底板铆在一起,后底板固定在波形梁与立柱的连接螺栓上。后底板应做成一定角度,角度大小以保证汽车前照灯光线大致与其保持垂直为原则,如图 3-18 所示。

当道路处在经常有雾、阴雨、风沙、下雪和暴雨的地区,会给视认性带来困难时,可尽量提高轮廓标的反射性能,如采用面积较大的反射器,并将轮廓标安装于波形梁护栏的立柱上,见图 3-19。这种轮廓标可分为单面反射(A 型)和双面反射(B 型),B 型适用需要为对向车道提供视线诱导的场合(如中央分隔带)。

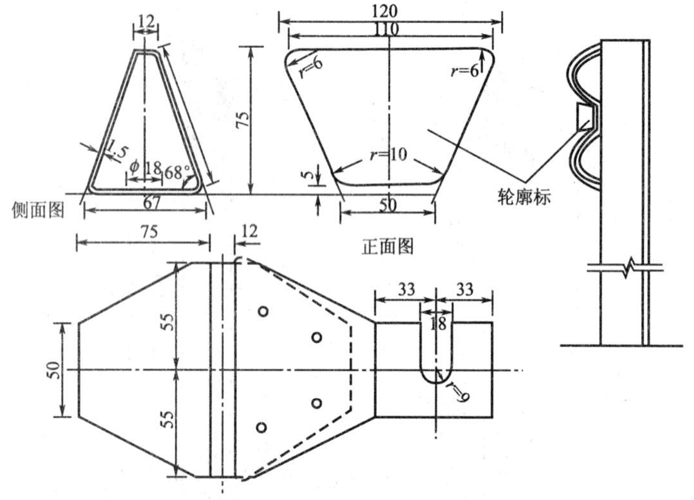

图 3-18　轮廓标附着于波形梁护栏中间的槽内(尺寸单位:mm)

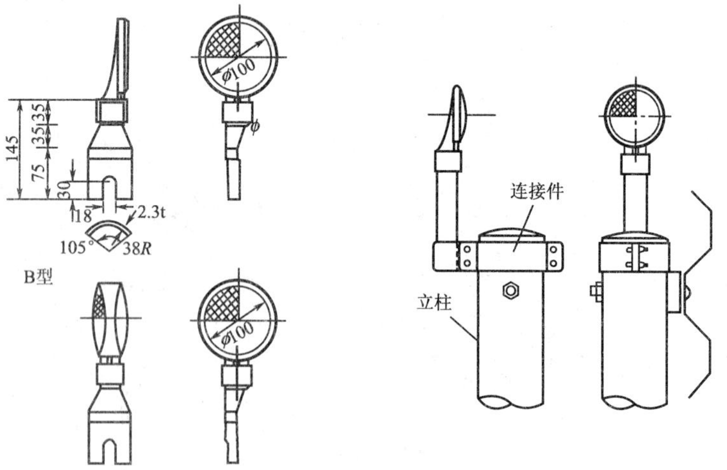

图 3-19　轮廓标安装于波形梁护栏立柱上(尺寸单位:mm)

3. 路钮

路钮是一种粘贴或锚固在路面上,用来警告、诱导或告知驾驶员道路轮廓或道路前进方向的装置,它可分为反光路钮和不反光路钮两大类。路钮一般配合路面油漆、热塑标线使用或以模拟路面标线的形式独立使用。路钮在不良气候和环境下(如雨天、雾天、路面灰、泥多等)能有效地保证驾驶员的视认性。路钮的主要缺点是由于其突出路面对骑自行车和摩托车者构成潜在的危险,但可通过降低路钮的高度使危险性降至最小。路钮的另一主要缺点是如果与路面固定不牢,在高速行驶的车辆的碾压下可能脱落而影响其他车辆安全行驶。解决这一问题的办法是提高路钮与路面的黏结强度。路钮在国外一些冬季不积雪的公路(一般公路和高速公路)得到广泛使用,已被证明是一种廉价且提高安全能力显著的交通安全设施,是驾驶员夜间行车不可缺少的附属设施。

用于路钮与路面黏结的是一种黏结性能良好的环氧树脂类产品,如澳大利亚的“Gba-Geigy道路用环氧树脂”。路钮底部应有粗糙面以保证环氧树脂牢固地和路面黏结。

1)路钮的种类

(1)不反光路钮

不反光路钮可分为两种类型,如表3-23所示。对不反光路钮的特性、强度、颜色等要求,英国和澳大利亚等均有详细的规定。

不反光路钮的分类 表3-23

特征 种类	颜色	形状	材料	与路面固结方式
A型	白	圆形、矩形	塑料、瓷片、玻璃、不锈钢、铝合金	粘贴、打入
AY型	黄	圆形、矩形	塑料	粘贴、打入

(2)反光路钮

反光路钮有六种类型,如表3-24所列。对反光路钮的反射性能、抗压强度、耐磨性、颜色等要求,英国、澳大利亚及美国等均有详细的规定。美国要求对反光路钮进行抗压强度和抗磨试验,其抗压强度不小于90MPa。

反光路钮的分类 表3-24

特征 种类	单面反光/双面反光	颜色	材料		与路面固结方式
			反射器	外体	
B型	双面	白色	塑料	塑料、铝合金	粘贴、打入
C型	双面	白色和红色	塑料	塑料、铝合金	粘贴、打入
D型	双面	黄色	塑料	塑料、铝合金	粘贴、打入
E型	双面	白色和黄色	塑料	塑料、铝合金	粘贴、打入
G型	单面	白色	塑料	塑料、铝合金	粘贴、打入
H型	单面	黄色	塑料	塑料、铝合金	粘贴、打入

2)路钮的应用

路钮与标线配合使用或模拟标线的实例见图3-20。

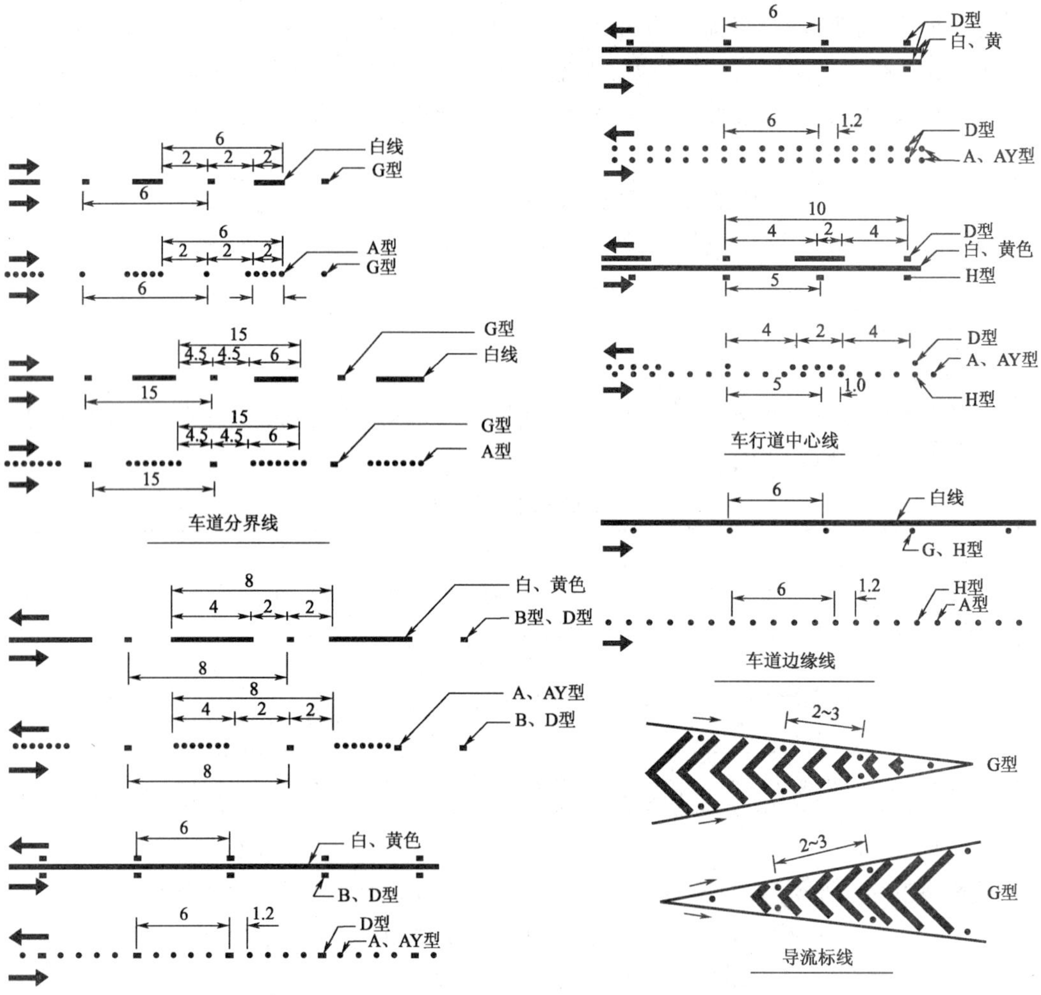

图3-20　路钮应用实例图(尺寸单位:m)

二、活动护栏

1.基本概念

1)路上危险物

早期的公路设计主要是针对行车道,行车道以外的路侧区和中央分隔带因不作行车之用而被忽视。人们仅期望“行车道”有良好的性能。但研究设计人员很快发现,驾驶员不仅要求有良好的行车质量,而且需要安全感。随着车速的提高,越出路外的事故越来越严重,使公路设计者认识到需要分析路侧的潜在危险并改进路侧设计。同时,道路设计者和使用者都希望整条公路的设计标准一致,线形连续顺畅,填方高度小,边坡平缓,并有足够的侧向净宽供失控车辆返回行车道或在危险物前安全停车。但是,由于地形条件、土地利用情况、投资和技术条件等诸多因素的制约,道路上难免存在一些行车障碍。当然,路侧障碍物并不一定对越出路外车辆构成危险,因为车辆失控越出路外时,驾驶员有可能使失控车辆回复到正常行驶车道上。那么,从行车道硬路肩外边缘至车辆回复轨迹横向最远点的距离,称为路侧安全距离,在路侧安全距离之内的障碍物,称为危险物。对越出路外车辆构成危险的路侧构造物(包括窄的中央分隔带、路堤、路堑边坡、护栏、防撞垫、路缘石、标志柱、树木、排水沟、挡土墙等),统称为路上危险物。广义地讲,平曲线半径小于设计标准的曲线外侧半径,也称为路上危险物。根据美国交通事故统计资料表明,每年大约有 1/4 的交通事故与中央分隔带有关,大约有 1/3 的交通事故系车辆越出路外,与路上危险物相撞造成的。

通常,减少车辆碰撞路上危险物的措施依次为:

(1)消除可移走的所有路上危险物;

(2)把路侧危险物移至满足安全要求的道路侧向净宽以外;

(3)把遗留的路上危险物设计成解体消能结构;

(4)用护栏保护。

在公路上设置护栏并不是为了减少一般事故的发生。护栏的防撞机理,是通过护栏和车辆的弹塑性变形、摩擦、车体变位来吸收车辆碰撞能量,从而达到保护乘客生命安全的目的。护栏与其他安全设施的显著区别是以护栏和车辆自身的破坏(变形),来防止更严重的伤害事故发生。在设置护栏避免车辆与其他危险物碰撞时,应把护栏当成危险物看待。也就是说,如果是某一车辆以一定碰撞条件碰撞某一危险物的事故严重度,比相同条件下车辆碰撞护栏的事故严重度小,那么就不能用护栏保护该危险物。例如,在某一平缓、低填方的路段,车辆越出路堤的事故严重度比车辆碰撞护栏的事故严重度小,即使在此路段上发生过一次乃至几千次以上的车辆越出路外事故,也不能采用护栏保护该路段,而是应采取其他安全措施,如道路几何线形的改善、设置视线诱导设施、设置限速标志及提高路面抗滑能力等。

2)事故严重度

事故严重度是衡量一定质量的车辆以一定的碰撞条件(碰撞速度和碰撞角度)越出路外和(或)碰撞路侧危险物造成事故的后果或严重程度的指标。它是对事故造成财产损失、伤亡程度的综合评价值。事故严重度一般不受事故发生的概率或频率的影响。它的理论表达式如下:

$$\mathrm{SI}=\sum_{i}\sum_{j}P(S_{\mathrm{i}}/A)\times P(I_{\mathrm{j}}/S_{\mathrm{i}})\times W(I_{\mathrm{j}}) \tag{3-1}$$

式中: SI——事故严重度指数;

$P(S_{\mathrm{i}}/A)$——事故 A 发生在碰撞条件 I 下的概率;

$P(I_{\mathrm{j}}/S_{\mathrm{i}})$——在碰撞条件 I 下伤亡严重度 j 的概率;

$W(I_{\mathrm{j}})$——伤亡严重度 j 的加权系数。

从式(3-1)可见,事故严重度指数不是一个不变的常数,而是受到许多因素的影响。一般地说,影响事故严重度的主要因素有:碰撞速度和角度,碰撞位置(即车辆方向、车辆的碰撞区等)和车辆种类与质量,以及道路特点和交通条件等。例如,一定质量和外形的车辆碰撞标志柱的事故严重度，是与车辆的碰撞速度、碰撞角度和标志柱本身的刚度有关，不同碰撞条件给车辆和标志柱造成的损害是不一样的。

式(3-1)是理想化的事故严重度指数计算式，通过它来求解每一种路上危险物的事故严重度是很困难的。一般根据不同的目的和可获得事故资料的质量与数量对式(3-1)进行简化。

表3-25是根据美国1982～1984年事故资料计算得到的某些路侧构造物的事故严重度指数。图3-21～图3-24是几种不同材料的护栏设计图。

路侧构造物的事故严重度 表3-25

构造物名称	SI
护栏	3.9
桥梁端头	5.3
树木	4.8
电线杆	4.5
桥墩/桥台	4.6
标志柱	3.8
排水沟	4.2

2. 护栏形式选择

1)路基护栏形式的选择

护栏形式的选择，应针对高速公路的具体情况，充分比较各种护栏形式的性能，结合经济合理、安全可靠、美观大方等要求来进行。

(1)护栏的性能选择

在选择护栏形式时，首先应充分注意到各种护栏的性能。波形梁护栏具有一定的刚性和韧性，当车辆冲撞后塑性变形较大，损坏处容易更换，具有较好的视线诱导功能，能很好地与道路线形相协调，外形美观；管梁护栏具有美观的外形，能很好地与道路线形相协调，适用于积雪地区，缺点是接头处施工麻烦；箱梁护栏具有美观的外形，适用于窄的中央分隔带和积雪地区，小半径曲线路段不能使用；缆索护栏具有最美观的外形，缆索在弹性范围内工作，可以重复使用，容易修复，适用于积雪地区，支柱间距比较灵活，受不均匀沉陷的影响较小，但缆索护栏施工复杂，端部立柱损坏后修理困难，不适合在小半径曲线路段使用，视线诱导性差，架设长度较短时不经济；混凝土墙式护栏防止车辆越出路外的效果好，适用于窄的中央分隔带，由于几乎不变形，维修费用很低，但在车辆与护栏的碰撞角度较大时，对车辆和乘员的损害大，安全性和舒适性较差，行驶时有较强的压迫感。因此，只有对各种护栏性能充分了解后，才有可能作出更符合实际的选择。

(2)护栏的安全性选择

从设置护栏的最终目标来看，当然希望通过护栏的保护作用来减轻事故的严重度。特别在车辆越出路外可能引起严重事故的区段，如：同铁路、重要公路相交或平行的部分，靠近居民房屋的区段，高度大于 10m 的桥梁与填方区段等，要根据设计条件，选择能经受超负荷冲撞的护栏形式。

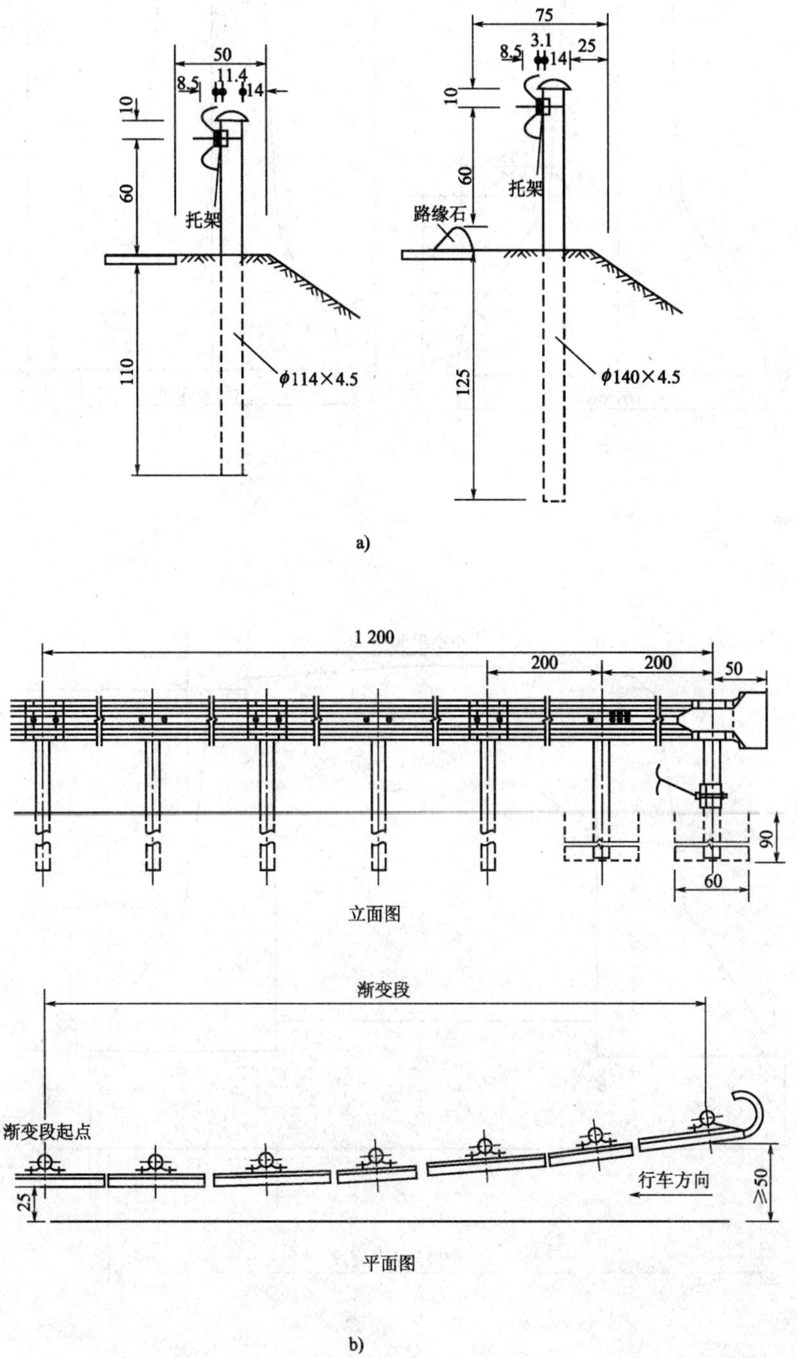

图 3-21　波形梁护栏结构图（尺寸单位：cm）

a）路侧波形梁护栏的横断面布设（无防阻块、圆形立柱）；b）圆头式端头结构图（无防阻块、圆形立柱）

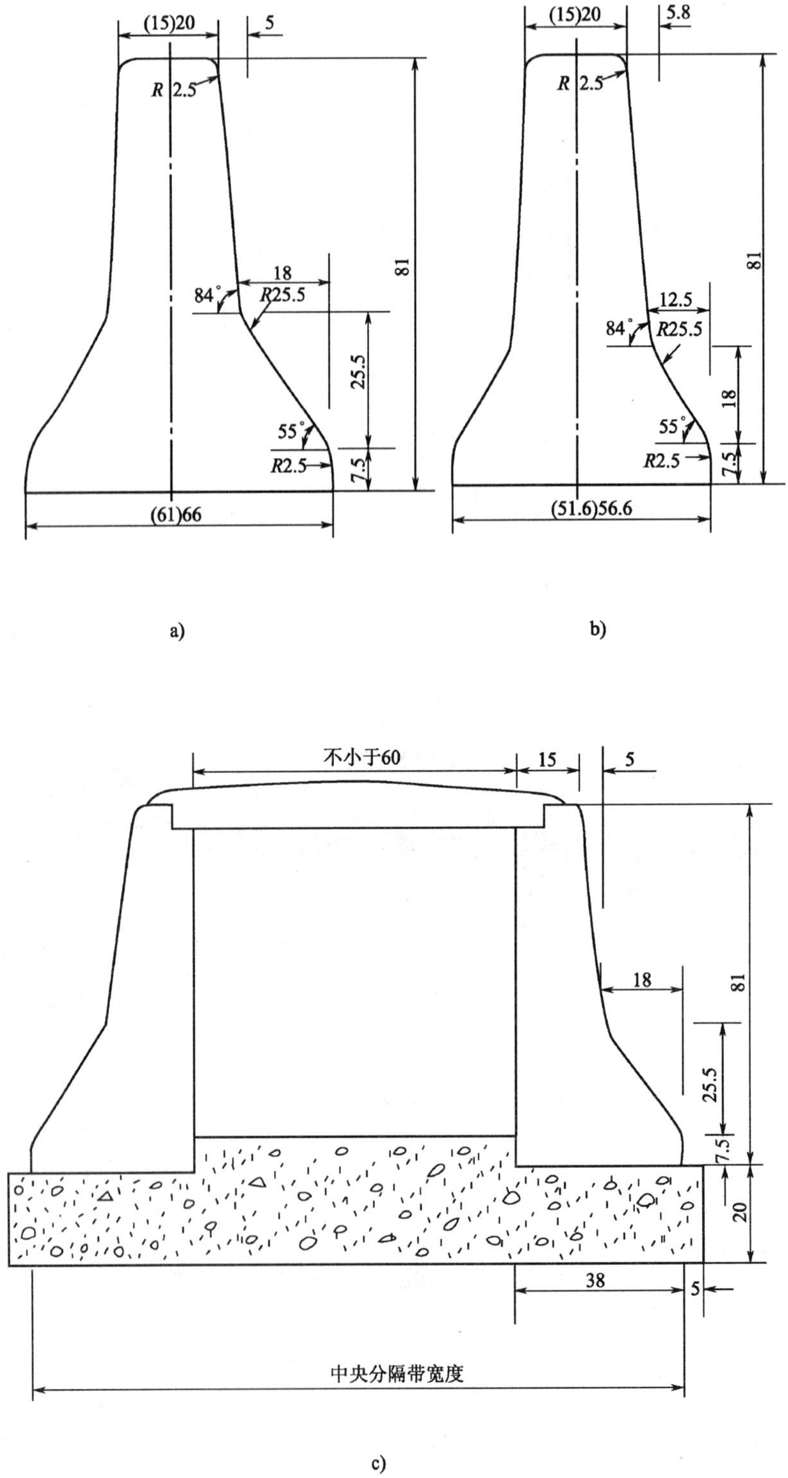

图 3-22　混凝土护栏结构图(尺寸单位:cm)

a)基本型混凝土护栏;b)改进型混凝土护栏;c)分离式混凝土护栏

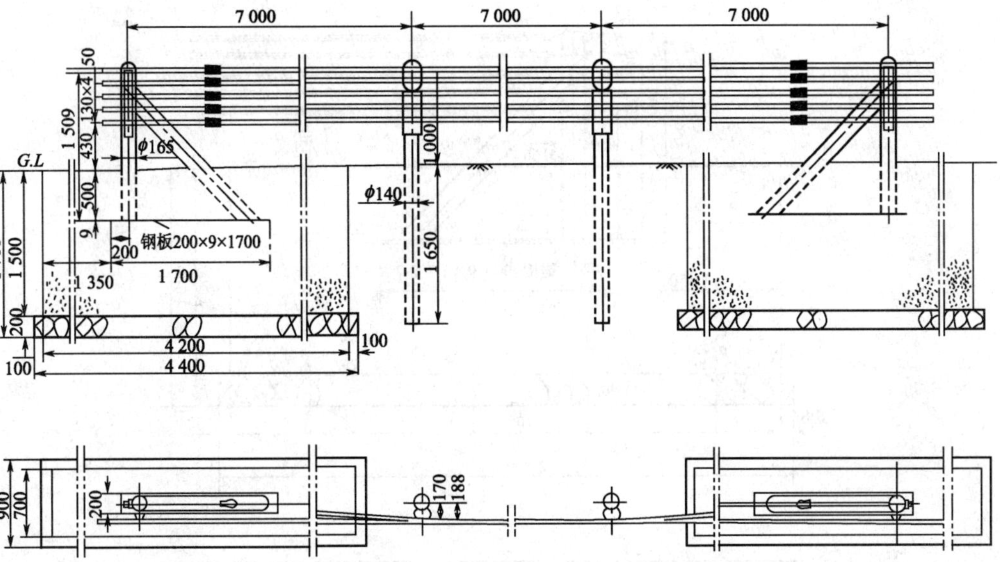
7 000
7 000
7 000
50
130×4
1 509
430
ϕ165
G.L
500
9
钢板200×9×1700
200
1 700
1 500
1 350
1 700
200
4 200
4 400
100
100
1 000
ϕ140
1 650
900
700
200
170
188

a)

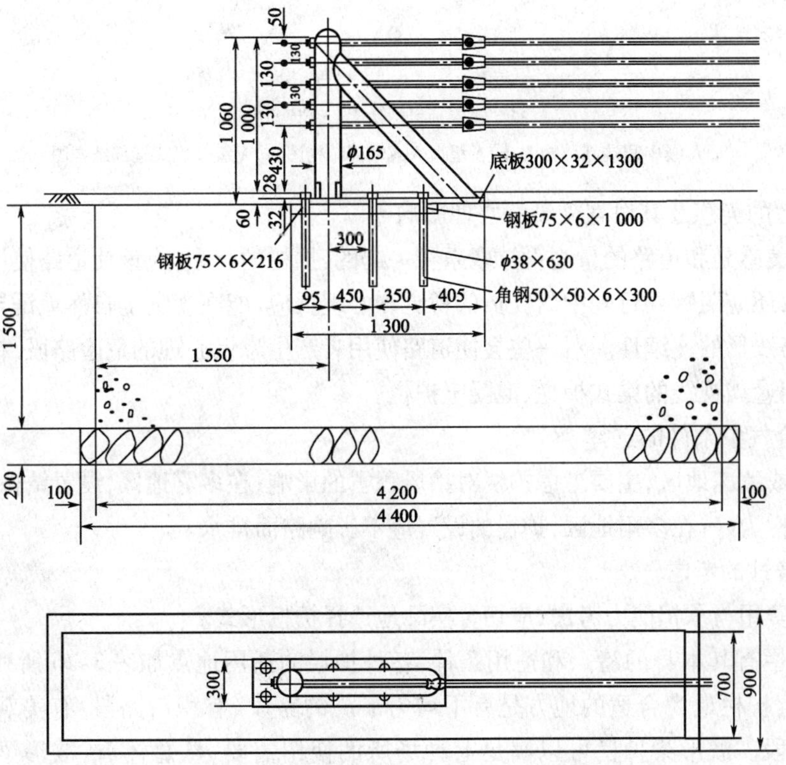
50
130
130
130
130
1 060
1 000
430
ϕ165
28
60
32
底板300×32×1300
钢板75×6×1 000
300
钢板75×6×216
ϕ38×630
95
450
350
405
角钢50×50×6×300
1 300
1 500
1 550
200
100
4 200
100
4 400
300
700
900

b)

图 3-23

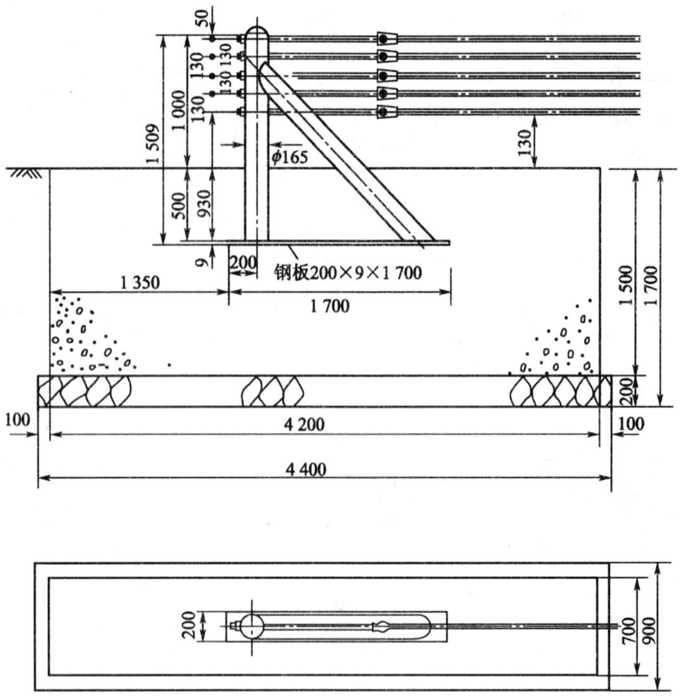

c)

图 3-23　缆索护栏结构图(尺寸单位:mm)

a)A 级中间端部结构图;b)A 级埋入式端部结构图;c)A 级装配式端部结构图

(3)护栏的美感及其对驾驶员的心理影响

护栏的美感是和道路的景观设计联系在一起的,护栏的存在,应该使道路使用者增加舒适感和安全感,还应照顾到行驶中驾驶员的视觉和心理反应,能在视觉上自然地诱导驾驶员的视线,保持公路线形的连续性。对一些会使道路使用者产生恐惧心理的危险路段,在选择护栏形式时,宜采用遮挡视线的梁式护栏、混凝土护栏。

(4)结合气象条件的选择

在降雪或冰冻地区,主要考虑护栏对挡风积雪的影响;在多雾地区,设置结构连续性好,比较醒目的护栏为好;在多雨地区,护栏的设置应不影响路面排水。

(5)经济性的考虑

从建设费用与承担能力考虑,应切合实际地选择护栏形式。

每种护栏有其本身的特点和适用条件,各种护栏的适用地点如表 3-26 所列。从表中可以看出,缆索护栏最为合适的地方是有不均匀下沉的路段、有积雪路段、有美观要求的路段和长直线路段。波形梁护栏可以满足七种场所的使用需要,从总体看,波形梁护栏有很大的适用性。从国外公路上实际应用的护栏形式来看,波形梁护栏和缆索护栏占绝对优势,美国和日本缆索护栏所占比重较大,西欧国家以波形梁护栏为主,混凝土护栏所占比重很小。从我国高速公路上使用护栏的情况看,占绝对优势的也是波形梁护栏。例如:京塘、沪嘉、莘松、广佛、广环、沈大、京石、西临与沪宁高速公路,以及贵黄公路、宜黄公路等采用的都是波形梁护栏。有少数几条公路的中央分隔带采用的是混凝土护栏,缆索护栏只在312国道上的部分路段应用。

各种护栏适用的地点 表3-26

设置地点 / 护栏形式	小半径弯道	需要视线诱导的地方	要求美观的地方	冬天积雪处	窄中央分隔带	估计有不均匀沉降的路段	需要耐腐蚀的地方	长直线路段
波形梁护栏	☆	☆	○	○	○		○	○
管梁护栏	○		○	○			○	○
箱梁护栏			○	○	☆		○	○
缆索护栏			☆	☆		☆	○	☆
混凝土护栏		○					☆	○

注:☆为最好的护栏形式;○为一般适用的护栏形式。

2)桥梁护栏的形式选择

桥梁护栏的形式选择包括防撞等级和构造形式的选择。在选择桥梁护栏时,首先应确定其防撞等级(见表3-6),然后才进行构造形式选择。

(1)桥梁护栏的形式选择除必须满足防撞等级的要求外,还应考虑以下条件:

①桥梁护栏的防撞性能

所选取的护栏型式在强度上必须能有效吸收设计碰撞能量,阻止相应失控车辆越出桥外或进入对向车道并使其正确改变行驶方向。

②受碰撞后的护栏变形程度

受碰撞后护栏的最大动态变形量不应超过可容许的变形距离。

③环境和景观要求

a. 钢桥应采用金属梁柱式桥梁护栏;

b. 对景观有特殊要求的桥梁宜选用梁柱式桥梁护栏或组合式桥梁护栏;

c. 积雪严重的地区,宜采用金属梁柱式或组合式桥梁护栏;

d. 为减小桥梁自重、减轻车辆碰撞荷载对桥面板的影响,宜采用金属梁柱式护栏;

e. 跨越大片水域的特大桥或桥下净空大于或等于10m时,宜采用组合式或钢筋混凝土墙式桥梁护栏;

(2)护栏的全寿命周期成本

除考虑护栏的初期建设成本外,还应考虑投入使用后的养护成本。

3. 护栏的设置原则

高速公路的中央分隔带开口处必须设置活动护栏;设中间带的一级公路在禁止车辆掉头的中央分隔带开口处必须设置活动护栏;活动护栏应设置在中央分隔带开口处的公路中心线位置,设置长度应能有效封闭中央分隔带开口处;活动护栏的设置高度与中央分隔带护栏的高度协调一致；活动护栏上部应设置轮廓标或反射体，规格为4cm×18cm，可有反光片或反光膜制作，反光等级为二级以上，颜色和设置高度应中央分隔带护栏的高度协调一致；位于防眩要求路段的活动护栏上宜设置防眩设施。

4. 护栏的高度要求及最小长度

1）一般护栏的高度要求

在失控车辆与护栏发生碰撞时，希望护栏能作用于车辆的有效部位，既不致使车辆越出护栏，也不致使车辆钻入护栏横梁的下面。比较理想的情况应该是通过护栏的整体作用迫使车辆逐步转向，一直回复到正常的行驶方向。但目前世界上生产的汽车各种各样，从大吨位的重型汽车到很小的微型汽车，其质量相差非常悬殊，车辆外型变化很大。现代的小轿车有向微型化发展的趋势，其质量变得越来越轻，为了减小空气阻力，前车盖更趋于流线型而变低，这种车辆在与护栏相碰时，很容易钻入波形梁护栏的横梁下面而造成严重的后果。另一种情况就是车辆的吨位越来越大，也就是车辆的大型和重型化。这种车在与护栏碰撞时，可能产生跳跃问题。特别在与W形波形梁护栏相撞时，由于车辆的保险杠碰撞波形梁护栏的横梁顶部而可能使其拧扭成为斜面，在碰撞角度很大、速度很高时危险性更大。一旦出现这种情况，就有可能使保险杠向下往后倾斜，在汽车冲力的带动下很容易滑上护栏的斜面，继而发生越出护栏的事故。上述的两种情况都是不希望发生的，这就要求很好研究确定护栏的合理安装高度。

根据美国的经验，防止车辆钻撞和越出护栏的高度是：

缆索护栏——从地面到最上一根缆索顶的高度950mm；

箱梁护栏——从地面到箱梁顶的高度700mm；

波形梁护栏——从地面到横梁顶的高度755mm。

上述护栏高度，几乎可以适应所有乘用车，以及大部分轻型载货汽车、厢式载货汽车、多用途车。

我国采用波形梁护栏从地面到横梁顶的高度为755mm。

2）桥梁护栏的高度要求

桥梁护栏不仅要有足够的高度阻挡车辆越过，而且应阻止车辆向护栏方向倾翻或下穿。过去认为护栏的高度就是护栏最顶面的高度，但是，在梁柱式护栏系统和组合式护栏系统中，护栏的抗力通常不是位于护栏的最顶面，而是在略低处。桥梁护栏的有效高度定为护栏抗力距桥面的高度。因此，在考虑护栏高度对车辆倾翻的影响时，护栏的有效高度比护栏总高度更为重要。美国从车辆碰撞护栏事故中发现，很多护栏被车辆突破翻越，不是护栏强度不足，而是护栏的有效高度不够。

英国规定桥梁护栏的最小高度为1.0m，主要纵向有效构件（有效高度）的高度范围是53.5～68.5cm，次要纵向有效构件的最大高度为38.5cm。日本桥梁护栏标准规定主要横梁的中心高度范围是60～80cm，一般取值均大于70cm，主要横梁下面的次要横梁的高度为25～55cm。日本是以载货汽车为主的国家（日本的小汽车保有量占40%，载货汽车占60%），而欧美则是小汽车占绝对多数的国家，其小汽车保有量占85%～93%，但从桥梁护栏的高度应同时适应小汽车和卡车的碰撞条件出发，各国对桥梁护栏有效高度的规定是相近的。

桥梁护栏除满足车辆碰撞的强度要求外，还应给道路使用者以心理安全感。根据我国长期以来桥梁栏杆的使用经验，当桥面高出地面或水面3m以上时，栏杆扶手顶面应高于人体重心，人体重心的高度相当于身高的2/3～3/5，如以平均身高1.7m计，重心高为1.0～1.1m，所以，一般栏杆高度以不低于1.0m为宜。驾驶员坐在驾驶室，同样有高空恐惧感。

在桥梁护栏兼用作行人栏杆，需要增加桥梁护栏的总高度时，方法有两种：一是采用三横梁式桥梁护栏系统；二是在桥梁护栏顶面增加纵向非有效构件。

桥梁护栏的高度要适应桥面净空的要求，如天津市部分桥梁栏杆的设计标准是：桥宽10m以下时，栏杆高度在1.0m以下；桥宽在10～30m时，栏杆高度在1.2m左右。

3）护栏的最小设置长度

护栏依靠其连续梁的结构发挥整体作用方能起到防护功能，如果护栏设置长度较短，不但影响美观，而且不能发挥护栏的导向功能，增加碰撞的危险性。当根据结构要求设置的护栏较短时，高速行驶的汽车会把护栏立柱撞弯或把整段护栏撞翻，起不到防护的作用。另外，还会发生汽车冲出护栏碰撞到本应受到保护的物体上。因此，必须对护栏最小长度进行检验，即要满足结构上所需要的最短长度。同时，对于为保护路侧危险物而设置的护栏，其最小长度应不使汽车冲出护栏。

护栏的最短长度主要取决于碰撞能量。碰撞能量的大小与车速有关，不同设计行车速度对路侧护栏最小结构长度的要求应符合表3-27的规定，相邻两端路侧护栏的间距小于表3-27中规定的最小长度时，宜连续设置。

路侧护栏最小设置长度 表3-27

公路等级	护栏类型	最小长度(m)
高速公路、一级公路	波形梁护栏	70
	混凝土护栏	36
	缆索护栏	300
二级公路	波形梁护栏	48
	混凝土护栏	24
	缆索护栏	120
三、四级公路	波形梁护栏	28
	混凝土护栏	12
	缆索护栏	120

复习思考题

1. 交通安全设施有哪些设施组成？其作用是什么？

2. 道路交通标志如何分类？其作用是什么？

3. 简述道路交通标志的设置原则。

4. 简述路面标线的分类和作用。

5. 标线涂膜的主要缺陷是什么？有何对策？

6. 安全护栏包括哪些类型？确定护栏设置条件时，应考虑哪些因素？

7. 为何要设置防眩设施？如何设置防眩设施？

8. 简述隔离栅的设置原则。

第四章 监控系统

学习要点：

本章从设置高速公路监控系统的必要性入手，主要讲述监控系统的构成及在具体控制时的应用，应重点掌握各系统的功能、设备的性能以及在主线、匝道和隧道控制中的主要控制方式。

第一节 概 述

高速公路是一种现代化高速交通设施，具有高速、高效、安全、舒适的功能。当汽车高速飞驰之时，必须有现代化的监视控制系统进行交通指挥，及时快速地发现和处理发生的交通问题，以保障其功能的实现。因此，高速公路交通监控系统是高速公路建设不可缺少的重要组成部分，对这些功能的发挥起着关键性的重要作用。

高速公路主体工程和交通安全设施等静态设施，对稳态交通流提供了高速、安全和舒适的基本保障。但是，高速公路建成后的交通状况和道路环境状况并不是一成不变的，在很大程度上呈现随机性。这种随机性主要表现在以下三个方面：第一，交通流本身的随机性。交通流量、行驶速度、车流密度等在不同时期、不同路段都是变化的，车辆驾驶行为如加减速、转移车道等呈现着更大的随机性。第二，交通干扰的随机性。交通事故、车辆抛锚、物品散落、道路维修工程等都对高速公路交通流产生严重干扰，这些事件发生的时间、地点都是随机的。第三，道路环境变化的随机性。如白天黑夜、进出隧道、恶劣天气等都对驾驶行为造成影响。诸如此类的问题都是高速公路主体工程和静态的交通安全设施所难以完全考虑的。高速公路监控系统正是针对这些变化的道路交通状态而设置的。它的设置，将进一步确保高速公路交通的正常运营。

根据高速公路监控系统的设置宗旨，它应当具备以下三个方面的功能。

(1)信息采集。即实时地采集变化着的道路交通状态，包括交通信息、气象信息、交通异常事件信息等。

(2)信息的分析处理能力。包括对交通运行状态正常与否的判断、对交通异常事件信息的分析处理等。

(3)信息提供功能。包括为在高速公路上行驶的驾驶人员提供道路状况信息，对行驶车辆发出限制、诱导、建议性指令，为交通事故和其他异常事件的处理部门提供处置指令，向信息媒体或社会提供更广泛的高速公路交通信息。

高速公路监控系统包括信息采集系统、信息提供系统和监控中心三大部分。信息采集系统收集高速公路上的实时交通信息；信息提供系统把交通运行状态或控制指令告知驾驶人员，以便参考或遵循；监控中心则是监控系统中实时信息的分析处理和控制指令的决策发布的中枢部分。根据交通需求和道路路况的不同，交通监控系统又分为多种类型，这里重点介绍主线控制、匝道控制和隧道控制。

第二节　信息采集系统

在高速公路监控系统中，监控机构用来获取信息的一切手段，都属于信息采集系统的范畴。信息采集系统按采集的信息性质可分为数据采集系统、紧急电话系统和闭路电视监控系统。数据采集系统是信息决策系统进行数据实时分析和处理的基础，主要由车辆检测系统、气象检测系统和环境检测系统组成；紧急电话系统和闭路电视监控系统是信息决策系统进行决策的重要依据。

信息采集系统主要包括以下几个方面：

(1)交通流信息。如交通量、车辆速度、车流密度、车道占有率、车重等。交通流信息的采集设备主要是各种类型的车辆检测器。

(2)气象信息。如风力、风向、降雨、降雪、冰冻、雾区等。气象信息的采集主要靠气象检测器。

(3)道路环境信息。如路面状况、隧道内的噪声、能见度及有害气体浓度等。道路环境信息的采集主要靠环境检测器。

(4)异常事件信息。如交通事故、物品散落、道路设施损坏、道路施工现场等。异常事件信息的采集主要靠紧急电话、闭路电视、巡逻车等设备和装备提供。

信息采集系统并非是上述各类信息采集设备完整地连成一个系统。事实上，根据高速公路情况的不同，监控系统中所应包含的信息采集设备的类型、数量、位置都会不同，但这些设备的功能都是相同的。

一、车辆检测器

车辆检测器可以检测公路上行驶车辆的平均速度、车流量、平均车道占有率等信息，以此来确定车道的使用效率，并可检测到事故的发生，提醒监控人员采取相应措施，以便及时疏导交通。

车辆检测器种类多样，有环形线圈检测器、超声波检测器、红外检测器、微波检测器、视频检测器、车辆磁映像检测器等。这里以环形线圈检测器、微波检测器和视频检测器为例进行介绍。

(一)环形线圈检测器

1. 工作原理

环形线圈检测器是20世纪60年代开发出来的检测器，采用先进的微处理技术，在每一个车道相隔一定距离的位置埋设两个线圈，通过金属改变检测线圈的电感量来检测车辆，当车辆通过线圈，检测器可以检测到一辆车通过两个线圈的时间差，然后根据距离/时间就可以测出车辆的速度；通过一定的统计，还可以知道车辆的平均车速、车流量、平均车道占有率等信息。检测器每隔一段时间将这些信息上传到监控室计算机，并进行相应的显示和控制处理。

2. 性能指标

1)线圈调谐

环形线圈检测器的调谐过程应该是完全自动进行的。当检测器加电或被复位时，将自动调谐到它所连接的线圈，调谐范围一般为50～1 000mH。一旦调谐好，任何环境对电感量造成的缓慢变化将反馈到探测器内部的补偿电路，保障检测器的正常运行。

2)灵敏度

环形线圈检测器的灵敏度主要取决于线圈大小、线圈匝数、引线长度以及线圈下方是否有金属,应根据具体情况来决定检测器的灵敏度。当选择较低灵敏度时,如自行车、手推车等较小的物体不会引起探测动作,对底盘较高的车辆和拖挂车也很难检测到。

3)反应时间

环形线圈检测器的反应时间是从车辆进入感应线圈到检测器给出信号的时间间隔,一般为100ms。太短的反应时间在电磁干扰环境中容易造成误差,太长的反应时间也会造成使用要求达不到。

3. 环形线圈检测器的构成

(1)埋设在路面下的检测线圈。

(2)检测放大器。将环形线圈中的电感变化取样放大,以检测通过车辆。

(3)处理单元。用于处理环形线圈检测器的信息,得出车速、交通量、车道占有率等参数,储存要发送到中心计算机的数据。

(4)通信单元。向中心计算机传送已处理的数据。

(二)微波检测器

1. 工作原理

微波检测器是由发射天线和发射接收器组成。架在龙门架或路边立柱上的发射天线,对准检测区域发出微波波束。当车辆通过时,反射波束以不同的频率返回天线,检测器的发射接收器测出这种频率变化,从而测定车辆的通过或存在。微波检测器的工作频率通常是24GHz或10GHz。

2. 安装

根据需要,微波检测器可采用多种安装方式。

1)路侧安装

路侧安装微波检测器可检测高速公路上的多个车道,检测器通过串行接口可以提供每条车道的(上行和下行)实时交通量、占有率、平均车速等信息。

这种安装方式主要用于高速监控系统、永久或移动式交通观测站和其他停车检测的场所。

2)单车道上方安装

安装在高速公路龙门架上每一个车道中央上方,可检测确定的区域。这种方式也可用于入口匝道控制。

安装在高速公路出口匝道位置时,还可以监视车辆排队情况,检测器可提供车辆存在和排队的长度,并可将其输入到相应的信号控制器中,用于出口匝道控制。

(三)视频检测器

1. 工作原理

在需要重点监测的路段,安装一台或多台数字式摄像机,将一定范围的交通图像,经过一个图像处理硬件,输入计算机显示器;通过互动控制软件,用鼠标在屏幕的交通图像上操作,设定和叠加检测区,其尺寸、数量可随时调校,操作设定一旦建立,车辆经过检测区,就会产生检测信号,经过分析和处理软件,可得到交通量、平均车速、占有率、车头间距和排队长度等各种参数。

2. 组成和特点

视频检测器由摄像机、连接箱、计算机(附外设)和专用软件等组成。其中连接箱用来接收各摄像机拍摄的交通图像，传输给计算机或加以存储。它的特点为：

(1)功能强大。图像直观，软件控制，便于升级，易于增添检测项目。

(2)多道检测。一台摄像机可覆盖六条车道，监视长度通常为1.5～50m。

(3)受环境干扰小。对温度等天气因素要求较小，可以在-34～+74℃和95%相对湿度下工作。

二、气象与环境检测器

中小范围的气象变化可以从气象站预报中获得，安装气象和环境检测器是为了实时检测公路上的气象和环境变化，以便在紧急情况下采取必要的措施保障交通安全。监控系统所用的天气与环境检测器除气象站常规所用的测量温度、湿度、风速、风向、降雨等设备外，还有以下几种：

1. 能见度检测器

雾霭、沙尘、烟都会引起能见度下降，能见度检测器是用来检测能见度值的设备，它是按照“背景散射原理”进行工作的。检测器的一端装有红外线发射器，另一端装红外线接收器。红外线发射器发射出一束红外光束，如果空气中含有任何影响能见度的小颗粒(如水滴、沙粒等)，则会产生散射，这些散射被另一端的光敏元件接收，光敏元件给出与散射光成比例的光敏电流并经放大、整形，转换成能见度参数。检测器的取样范围一般为2～10m，检测域一般为10m～10km。

2. 路面冰冻检测器

路面冰冻检测器通常是通过检测路的温度、湿度及含盐程度并综合分析，然后判断是否冰冻。

道路路面的冰点与路面含盐量有直接关系，通常含盐量分为四个等级。

0级：无盐，或含弱盐。

1级：盐的含量将使路面冰点降到-3℃。

2级：盐的含量将使路面冰点降到-6℃。

3级：盐的含量将使路面冰点降到-10℃。

路面冰冻检测器具有测温探头、测盐探头和测干湿探头。探头用抗摩擦、抗腐蚀的环氧树脂封死，埋设在道路表面。

3. 光亮度检测器

隧道光亮度检测器一般成对地设置在隧道口内外，洞外的一台测量隧道入口处的亮度，另一台测量隧道内引入段的亮度。其亮度检测值均送入控制器，转化为数字信号上传监控中心，监控中心计算机据此参数调节隧道内照明灯具，使其亮度合适。对隧道出口处的亮度调节也是如此。

4. 一氧化碳检测器

一氧化碳检测器可快速、准确、连续地自动测定给定点的一氧化碳浓度，同时将检测结果以数字形式显示出来，量程一般取0～300ppm。

三、闭路电视监控系统(CCTV)

为了对高速公路的交通与收费情况进行实时监控，高速公路监控系统一般在交通量密集路段、立交附近和收费广场等处设置交通监视摄像机，把相应的图像信号传到监控站进行监控,同时还要把重点监控图像通过通信系统传送到监控中心。

(一)闭路电视监控系统的功能

由于以上各种监测器所得到的种种数据还不能反映交通流的全部形态,也难于描述交通事故现场的具体细节。借助布设于重要地段的摄像机所拍摄的交通图像,利用闭路电视系统在监控室重现这些图像,以支持人对监控过程的介入。这些图像帮助人们实时掌握全路的交通运行情况,了解重要地段的交通运行细节,以便正确地作出事件探测和控制决策。对事故现场的电视图像加以录制,叠加时间、地点等附注,以备存档和事后分析。

(二)系统组成

闭路电视监控系统由前端设备、后端设备和传输部分组成(图4-1)。

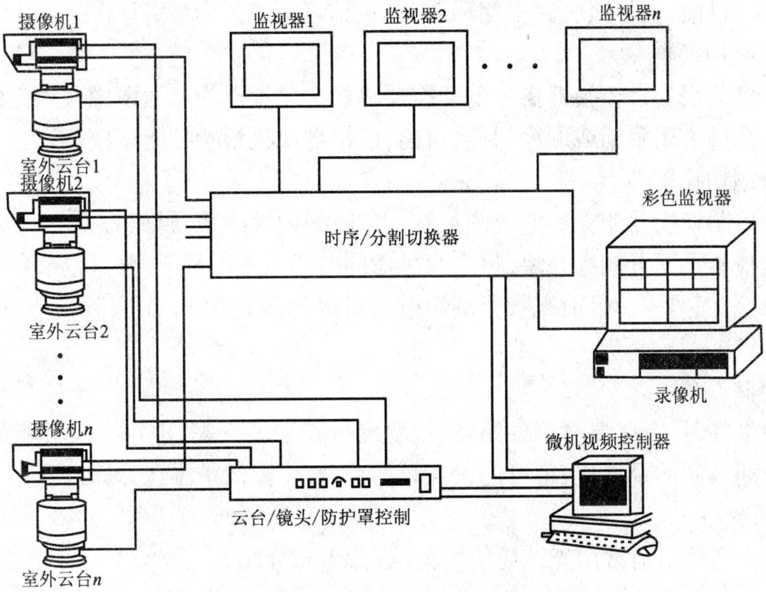

图4-1 闭路电视监视系统的基本配置

1. 前端设备

包括摄像机、云台和防护罩等。

1)摄像机

由于交通监控外场设备野外工作条件十分恶劣,摄像机应采用工业级,应当坚实、牢固,并具有高分辨率,无滞后、画面停滞、图像模糊、传输模糊或图像失真等现象。摄像机为模块结构,拆装容易,便于维护。现在一般采用CCD(Charge Coupled Device,电荷耦合装置)形式,扫描行数625行,每秒50帧,水平分辨率为450线。

摄像机镜头分为两种:一种为定焦镜头,一种为变焦镜头。定焦镜头常用在隧道、大桥控制中,摄像机的设置按要求全路段设置,焦距固定,光圈自动可调,焦距在50mm左右。变焦镜头常用于立交或高速公路主路段的监控,可通过缩小焦距俯视监视区域全景或放大焦距察看监视细节。变焦镜头焦距常在10~100mm之间选择,光圈自动电动可调。

2)云台

云台的作用是安装和支持摄像机,同时以两个伺服电动机带动摄像机做水平、俯仰运动,以扩大观察视域,由防腐材料作成,水平转动应至少在0°~360°之间,上下俯角至少向上30°,向下90°。云台有室内、室外之分,可按需选择。

3)防护罩

由于摄像机需全天候野外工作，所以对其防护罩应严格要求。防护罩除具备一般的防风、防雨要求外，还配备有雨刷，以便除去镜头罩外的流水和积尘。同时应具有自动调温功能，当温度太低时，有电加热器自动加热，当温度太高时，有风扇自动开启降温。

2. 后端设备

包括监视器、视频控制切换器、视频分割切换器和图像存储设备等。

1）监视器

监视器和摄像机配套使用，在监控室重现交通图像。对一个监视点不多的系统，监视器和摄像机可以一对一使用。如果监视点很多，监视器可以少于摄像机，采用顺序切换，轮流监视或一个屏幕显示多个图像的方法实现监视目的。公路监视常用9″~14″彩色监视器，清晰度需与摄像机匹配。目前，高等级公路多使用21″彩色监视器或黑白（多用于隧道内）监视器。

2）视频控制切换器

几台摄像机共用一台监视器需借助切换器将各个监视点的交通图像按预定的时序轮流显示在监视器上。过去用手动或顺序切换，目前，已出现微机视频控制切换器。

3）视频分割切换器

采用视频控制切换器使一些监视图像在一定时间内被隐藏，脱离监控者的视线，潜伏不安全因素。把监视器画面分割为几块，将多幅摄像同时显示在屏幕上，既可以节省监视器的设备投资，又可进行全面监视。目前视频分割切换器可以同步处理16个视频信号，以不同的画面分割形式实时显示。

4）图像存储设备

出现交通事件时，有必要将事件的发生、发展过程记录下来，进行事后分析。因此后端一般应配置可长期录制的录像机，也可配置视频捕获器，将图像录制在计算机硬盘内。

3. 传输系统

公路CCTV系统目前常用光缆通信传输（在第五章介绍）。

第三节 信息提供系统

在高速公路监控系统中，监控中心用来向道路使用者、交通管理部门、事故救助机构、社会公众提供道路交通信息和诱导控制指令的一切手段，都属于信息提供系统的范畴。信息提供系统按照对象的不同其构成大致可分为三部分：第一部分是用来向道路使用者提供信息或指令的外场设备，如可变情报板、可变限速标志、大型地图板和大型投影仪等；第二部分是用来向管理部门、事故救助机构提供信息或指令的业务电话等；第三部分是用来向社会公众提供道路交通信息的交通广播和公共信息网。第二、第三部分将在第五章中介绍。

一、信息提供系统的外场设备

（一）可变情报板

1. 设置可变情报板的目的

为了向行驶在高速公路上的驾驶员提供有关高速公路的各种异常信息，如天气异常变化、交通事故、道路维修等。

2. 系统原理

可变情报板是用来实时发布气象变化、道路交通或其他警示信息的可擦写、可变换显示形式的大型超亮度 LED 点阵显示屏，通常被安装于横跨高速公路的龙门架上，以方便过往车辆的驾驶员观察，预知前方交通情况（如事故、施工、堵塞或行车缓慢等）和天气情况（如多雾、雷电、暴雨、能见度等），从而能够采取相应策略以保安全。

3. 系统结构

可变情报显示系统由中心主控电脑、光纤传输设备、控制机驱动单元及 LED 阵列四部分组成。中心主控电脑用于中、英文信息的输入、编辑、显示及其发送。所发送的信息包括文字、图形和地址编码信息，文字、图形信息是要显示的内容，地址编码信息是要发送显示的板号。通常在控制驱动器中定义好地址，中心控制电脑发送的信息通过多串口卡、光端机和传输光缆送到控制驱动器，按照编码指定的格式动态地把信息显示于超高亮 LED 点阵板上。

（二）可变限速标志

1. 设置可变限速标志的目的

根据高速公路实际情况向驾驶员提供行车速度，减少追尾碰撞，平滑交通流，以保证高速公路上交通的正常与安全。可变限速标志一般为单柱式。

2. 系统原理

可变限速标志是用来发布路段准许行驶的最高速度信息。它与固定限速标志的不同在于限速值是根据道路实时交通或天气变化而随时设定，由计算机控制，超亮发光二极管阵列显示，通常设于高速公路的中央分隔带、路肩外侧或桥梁引桥一侧。

3. 系统结构

可变限速标志显示的限速数据由中心电脑设定，并通过光端机和光缆送至控制驱动器，驱动 LED 有规律地发光并予以显示。与可变情报板不同的是，可变限速标志形状、大小和显示数码遵循国家标准，可视距离要求也较近（一般在 80 ~ 100m 之间），而可变情报板大小可根据现场要求而定，显示的是图形、中英文字符或数字，可视距离要求为 500m 以上。

（三）大型显示系统

设置大型显示系统的目的在于实时显示监控外场终端设备检测到的信息，是交通控制与管理决策的重要基础和依据。

高速公路现有的监控系统有多个环节还需要人为介入。人接受外界信息主要通过视觉，监控室配置大型显示系统，实时显示外场监控情况显得特别重要。目前监控中心使用的大型显示系统主要有两种：大型镶嵌式电子地图板和大屏幕投影仪。大型镶嵌式电子地图板多用于隧道监控大屏，监控中心多采用模块化的高清晰拼接技术的大屏幕显示墙。

大型地图板和大屏幕投影仪通过监控外场设备采集的各种信号，并在交通控制计算机里形成控制信号，在地图板上或大屏幕投影仪上显示出来。显示内容主要包括车道状态、各种设备运行状况、车流量、车速、道路占有率和紧急电话的使用情况等，同时还可以与图形和收费计算机系统连接，显示收费与监控的图像、数据和状态等多种信息。

二、信息提供系统的运行方式

信息提供系统是监控中心向外提供信息的一切手段的总称，所有这些手段在运行时并非是一个整体系统，相互之间虽有联系，但运行时是相互独立的。对于信息提供系统中的诸如可变情报板、可变限速标志等外场设备而言，一般也有联机运行和脱机运行两种运行方式。

（一）联机运行

联机运行是指信息提供系统的外场设备在监控中心集中控制下的运行模式。监控中心通过信息采集系统收集到的信息，经过分析、处理、判断决策，形成一套控制方案，然后通过信息提供系统下达，由外场设备具体执行这套控制方案。

（二）脱机运行

脱机运行是指信息提供系统的外场设备不受监控中心控制而独立运行的模式。情报板手动显示、感应式控制等，都属于这一类。

第四节　监 控 中 心

监控中心是监控系统中实时信息的分析处理和控制指令的决策发布的中枢部分，它负责所管辖区段的交通运行管理。需要将信息采集系统采集的信息汇总处理，作出控制决策，通过信息提供系统下达控制指令，监视执行效果，保障公路的正常运营。如青海省的马平西高速公路设有韵家口和乐都两个监控中心。

监控中心设有监控室，配置综合控制台和大型显示屏幕，便于管理人员分头操作、管理各个监控子系统，各个现场监控站及所有的监控子系统都是由微处理器或计算机控制管理的，各子系统之间的信息联系依靠计算机网络。

一、监控中心功能

（1）数据采集与处理。监控中心计算机接受外场终端送来的数据（交通量、速度、占有率、气象信息等），能够对它们进行实时运算、分析与处理。

（2）事故自动检测。监控中心计算机根据收集到的交通流数据通过事故预测算法（常用的有加利福尼亚算法、单截面算法、双截面算法等）进行分析判断，确定可能发生交通阻滞的区段。

（3）交通控制方案自动选择。监控中心计算机在事故自动检测的基础上，自动选择相应的交通控制方案，经控制台操作员确认后，下发执行方案。

（4）显示功能。监控中心管辖范围内的交通、道路、事故等参数可在图形终端、地图板或大屏幕投影、监视器等设备上显示出来。

（5）统计、查询功能。统计并随时查询所需的各类详细信息资料（包括交通流、道路状况、气象等方面现时的和历史的数据），将这些资料形成菜单、表格、报表及图形便于存储、打印和查询。

（6）图像监视。监控中心通过设在关键路段的摄像机监视道路、交通状况，这种监视使管理人员对监控对象能有一个更直观的印象。

（7）系统设备监测。定时自动检测系统内各设备状态，并自动记录，发现系统设备异常时可显示报警。

（8）协调处理系统内交通管理业务。如果发现交通事故，负责通知消防、救护、警察等部门。

二、监控中心硬件设备

监控中心的基本硬件设备应包括：中心计算机及其外设、通信控制器、综合控制台、电视监视器、地图板或大屏幕投影。

（一）中央计算机

1. 工作原理和选型

计算机是中央控制与显示设备的核心，除了能接收或发送外场检测和控制设备的数据和命令外，在控制中心还要控制地图板，进行数据处理，协调总体各设备的运行，负责计算机之间的通信，因而计算机的选型是十分重要的。在选择计算机时至少应考虑以下因素：

(1)中央处理器(CPU)的速度。

(2)操作系统的类型。

(3)I/O 处理能力(吞吐量)。

(4)存储容量的大小。

(5)可靠性、易操作性、易维护性、经济性、可扩充性及性价比。

2. 中央计算机的配置方式

(1)单机方式。选用高性能、大容量计算机作为主机实时处理监控数据，进行控制管理。缺点是一旦单机出现故障，将造成中央监控瘫痪。

(2)双机备份方式。中心计算机选用两台，一台作为主机，另一台作为备用机，数据同时送入两台计算机，当主机发生故障时，备用机自动切换代替主机工作，并且不丢失任何文件和数据。其优点是系统可靠性高，缺点是成本较高。

(3)分布式计算机系统。控制中心有多台计算机，几台计算机各自完成单一的功能，其中一台计算机作为主控计算机，协调各计算机的工作。此种方式各计算机之间的通信较为复杂，因而费用也较高。

(二)通信控制器

通信控制器是沟通外部设备和中央计算机之间的桥梁，它主要有以下功能：

(1)负责转发控制中心计算机和外场设备之间交换的数据。

(2)能对不同的通信协议进行自动转换，即带有通信协议转换器。

(3)能对串、并行数据实行自动转换，即带有串并转换器。

(三)综合控制台

它是一种专用装置，其设计是通过为实现系统控制功能专门设计的按钮开关，便于操作员控制整个系统。事实上，交通监视与控制是在综合控制台上进行的，它主要包括交通控制单元(主要由汉字终端和彩色图形终端等组成)、紧急电话控制单元、闭路电视控制单元、可变限速标志和可变情报板控制单元等。

(四)电视监视器

在高速公路监控系统的控制中心，必须适当地配备监视设备以便有效地利用所提供的信息。监视器的性能规格完全取决于它与整个系统的兼容性，监视器的功能就是提供对摄像机视场的监视，它通常和地图板配合安装，但在任何情况下应在综合控制台上安装一台主监视器，一方面它能充分显示有关细节的图像并具有很强的实时性，即当外场发生交通意外时该监视器能自动切换到事件发生的画面供操作员分析、判断、决策；另一方面要求对摄像机的功能进行最佳控制。

三、监控中心软件

1. 系统软件

用来完成程序开发、错误检测、外部设备控制以及文件管理等功能。运行系统是系统软件中最复杂的程序之一，其功能是管理计算机所有的运行。因此，运行系统有时也称为管理程序或执行程序。操作系统控制外围设备之间的数据通道，负责打印信息、控制中断系统并负责调度程序。编译程序和汇编程序也是系统软件的一部分,编译程序将面向过程的语言程序转换成机器语言,而汇编器将汇编语言程序转换成机器语言,在计算机上使用的每一种编译程序语言都需要一个编译程序,这些软件称为实用程序,用它提供帮助程序员开发、测试和运行程序所需功能。典型的实用程序包括如下几部分:

(1)显示和控制其他系统软件活动的系统实用程序,这类程序移动和复制与系统控制有关的数据,提供系统控制数据表以及恢复、编辑和处理信息表。

(2)复制、合并、比较、打印、更新和重新格式化数据集的数据集实用程序。

(3)存储器或磁盘上内容列表以及识别由不同应用程序段使用的存储器单元的其他类型实用程序。

2. 应用软件

借助于软件完成特定的监控功能,中央应用软件的各主要功能模块如下:

(1)通信模块。通道通信(控制)、低速通信、数字通信、高速通信(外部)。

(2)数据采集与控制模块。检测器数据处理、数据存储、外场监控、事件输入。

(3)异常检测与管理模块。交通异常检测、事故处理、可变情报板及可变限速控制。

(4)用户接口模块。操作员接口、报告生成设备辅助用户接口,系统操作台。

(5)图形模块。实时图形,图形屏幕操作,图形编辑、显示、放大、移动。

(6)实时数据设计模块。参数更新、图表文件更新、重构及算法更新。

(7)系统构成模块。系统应具扩充、剪裁能力。

(8)时钟模块。系统启动、系统时钟、每日时间表。

(9)高速公路运行监控及仿真模块。

第五节　主 线 控 制

高速公路主线控制是相对于高速公路匝道及周边集散道路而言的概念。它既包含立交与立交之间的普通路段,也包含大桥等特殊路段。保证主线交通畅通是高速公路监控系统的基本任务。因此,主线监控系统是整个高速公路监控系统的基础。高速公路主线的道路交通特性决定了主线监控系统具有较深的技术内涵。

(1)主线的特点是里程长。有时一条高速公路长达数百公里,跨越若干不同的行政区域,因此高速公路主线监控系统往往要采用分布式的多级控制。

(2)主线上各路段道路交通特性区别很大。山区、平原路段,上坡、下坡路段,弯道、直线路段,大桥、隧道路段等,不同的道路特性,监控系统应有不同的对策。

(3)高速公路所经地区气象情况不同。恶劣的天气变化对高速公路交通安全造成严重威胁,沿线的气象情况难以掌握,这就更增加了交通监控的难度。

(4)交通量时空分布不均。交通流量本身就有一定的随机性,对于高速公路而言,各路段交通量更会呈现差别,一天内的交通量分布也不像城市交通那样具有高、低峰的明显规律。高速公路监控系统不但要适应当前的交通状况,而且还要适应未来的交通状况,因此监控系统在设计时就应使其功能有所储备。

一、主线控制系统构成和功能

1. 系统构成

主线控制系统由信息采集系统、信息提供系统和监控中心构成。监控中心往往采用一个中心和下辖的若干个分中心组成的两级模式。信息采集和提供系统经通信系统与监控中心(分中心)相连。高速公路监控系统的方案选择要根据具体的路段及外场终端设备的位置、数量多少等因素综合考虑监控方案。

2. 系统功能

如果高速公路上的交通不出现任何问题,始终能够畅行无阻,那么监控系统就没有必要设置,因此,监控系统是针对高速公路可能出现的问题而设置的。尽管影响交通的因素很多,交通问题的表现形式也多种多样,但从交通监控的观点出发,高速公路上的交通问题可归纳为三类:第一类,偶发性交通异常,如交通事故、车辆抛锚等,但这种事件不影响其他车辆通行,即不造成交通阻塞;第二类,偶发性交通事件引起的交通阻塞;第三类,即使不发生异常事件,由于交通量超过通行能力而引起自然阻塞。这三类问题显然都是直接与交通量和道路通行能力相关的。第一类是在交通量很小时的交通现象,第二类是交通量增长到一定程度时的交通现象,第三类则是交通量接近饱和或过饱和时的交通现象。

针对上述三类问题,监控系统也因此分为三个等级,不同等级应具有不同功能。

第一级:即所谓初级规模,针对第一类问题。它的功能是只对重点路段进行交通监测,收集所辖高速公路的交通信息,可以没有控制功能。

第二级:即所谓中级规模,针对第二类问题。它的功能是在初级基础上增强监视和检测能力,对重要路段增加交通阻塞的自动检测和判断能力,并进行相应的主线交通控制。

第三级:即所谓高级规模,针对第三类问题。它的功能在一、二级基础上进一步增强,除主线的诱导、告警、限速之外,还应辅以入口匝道的交通控制。

监控系统的上述功能只是与监控设备密切相关的部分。事实上,就广义而言,高速公路监控系统是高速公路交通管理系统,无论哪一等级,对于偶发性交通异常事件和自然阻塞,及时组织救助和解决都是监控系统应有的功能。

二、主线控制策略

为了保障高速公路的安全、畅通,当高速公路上发生事故、遇到恶劣天气或遇到其他异常事件时,为了安全和整体的高效,对车辆进行告警、诱导和建议性的“控制”是必要的。监控系统有以下策略。

(一)主线告警、诱导和限速

主线告警、诱导和限速控制基于主线交通事件,特别是基于各种因素引起的交通阻塞。在交通量较大的情况下,从事件发生到阻塞消除的时间,往往是从事件发生到路障清除时间的2~3倍。因此,事件发生后监控系统尽快发现异常是非常必要的,主线监控系统对交通事件的自动检测是其最基本的功能。

交通异常事件的判断,一般需要密布的车辆检测器来实现。对于一条高速公路而言,全线密布检测器显然是不经济的,也是不现实的。一般应通过通行能力分析,对重点路段进行事件的自动检测。

事件的检测判断是在监控中心进行的,判断的结果如发现异常,则通过设置在重点路段前的可变情报板和可变限速标志进行告警、路径诱导和车速限制,以便缓解阻塞,防止二次事故的发生。

(二)主线车速诱导

1. 原理

根据行车速度与交通量关系可知,随着交通量的增长,行车速度下降。当交通量接近通行能力时,交通流不稳定区域只要有一点意外,车速就会迅速下降而造成交通阻塞。因此在交通量较大的情况下,如何保持交通流稳定是主线控制的主要任务之一。

在交通量大的情况下,速度与安全车头间距有直接关系。在一般情况下,由检测系统检测出主线上的交通量、车速、车流密度,再由车流密度计算出车头间距,此时的车头间距应是在这种交通量下的安全车头间距。通过可变限速标志发布的最佳行车速度,从而对车速进行实时诱导。

2. 系统运行

为了获取准确的交通流情报,在需要控制的路段密设车辆检测器(大约 500 ~ 800m 一组),车辆检测器可检测出车辆数量、速度、车头间距、占有率和车型。可变限速标志及可变信息标志一般每 1 000 ~ 1 500m 安装一组。

车辆检测器检测到的信号送到路边的控制机中(沿路的控制机为互相联动形式),控制机将检测到的信号进行处理后上传至监控中心。监控中心根据计算结果,确定控制方案,下传至路边控制机,再由路边控制机驱动可变限速标志及可变信息标志显示相应的信息。

为加强对路段的直接观察,可在路段上设置闭路电视监视系统,用于核对检测出来的交通状况及可变信息标志的显示内容。

(三)特殊路段控制

对于高速公路主线上的特殊情况,一般可分为道路特殊情况和气象特殊情况。

在分析了高速公路交通运行情况后,可以发现某些事故多发地段。此种路段多为道路的几何设计不够完善,如转弯半径太小,或纵坡太大,或视距不够。此类道路问题再加上气象上的不利因素,如大雾、下雨、路面结冰,即会造成交通异常。对于此类问题,道路路面的摩擦系数就尤为重要,对于行车速度的限制应从道路路面的摩擦系数和能见度考虑。根据由气象检测器收集的气象情况,给出相应的限速值。

特殊情况下监控系统的构成应根据具体情况而定。系统一般包括检测系统和显示系统,系统运行方式通常为单点独立运行。

1. 弯道速度告警控制

弯道处的速度控制一般可由固定标志完成。但考虑到驾驶员的实际驾驶情况,往往在此处容易超速行驶。在此种情况下可设置速度检测器,当检测出超速车辆时,由设置在路边的限速标志发出限速、告警信号。

2. 纵坡告警控制

高速公路纵坡视野不好,容易造成追尾事故,故在纵坡处设置检测器及限速告警标志警告后续车辆缓行、注意控制车速。

3. 雾区路段控制

高速公路上的大雾最容易造成多车连续相撞的严重事故。对于雾区路段控制,首先要根据历史资料确定大雾常发区段,且经常造成何种事故,当路段的大雾常发点确定后,在此处设置雾检测器。通过可变限速及可变信息标志,使驾驶员进入雾区之前就能得到提示,缓慢减速。

4. 结冰路段控制

高速公路路面结冰易造成追尾、侧滑等严重事故。对于一般情况，可以在高速公路路段安装一至几套结冰预告系统，检测和发布一般道路结冰状况。

对于特殊的情况，应安装结冰路段控制系统。所谓特殊情况，是指在高速公路一般路段路面不会结冰，但在个别路段的路面却可能出现。这种情况大部分发生在海拔较高且湿度较大的山区。在系统检测出路面结冰后，通过可变限速标志发布告警信息及最佳行车速度。

第六节　匝道控制

一、控制原理

1. 匝道控制的含义

匝道控制是高速公路交通控制的一部分。匝道控制主要是在高速公路入口匝道处设置交通信号装置，通过信号灯的周期变化，调节高速公路匝道交通量，从而减少或消除高速公路主线上的交通阻塞。

出口匝道控制在高速公路通道控制的综合控制系统中也是需要的，但对一条高速公路而言，一般情况下出口匝道的交通控制没有必要，因此下文中的匝道控制仅指入口匝道控制。

2. 匝道控制的原则

匝道控制的原则是限制进入高速公路的车辆，使高速公路自身的需求不超过其通行能力，在高速公路上形成并保持无中断、无阻塞的交通流。这种控制原则要使各种延误因素从高速公路转移到入口匝道，使过量的交通需求转向替代路线，或选择非高峰时间进入高速公路。希望使用高速公路的车辆在允许其进入高速公路以前，必须在入口匝道处等候；不愿等候的车辆则选择其他时间进入高速公路，或从另一个入口匝道进入；还有一些不愿等候的车辆则不使用高速公路，而采用其他运输线路。

3. 匝道控制的策略

匝道控制的基本策略有两点：一是分散策略，即减少入口匝道的交通需求，把交通流量分散到其他替代路线上去；二是延迟策略，即在分散策略不可行的情况下，减少匝道交通流区域的摩擦，延迟高峰时阻塞的开始时间，以延长主线正常交通流的周期时间。

二、匝道控制方式

1. 关闭控制

在高速公路主线交通流高峰期，关闭入口匝道是一种简单、有效的匝道控制方式。一般使用手动栏杆、自动栏杆、设置标志等方法即可控制，但其灵活性小，限制性大，若使用不当，不仅不能充分发挥高速公路的通行能力，反而加重替代路线的负荷。因此，关闭控制的方式不被广泛采用，只在下列情况下作为应急措施使用：

(1)在入口匝道没有足够的存储空间时，为预防等待进入高速公路的车辆队列干扰前沿道路，关闭控制可解决存储空间不足的问题。

(2)入口匝道上游高速公路瞬间的交通需求与其通行能力相等，并且替代路线有足够的通行能力，关闭入口匝道可防止匝道下游路段的瞬间交通需求超过其通行能力，分散匝道上的交通需求，并转到替代路线上。

2. 定时控制

定时控制是根据实际需要和历史需求的容量关系来选择调节率的一种机械调节方式。它根据高速公路主线的交通流、汇合流和存在于匝道上交通流的观测值，确定定时信号的周期，以维持高速公路上所期望的通行能力的平衡。使用车辆检测器控制匝道上信号灯的开与关，以减少来自匝道汇入的交通量。定时控制的基本硬件需求如图 4-2 所示。

3. 交通感应控制

交通感应控制与定时控制相反，它直接与高速公路主线、匝道上的交通情况有关。它是利用检测器对匝道附近交通量和匝道上的交通需求进行实时观测，确定适当的调节率。交通感应控制的基本硬件需求如图 4-3 所示。

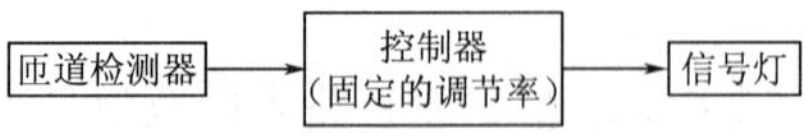

图 4-2 定时控制的基本硬件要求

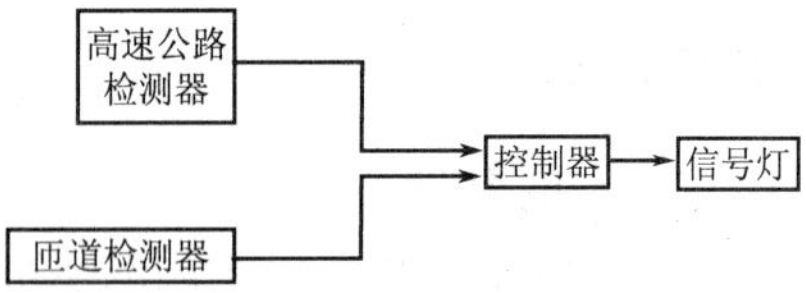

图 4-3 交通感应控制的基本硬件需求

4. 自适应交通感应匝道控制

利用自适应交通感应匝道控制方式可得到从匝道上游到下游的车辆检测器及匝道控制器检测的交通量和车辆占有率等数据，并根据这些数据的变化方式实施匝道控制。其基本方法是：首先决定下游路段是否有一个稳定的、没有阻塞的交通流。如果有，则上游检测器的运行类似于交通感应的匝道控制方式；否则，下游的交通阻塞会更加限制调节率的实施。

5. 间隙可接受汇流匝道控制

匝道汇流控制是使入口匝道的车辆最大限度地、安全地汇入，而对高速公路没有干扰。它最大限度地利用高速公路交通流的间隙，使匝道的车辆汇入。

间隙可接受汇流控制是在固定汇合处把普通匝道信号用于引导匝道车辆，使得在匝道车辆汇合到高速公路的时刻，恰好是高速公路的间隙。

6. 系统的匝道控制

系统的匝道控制是把高速公路上的各个匝道联成整体，并考虑整个系统的需求容量关系，它是网络控制的一部分。系统的匝道控制的硬件需求如图 4-4所示。

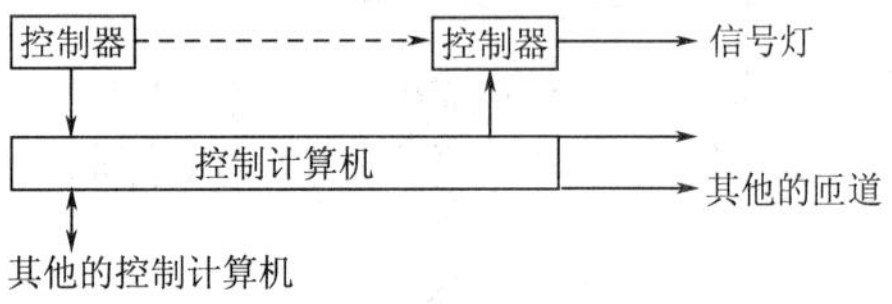

图 4-4 系统匝道控制的基本硬件需求

系统的匝道控制既可用定时的系统控制（包括匝道关闭），又可用集成的交通感应式系统控制。

1）定时系统控制

在高速公路上每 1 个匝道的调节率是由其他匝道上的运行能力和其自身的有效运行能力决定的，这个调节率是从每一个控制间隔的历史数据中计算得到的。设计定时系统控制需要以下信息：主线和匝道入口需求；每一个入口匝道下游高速公路的通行能力；在高速公路上受控路段中交通模式的描述。

2）集成的交通感应式系统控制

集成的交通感应式系统控制是对一组入口匝道实施交通感应调节的应用，每一匝道的调节率是根据系统及本地区的有效通行能力来确定的。在每 1 个控制周期，实时检测交通的变化（交通量、占有率、速度），以此来判断每一入口匝道容量的大小。因此，在检测的基础上，对每个入口匝道计算独立的和集成的调节率。对于下一个控制周期，可在这两个调节率中选择限定的调节率。

第七节　隧 道 控 制

作为高速公路重要组成部分的隧道,其环境与普通路段相比明显不同,具有内外高度相差极大、空气污染严重、侧向净宽较小、高度有限、噪声高等特点。随着高速公路车流量的迅速增长,高速公路的通行能力、行程速度、交通安全以及对突发事件的应急能力,都由于隧道的存在而受到很大的影响。隧道路段的交通阻塞时间、事故发生率、交通能耗及对环境污染的成倍增加,成为制约高速公路发展的瓶颈。

一、系统功能

由于隧道交通的特殊性,为解决隧道交通存在的问题,隧道交通监控系统应能对隧道路段交通阻塞作出动态反应,并根据具体情况快速改变隧道路段交通处理准则,以确保高速公路交通的高速、畅通。隧道监控系统的功能如下。

(1)减少常发性拥挤的影响。

(2)减少偶发事件、交通事故及恶劣气候对隧道交通的影响。

(3)获得最大的交通安全,提高隧道通行能力,减少延误,降低运行成本。

(4)实时向驾乘人员提供必要的道路信息。

(5)出现交通异常和事故情况时,提供及时的救助,缩短处理事件的时间。

(6)最大限度地减少交通事故对环境和人的危害。

二、系统构成

隧道监控系统由监控中心、信息采集和提供系统组成。由于在高速公路隧道中设备布设密度较高,种类较多,且需处理的情况比一般道路复杂得多,需要监控中心的统一指挥管理。因此,高速公路隧道比高速公路其他部位更需要监控中心,如青海省的马平高速公路就有乐都隧道监控所,隧道监控中心的主要设备为计算机系统及其外设。

高速公路隧道监控系统一定要有极高的可靠性。要实现这一点,系统的关键在于要有"热备份"可以自动转换。组成隧道监控系统的各个系统可采用集中处理方式,或采用多计算机组成的功能分散处理方式。有些隧道采用集中处理方式,系统由单处理机或双处理机控制。这种方式的主要优点是降低了系统安装时的费用,但由于在系统的某一部分进行维护和修正时很难不影响其他部分的运行,因此系统维护和修正的费用较高。可以将系统分为由价格较低的微处理器所控制的设备组成的子系统,这样在需要时可以很容易地将系统分散。另外,控制程序编制简单,易于维护和功能扩展。

三、控制方式

鉴于隧道交通的特殊性,为实现隧道安全、高效行车,监控系统主要完成照明控制、通风控制、交通控制三个方面的管理。

1. 照明控制

由光亮度检测器、隧道本地控制器、监控计算机、配电房照明配电柜、灯具等构成照明控制系统,负责完成对隧道照明控制管理。

监控中心根据光亮度检测器检测到的实际亮度，经计算机处理后产生控制方案，并将控制指令下传到照明驱动单元，对照明系统进行实时的控制，达到既保障安全，又可节约能源目的。

一般对照明的控制根据设计规范，考虑到隧道的长度、周围的环境及驾驶员的视觉适应度等因素设计出不同时段、不同情况下的几种控制方案，由隧道监控中心根据实际的情况进行切换控制。

2. 通风控制

由一氧化碳检测器、能见度检测器、隧道区域控制器、监控计算机、风机控制柜、风机等构成通风控制系统，负责完成对隧道空气环境的控制管理。

监控中心根据环境检测器检测到的环境信息，经计算机处理后产生控制方案，并将控制指令下达风机驱动单元，利用隧道内设置的风机冲淡隧道中的汽车废气，保证隧道邻近的空气污染足够低；在隧道着火时，能控制隧道中烟的蔓延。

3. 交通控制

由车辆检测器、各种信号标志、超高检测器、隧道区域控制器、监控计算机等构成交通控制系统，负责完成对隧道交通流量的控制管理。

根据车辆检测器检测到的交通信息，根据隧道交通实际变化情况，经计算机处理后产生控制方案，通过转换交通程序，控制交通信号装置状态，实现隧道内的安全、高效行车。

复习思考题

1. 为什么要在高速公路上设置监控系统？监控系统有什么功能？
2. 信息采集系统的外场设备主要有哪些？
3. 构成信息提供系统的设备有哪些？
4. 监控中心有什么功能？有哪些硬件设备？
5. 简述主线、匝道和隧道控制的主要方式。

第五章　通 信 系 统

学习要点：

本章主要讲述高速公路通信系统各种业务的传输，在学习中应主要掌握光纤通信和程控交换系统以及不同业务的传输方式。

第一节　概　　述

高速公路通信系统是高速公路现代化管理的支撑系统，它要实现高速公路监控与收费系统的数据、话音和图像等信息准确而及时的传输，要保证高速公路管理部门之间业务联络通信的畅通，并要为高速公路内部各部门与外界建立必要的联系。因此，通信系统是实现高速公路现代化管理必不可少的基础设施。

一、通信系统的特点

(1)通信对象主要是高速公路各级管理部门、沿线服务机构和上级主管机关，以内部专用为主，同时进入电信公用网。

(2)需要传输的媒体种类繁多，如语音、图像、数据、视频、定位信号等，并且采用有线通信和无线通信方式。

(3)业务性能要求不一，如视频和语音信号的实时性、控制指令和报警信号的可靠性、收费数据严格的连续性等。

(4)监控、收费和管理系统多种业务直接相关联，并且每天全天候工作，要求硬件性能稳定、软件运行高效。

(5)通信网络采用分级管理体制，在高速公路各级管理部门建有同等样级的通信机构，根据需要有时还要设立中继站。

(6)各级通信机构职能不一，相互访问权力各异，对外通信有严格的保密性，并有良好的数据备份和有效的防护措施。

二、通信系统的功能

高速公路通信目的在于支持高速公路管理、监控和收费等业务的传送，是提高高速公路管理水平和安全保障能力的支撑网络。

1. 对管理系统的支持

高速公路管理一般采用分层模式，可划分为四级行政机构，即高速公路管理局(总中心)、高速公路管理处(中心)、高速公路管理所(分中心)和高速公路管理站，这些部门分布在不同区域，通信系统必须对各级管理机构进行有效的支持。

2. 对收费系统的支持

通信系统应支持收费数据、图像和指令等信息在相关收费、清分机构与合作银行、物流站之间进行实时而准确的传送，同时提供统一的网络平台和各种通信接口，以实现联网收费系统内外各种媒体信息的处理。

3. 对监控系统的支持

监控系统的外场设备与监控机构距离较远，而且监控车辆行驶速度快，要求异常信息处理应及时有效；监控外场设备较多，多种媒体信息的上传与下达都要求通信系统能够有效地分配传输线路。

三、通信系统的分类

通信系统按通信业务分为：

(1)业务电话系统。

(2)指令电话系统。

(3)应急电话系统。

(4)数据传输系统。

(5)图像传输系统。

第二节　传 输 介 质

信息的传输需要介质作为其信号传送的载体，介质是信息传输的物理传输基础。在通信系统中，传输介质可以是同轴电缆、光纤等有线介质，也可以是空间这样的无线介质。有线介质包括双绞线、同轴电缆和光纤；无线介质可以是无线电波、微波或红外线。目前高速公路通信系统中主要用有线介质传送信息。

一、双绞线

双绞线是最常见的一种传输介质，它使用一对或多对按规则缠绕在一起的铜芯电线传输信号，普通的电话线就是一种双绞线。通常，许多这样的铜线对捆在一起再包上保护套形成一条电缆。

铜线双绞起来的目的是把铜线对之间的电磁干扰减至最小。因为铜线经过特定次数的扭转产生一个磁场，它能降低干扰。

双绞线分为两类：非屏蔽双绞线(UTP)和屏蔽双绞线(STP)。

(1)非屏蔽双绞线是一种4对线路组成的介质，每一对线路之间都有绝缘材料，非屏蔽双绞线使用了两对互相缠绕着的电缆，来减少电磁干扰，从而提高了信号的质量。通常单位长度内双绞线缠绕对数越多，对信号传输越有利。

非屏蔽双绞线作为传输介质时，有150Ω的电阻，这是它与其他双绞线不同的地方。非屏蔽双绞线的外缘直径最大为0.43cm，所以安装方便，且成本较低。

(2)屏蔽双绞线同UTP一样包含了两对互相缠绕着的电缆。但是，与UTP不同的是，每一对线上都有保护层包围，而且在这两对上分别有保护层。这种保护提供了比UTP更好的信号传输能力，所以屏蔽双绞线比UTP更抗干扰，传送数据更可靠，但它价格比较昂贵，安装也比较麻烦。

二、同轴电缆

同轴电缆像双绞线一样由两条导线组成，但结构不同，其传输距离更远。20世纪50年代,美国电报电话公司的贝尔实验室开发了第一条同轴电缆。它的中心是信号导线,外面一层是屏蔽层。这样的电缆既可防止产生电干扰,也能防止外部干扰。

同轴电缆的结构分4层,中心是一根铜线,铜线外面包裹着泡沫绝缘层,再外面是由金属丝网或金属箔制成的导体层,最外面有一个塑料外套将电缆包裹起来。

同轴电缆的安装费用低于STP和UTP,安装相对比较简单,并且不容易损坏。在一般情况下,同轴电缆的传输速率为10Mbps。

三、光纤和光缆

1. 光纤

光纤(光导纤维)是光通信系统传输光信号的介质。最常用的石英光纤,它由纤芯和包层组成,外面再加涂覆层以保护光纤。纤芯位于光纤中心部位,成分是高纯度二氧化硅,并掺有少量锗,以提高其折射率。包层也是含有少量掺杂剂的高纯二氧化硅。涂覆层材料通常为硅树脂,最外面是塑料保护层。

光纤的分类:

(1)单模光纤。其传输光波的通道只有一个,纤芯的直径仅几微米。它适用于大容量、长距离传输。

(2)多模光纤。其传输光波的通道很多。目前,通信用的多模光纤的折射率剖面为渐变型。它适用于中容量、中距离通信。

2. 光缆

石英制成的光纤外径很细,本身又较脆弱,易断裂,很难承受施工中拉伸、侧压等强力作用。因此,将光纤制成不同结构的光缆,便于施工和保证各种环境下的可靠使用。光缆在传输介质中的费用是最高的,但它提供了最大的传输速率和最小的衰减,因此主要用于主干网和远程通信。

光缆由缆芯、加强元件和护层组成。缆芯常由多根经二次涂覆处理后的光纤组成。加强元件用钢丝或合成纤维制成,布置在缆芯中心或四周。护层要求耐压、防潮、防燃和防腐等,常用乙烯作内层,外层用铝带或塑料。

光缆的种类:

(1)层绞式光缆。它是将若干根光纤芯线以强度元件为中心绞合在一起的一种结构。

(2)单位式光缆。它是将几根至十几根光纤芯线集合成一个单位,再由数个单位以强度元件为中心绞合成缆。这种光缆的芯线数一般用于几十芯。

(3)骨架式光缆。这种结构是将单根或多根光纤放入骨架的螺旋槽内,骨架的中心是加强元件。

(4)带状式光缆。这是将4~12根光纤芯线排列成行,构成带状光纤单元,再将多个带状单元按一定方式排列成缆。

第三节　光纤数字通信系统

光纤通信是以光导纤维为媒体,传输光脉冲信号的通信方式。高速公路通信目前也普遍采用多芯光缆数字通信系统,将语音、数据图像等信号送入不同的光纤作为专线同步传输,以取得良好的通信效果。

一、光纤数字通信系统的构成

光纤数字通信系统由光端机、光缆、光再生中继器、辅助设备等部分构成。简单地说，光纤通信主要是传输媒质—光纤、光发送—发光元件和光接收—接收元件的传输模式。光端机由光发射端机和光接收端机组成。

1. 光发射端机

光发射端机的主要任务是将电信号转换为光信号（图 5-1），电端机传送过来的电信号，经过输入接口（集成电路）作码型变换后进入光发射端机对光源进行调制。光发射端机关键器件是光源，常用的光源有注入式激光二极管（ILD）和发光二极管（LED）。

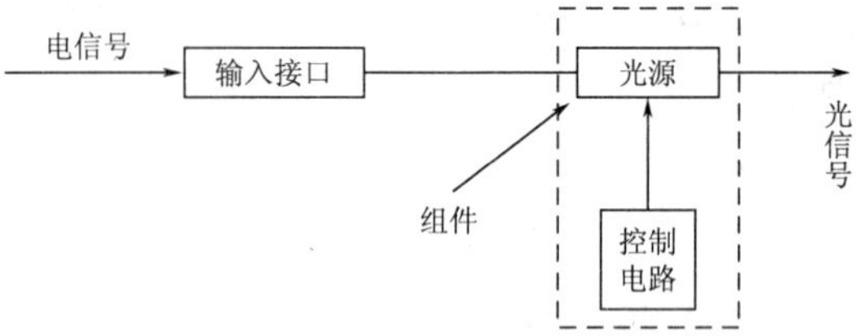

图 5-1　光发射端机功能框图

2. 光接收端机

光在传输过程中，幅度衰减，波形被展宽、变形，接收端机的任务是接收这些微弱信号，放大并转换为电脉冲信号（图 5-2）。在光接收端机中，由光电二极管完成光信号对电信号的转换，然后将信号输入前置放大器；前置放大器的噪声将在随后的过程中被再次放大，使输入信号不受影响。光电转换现在常用光电二极管和雪崩光电二极管。

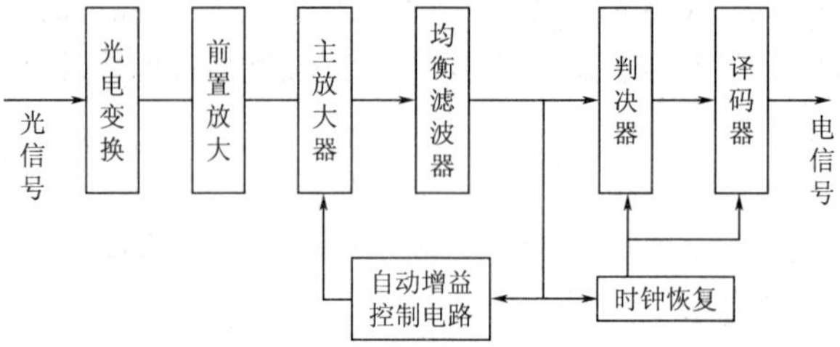

图 5-2　光接收端机功能框图

3. 光中继器

光脉冲信号在传输过程中受光纤损耗和色散的影响，信号幅度衰减，波形扩展失真，从而限制了传输距离。为此，需要在传输一定的距离后，加设一个光中继器，以放大衰减的信号，恢复失真波形，再生光脉冲。

光中继器先作光/电转换，再作电信号均衡放大，时钟提取和判决再生，最后作电/光转换。

4. 电终端机

电终端机主要指数字通信的终端设备，主要作用是将模拟信号经模/数变换成为数字信号，并对数字信号进行处理。数字信号经传输媒质到达对方，再将信号进行数/模变换，还原成模拟信号，送给用户。

二、光纤接入网

（一）接入网的概念

按现代电信网的概念，公用电信网可以划分为长途网、中继网和接入网三部分。最近国际上已将长途网和中继网合并在一起称为核心网，相对于核心网的其他部分则统称为接入网，接入网主要完成将所有用户接入到核心网的作用，是公用电信网中最大和最重要的组成部分。在电信网络中，接入网定义为业务节点与用户驻地网之间的实体部分（图 5-3）。图 5-4 是电信网络的基本组成，UTI 是用户网络接口，SNI 是业务节点接口，而 CPN 为用户驻地网，在多数情况下，它只是一个用户终端设备，Q 是国际通用的管理接口。

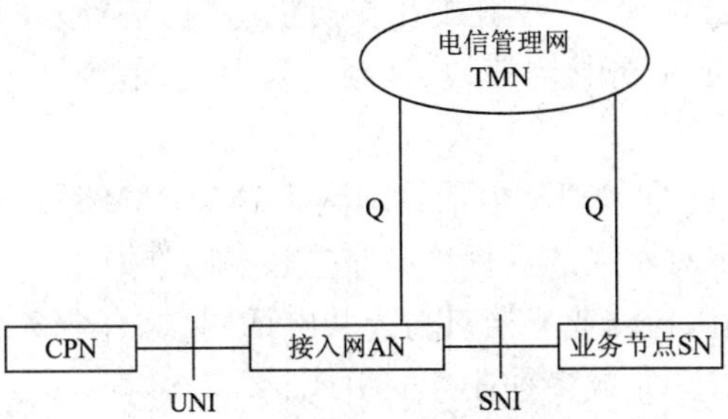

图 5-3　接入网的定义

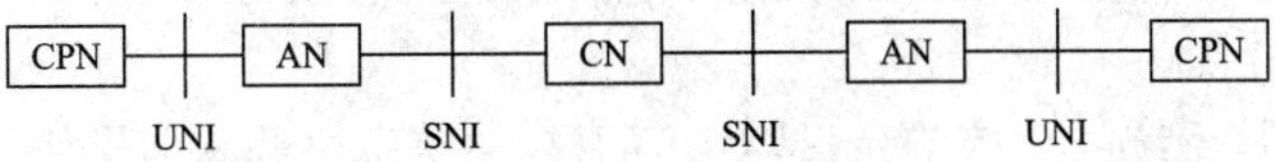

图 5-4　电信网的基本组成

AN-接入网；CN-核心网；UNI-用户网络接口；SNI-业务节点接口；CPN-用户驻地网

（二）光纤接入网

1．光纤接入网的概念

光纤接入网（OAN）就是指从节点（SN）到用户终端之间采用的全部或部分光设备。光纤接入网中常见的接入方式有光纤到路边（FTTC）、光纤到大楼（FTTB）、光纤到小区（FTTZ）和最终的光纤到用户家庭（FTTH）。

2．光纤接入网的组成

光纤接入系统的主要组成部分是光线路终端（OLT）和远端光网络单元（ONU），它们之间通过光纤连接，采用内置 SDH 同步数字传输。一个 OLT 可以连接多个 ONU，可根据用户需要组成点对点、链形网和环形网等各种组网方式，而且每个 ONU 具有分叉功能。OLT 和 ONU 在整个接入网中主要完成业务节点接口（SNI）和用户网络接口（UNI）之间有关信令协议的转换。同时接入设备还具备本地维护和远程集中监控功能，通过透明的光传输形成一个维护管理网，并通过相应的网管协议纳入网管中心统一管理。

图 5-5 为光接入网模型。

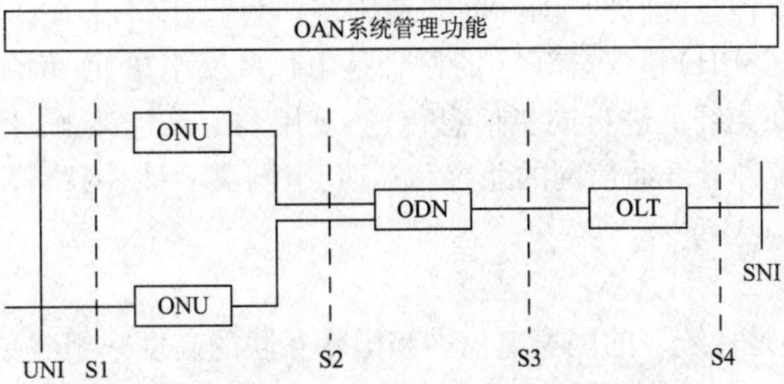

图 5-5　光接入网模型

OLT-光线终端；ODN-光分配网络；ONU-光网络单元

把图5-5的结构看作若干参考点的模型，其中：

参考点S1为光网络单元(ONU)与用户之间的接口，称为用户网络接口(UNI)；

参考点S2为传输设备与光网络单元(ONU)之间的接口；

参考点S3为光线路终端(OLT)与传输设备之间的接口；

参考点S4为光线路终端(OLT)与各种业务网络之间的接口叫作业务接点接口(SNI)。

(1)OLT是局端的业务汇聚点，一般放在交换机房内，是接入网的中心机架，由6种模块组成，分别为系统管理模块、业务接口模块、视频输入模块、信令处理模块、控制模块和光纤传输模块。

①系统管理模块。通过Q接口上电信管理网TMN。OAM系统管理模块提供了完善的集中维护管理功能，可以实现对网络的远程集中监控和本地维护。

②业务接口模块。提供各种业务接口与公共电话网、综合业务数字网、公共数字数据网、公共分组数据网等网络相连，完成多种业务的引入。

③视频输入模块。提供视频接口与CATV网相连，在接入网中引入CATV服务。

④信令处理模块。完成与各种业务相关的信令处理，包括对V5协议、ISDN、帧中继、租用线等业务的处理。

⑤控制模块。是系统的总控单元，是OLT的核心，负责协调其他模块之间正常工作。

⑥光纤传输模块。提供OLT与ONU之间的物理连接，另外还提供监控和业务电话通道。

(2)ONU是实现光纤到大楼、光纤到路边、光纤到小区的设备，一般放在用户集中地。包括集中监控模块、用户接口模块、视频输出模块、控制模块、测试模块和光纤传输模块等6个模块。

①集中监控模块。包括电源监控、环境监控和CATV监控三部分。由集中监控板实现，是对接入网设备外部运行环境的系统监控。

②用户接口模块。提供各种用户接口与不同用户相连。

③视频输出模块。将输入的强度调制光信号转换成视频输出信号，然后耦合到同轴电缆上，经用户同轴分配网传送到用户终端。

④控制模块。是ONU的核心，负责管理各种用户接口板和测试板。

⑤测试模块。提供对用户板的测试。

⑥光纤传输模块。与OLT的光纤传输模块功能相同。

三、同步数字系列(SDH)

光纤通信的迅猛发展，世界各国应用制式不一致，各个厂家自行开发的硬件、软件和接口规范不统一，因此造成各通信网间、国际间互通困难。为此，CCITT在20世纪80年代末期提出新的同步数字系统(SDH)建议。SDH的概念是由一些网络单元(例如复接器、数字定义连接设备等)组成的。在光纤上进行同步信息传输、复用和定义连接的网路。SDH是光纤通信技术的重大变革，对各种光纤通信网的兼容和互通、组网灵活性、网路管理和经济性都具有重要意义。

1. SDH基本概念

SDH概念的核心是从统一的国家电信网和国际互联的高度来组建数字通信网，并构成综合业务数字网(ISDN)，是宽带综合业务数字网(B-ISDN)的重要组成部分。按SDH组建的网是一个高度统一的标准的智能化网络，它采用全球统一的接口实现多厂家设备的兼容，在全程全网范围实现高效的协调一致的管理和操作，可进行灵活的组网与业务调度，实现高可靠的网络自愈，从而大大地提高网络资源的利用率，显著地降低管理和维护费用。

2. SDH的特点

(1)对网络节点接口(NNI)进行了统一的规范。包括数字速率等级、帧结构、复接方法、安装不同厂家的设备，还体现在线路接口、监控管理等方面。使得利用SDH技术易于实现多厂家设备相互兼容。

(2)SDH具有统一规范的速率。SDH信号以同步传送模块(STM)的形式传输。STM是用以支持SDH内的段层连接的信息结构。SDH信号的基本传输模块速率为155.52Mbit/s的第一级同步传输模块(STM-1)，更高的同步数字系列传输模块，如STM-4(622.08Mbit/s)，STM-16(2 488.32Mbit/s)以及将来的STM-64(9 953.28Mbit/s)等，可简单地将STM-1信号进行字节间插同步复接而成，大大简化了复接和分接，使SDH十分适合于大容量光纤通信系统，便于通信系统的扩容和升级。

(3)SDH信号的基本传输模块可以容纳北美、日本和欧洲的现有数字系列，包括1.5Mbit/s、2Mbit/s、6.3Mbit/s、34Mbit/s、45Mbit/s及140Mbit/s在内的PDH速率信号，均可装入"虚容器"，然后经复接安排到155.52Mbit/s的SDH STM-1信号帧的净荷内，使新的SDH能支持现有的PDH，便于顺利地从PDH向SDH过渡，体现了后向兼容性。

(4)采用了同步复用方式和灵活的复用映射结构，因而只需利用软件即可使高速信号一次直接分插出低速支路信号，这样既不影响别的支路信号，又避免了需要对全部高速复用信号进行解复用的做法，省去了各种背靠设备，使上下话路十分容易，并省去了大量的电接口数量，使运营操作简化。

(5)SDH同步和灵活的复用方式也使数字交叉连接(DXC)功能的实现大大简化。DXC的引入使网络增强了自愈能力，便于根据用户的需要进行动态组网，便于各种新业务的接入。

(6)SDH帧结构中安排了丰富的开销比特。这些开销比特包括段开销(SOH)和通道开销(POH)，因而使网络的OAM能力大大加强，例如故障检测、区段定位、端到端性能监视、单端维护能力等。

(7)SDH设备是智能化的设备，兼有终结、上/下复接和交叉连接功能，它可以通过远程控制来灵活地组网和管理。由于对网管设备的接口进行了规范，使不同厂家的网管系统互联成为可能。因此不仅降低了网络维护管理的费用，而且大大提高了网络的效率、灵活性、可靠性与生存力。

(8)SDH不仅有世界性统一的NNI接口，而且与世界性统一的UNI接口协调，因此SDH除了支持基于电路交换的同步转移模式(STM)外，还可运行基于分组交换的异步转移模式(ATM)。

第四节　程控数字交换系统

高速公路设置专用程控数字交换系统是获取高可靠性、高可用性通信工具的物质保证；同时，利用已建管道安装程控电话可以节省投资费用。目前，公路光缆通信系统采用多芯光缆，语音、数据、视频图像都各有专用光纤，使几种不同通信系统并存于光缆内。

一、程控数字交换系统的功能

高速公路各级管理机构沿道路分布，相距颇远，为了满足日常管理需要的信息交流，设置专用电话网。除内部通信外，还需与公路行业国家管理部门、交通部一级卫星通信网、地区路网管理部门通信网和公用邮电网联接，以实现大范围的信息交流。在话网进入综合业务数字网的时代，系统功能为：

(1)完成管理部门各单位点对点的语音、传真、图像和数据的传输。

(2)实现管理中心和下属各单位一点对多点的同时通信。

(3)与上级业务管理部门和外界社会的通信。

(4)具有对系统状态自动测试的功能。

二、程控数字交换系统

(一)程控数字交换系统的工作原理

为实现多个用户能在同一时间内成对地进行可靠通话，程控交换系统需将语音信号变换为数字信号，即编辑成二进制代码，采用时分多路复用技术将多路语音以一定规格编排，沿一条线路顺序传送给交换机。交换机根据用户的通话要求，分别接续各自的线路，让顺序排列的各路语音对号进入，并将数字代码恢复为原有的模拟信号，让接收端能正常理解。

程控交换系统的作用在于，将模拟信号转换成数字信号，话音信号转换成数字脉冲才能在数字信道传输，脉冲编码调制 PCM 是最常用的工程模/数转换技术，主要包括信源模数转换(采样量化和编码)，信道的中继、再生，信宿的再生和数模转换(解码和平滑)。PCM 通信系统功能图见图 5-6。

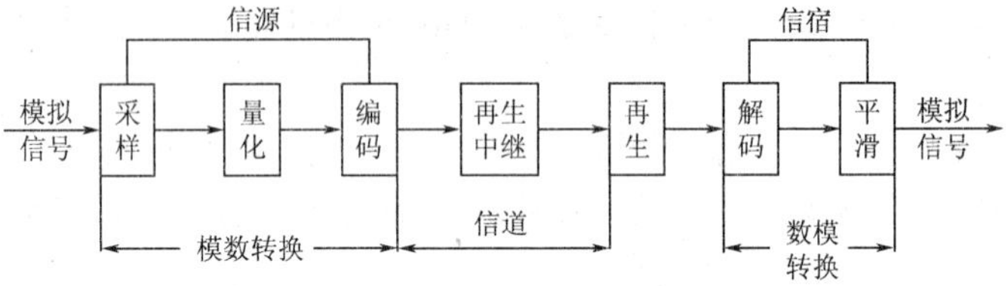

图 5-6　PCM 通信系统功能图

1. 采样

所谓采样，就是以一定的时间间隔提取信号大小(幅度)的操作。时间间隔越短，就越能正确地重现信号，但同时会导致数据量的增加，所以越短时间间隔必须适可而止，一般可以根据信号所包含的最高频率成分的值来确定。如果采样频率大于或等于模拟信号中最高频率的 2 倍，就能够无失真地恢复出原信号，称此为采样定理。

2. 量化

采样是将时间轴上连续的信号变换成不连续的(离散的)信号。但采样后的信号幅度仍然是连续(模拟值)的。量化将连续的幅度值变换成了呈现阶梯状变化的离散值。

3. 编码和解码

编码是将抽样后的量化值转换为一组二进制码元，称为模数变换；解码是编码的逆变换，它将一组二进码元还原成相应幅度的量化值，也称为数模转换。

(二)程控数字交换系统的功能结构

1. 硬件功能结构

数字程控电话交换系统的硬件功能结构可划分为话路子系统和控制子系统两部分,如图5-7所示。

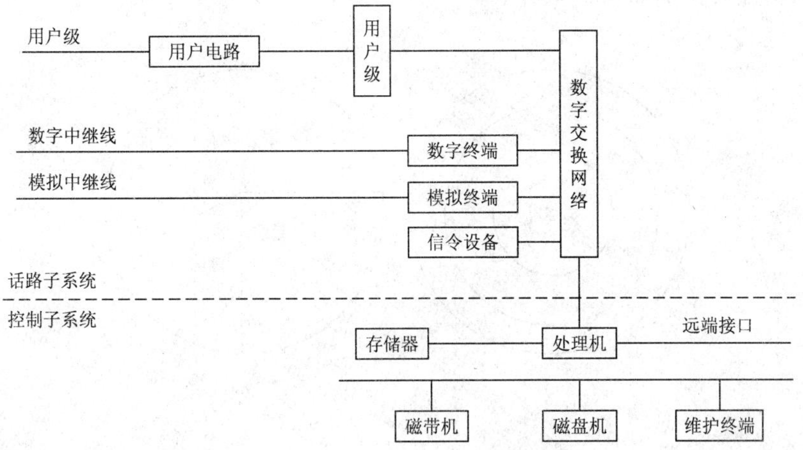

图5-7 数字交换系统硬件功能结构

1)话路子系统

包括用户电路、用户集中级、数字终端、模拟终端、信令设备和交换网络等。

(1)用户电路。用户电路是程控数字交换系统中连续模拟用户线的接口电路,如果是数字用户线,则要使用数字用户线接口电路。

(2)用户集中级。用户集中级完成话务集中的功能,将一群用户以较少的链路接至交换网络,以提高链路的利用率。集中比一般为2:1~8:1,结构通常采用单T交换网络。

(3)数字终端。数字终端也称为数字中继,是数字交换系统与数字中继线之间的接口电路,可适配一次群或高次群的数字中继线。数字终端有码型交换、时钟提取、帧同步与复帧同步、帧定位、信令插入和提取、告警检测等功能。

(4)模拟终端。模拟终端也称为模拟中继,是数字交换系统为适应模拟环境而设置的终端接口,用来连接模拟中继线,具有监视和信令配合、编译码等功能。

(5)信令设备。当采用随路信令(CAS)时,应具有多频接收器和多频发送器,用来接收或发送数字化的多频(MF)信号,传输一般是通过交换网络在相应的话路中传送。如果采用共路信令(CCS),应具有共路信令终端设备。信令设备还包括双音多频(DTMF)接收器和信号音发器。前者用来接收用户使用按键话机拨号时发来的DTMF信号,后者用来产生数字化的信号音,经交换网络而发送到所需的话路上去。

(6)交换网络。相对于用户集中级而言,交换系统中的主交换网络通常称为选组级,可采用同步时分数字交换网络,并有多种不同的类型。

2)控制子系统

控制子系统包括处理机、存储器、外部设备和远端接口等部件。

(1)处理机和存储器。处理机有多种配置方式,存储器也可划分为程序存储器、数据存储器等区域。

(2)外部设备。外部设备主要包括磁盘、磁带机、维护终端等部件。

(3)远端设备。远端设备包括集中维护操作中心、网管中心、计费中心等的数据传送接口。

2. 软件功能结构

程控交换软件可以划分为呼叫处理、操作系统和维护管理三部分。后两部分合称为应用程序，分层结构及其比例如图 5-8 所示。

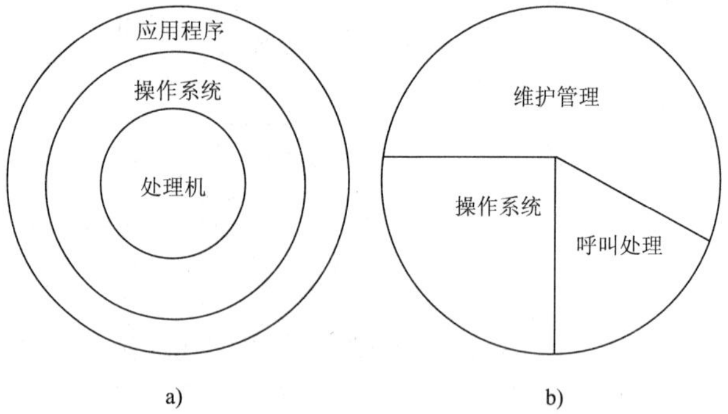

图 5-8 程控交换软件组成
a)分层结构；b)比例结构

1)呼叫处理

(1)呼叫处理程序。呼叫处理程序用于控制呼叫的建立和释放，基本上对应于呼叫建立过程，主要包括用户扫描、信令扫描、数字分析、路由选择、通路选择、输出驱动等功能块。

①用户扫描。用户扫描用来检测用户回路的状态变化：从断开到闭合或从闭合到断开。从状态的变化和用户原有的呼叫状态可判断事件的性质。

②信令扫描。信令扫描泛指对用户线进行的收号扫描和对中继线或信令设备进行的扫描。前者包括脉冲收号和 DTMF 收号的扫描，后者主要是指在随路信令方式时，对各种类型的中继线和多频接收器所做的线路信令和记发器信令的扫描。

③数字分析。数字分析的主要任务是根据所收到的地址信令或其前几位，判定接续的性质，例如判别本局呼出、出局呼叫、汇接呼叫、长途呼叫和特种业务呼叫等。

④路由选择。路由选择的任务是确定对应于呼叫去向的中继线群，从中选择一条空闲的出中继线；如果线路全忙，还可以依次确定各个迂回路由并选择空闲中继线。

⑤通路选择。通路选择的任务是在交换网络指定的入端与出端之间选择一条空闲的通路。进行通路选择时，交换网络的入端和出端已定，按照不同的呼叫类型，可以是主叫用户与被叫用户、主叫用户与出中继、入中继与被叫用户、入中继与出中继。

⑥输出驱动。输出驱动程序是软件与话路子系统中各种硬件的接口，用来驱动硬件电路的动作，例如驱动数字交换网络的通路连接或释放，驱动用户电路中振铃继电器的动作等。

(2)呼叫处理软件

呼叫处理软件是为呼叫建立而执行的处理任务，可分为 3 种类型：输入处理、内部处理和输出处理。

①输入处理。收集话路设备的状态变化和有关的信令信息称为输入处理，如各种扫描程序，通常是在时钟中断控制下按一定周期执行，主要任务是发现事件而不是处理事件。

②内部处理。内部处理是呼叫处理的高层软件，与硬件无直接关系，例如数字分析、路由选择、通路选择等。呼叫建立过程的主要处理任务都在内部处理中完成。

③输出处理。输出驱动属于输出处理,输出处理与输入处理都要针对一定的硬件设备。扫描是处理机输入信息,驱动是处理机输出信息,扫描和驱动是处理机在呼叫处理过程中与硬件联系的两种基本方式。

2)操作系统

程控交换是实时处理系统,应配置实时操作系统,以便有效地管理资源、支持应用软件的执行。主要任务是任务调度、通信控制、存储器管理、时间管理、系统安全和恢复,此外还有外设处理、文件管理和装入引导等功能。

(1)任务调度。任务调度主要是处理机资源的管理,也包含对各种周期的扫描程序的执行控制。要按照一定的高度策略或算法,将处理机资源分配给并发多任务中的某一项任务。如果用建立进程的方式来组织并发执行,则任务调度的核心就是进程的调度与管理,必须选用合理而有效的调度策略。

(2)通信控制。在多机分散控制系统中,各处理机之间要互通信息,在同一处理机的软件模块之间也要通信,对于进程方式而言,就是进程之间的通信。采用松耦合的信息传送处理,有利于可靠性和灵活性的提高,并有利于操作系统统一控制和管理。

(3)存储器管理。暂存动态数据的存储区应统一管理,以提高存储器效率;存放临时由外存调入的程序和数据的覆盖存储区也应由操作系统统一管理。

(4)时间管理。时间也是由操作系统统一管理的一种资源,主要包括两方面的管理:相对时限和绝对时限的监视以及提供日历和时钟计时的服务。

(5)系统安全和恢复。为保证系统的安全可靠性,操作系统必须具有系统监视、系统再启动和软件再装入功能。

3)维护管理

维护管理程序的功能包括:用户和中继测试、交换网络测试、业务观察、过负荷控制、话务量测量统计、计费处理、用户数据和局数据管理等。

4)数据库

相对于动态数据而言,半固定数据是基本上固定的数据,但在需要时也可以改变。半固定数据包括用户数据与局数据,通常采用关系数据库来存放。

应用程序需要某种半固定数据时,可向数据库管理系统发出请求,由 DBMS 统一从数据库中取出所需的数据返回给应用程序。

程控数字交换系统是以程控数字交换机为核心的通信网,在技术上实现传输和交换的数字化,从发展看,它应该将语音与非语音(电报、传真、数据、图像等)业务综合进网。

程控数字交换机是采用计算机进行"存储程序控制"的交换机。它将各种控制方法编成程序,存入存储器,利用计算机对话机与线路状态巡回检测所获得的数据,作为选择和执行某种程序的依据,控制和管理整个交换系统的工作。程控数字交换机是现代数字通信技术、计算机技术和大规模集成电路相结合的产物。目前,高速公路专用电话网一般采用综合接入网(OLT 和 ONU)实现。

第五节　应急电话系统

应急电话系统是为行驶在高等级公路上的驾驶员提供紧急呼救用的,为了安全可靠,它独立于其他通信系统,属公路专用呼救系统。当发生交通事故或车辆故障时,使用者只要拿起应急电话机的送受话器(或按“通话键”),即可向道路管理部门(或监控中心)通报事故情况并得到救助。

应急电话系统由应急电话控制主机、传输线路(传输媒质)和应急电话分机三部分组成。按传输媒质不同可分为有线应急电话系统和无线应急电话系统。

一、有线应急电话系统

1. 系统构成

(1)应急电话控制台。应急电话控制台由控制主机和外围设备(包括计算机、显示器、打印机、电话机、录音机、连接器及供电设备等)组成。控制主机的主要职能是汇接传输线路、提供各种通信接口(包括外设端口和电话机端口等)、管理控制所属的应急电话分机的呼叫业务和系统诊断等。

(2)传输线路。有线应急电话系统的传输线路可采用长途对称电缆或市话电缆。传输线路可采用二线制或四线制。二线制传输即用一对线传输控制信令、语音和直流供电。四线制传输即用一对线传输控制信令和语音信号,另一对线用于直流供电。显然,四线制较二线制所需电缆芯线数量多1倍。四线制的优点是电路结构简单,供电比较稳定。

(3)分机复接方式。应急电话系统属专用呼救通信设备,话务量较小,采用多机复接共线方式不仅能节省大量电缆芯线,降低工程造价,在实际应用中也是完全可以满足呼叫要求的。复接分机数量可视道路交通量而定。

(4)信号方式和通话方式。信号方式可采用ITU推荐的双音多频(DTMF)方式。使用者只要拿起送受话器或按“通话键”,呼叫分机即向主机自动发送呼叫信号,呼叫信号包括:主机振铃信号、线路接通信号和该呼叫分机的编码信号等。主机值班员听到振铃信号和灯光报警信号(闪灯)即可与该呼叫分机进行通话。话毕,主机自动发出折线和复原信号。应急电话采用单方向呼叫方式,即仅设置分机呼叫主机的呼叫信号,不设置主机呼叫分机的呼叫信号。

应急电话系统采用双工通话方式。应急电话为专用呼救系统,仅设各分机与主机通话链路,分机与分机之间、本系统与任何外系统之间均不做转接。

(5)供电方式。由于应急电话系统要全天候连续工作,主机和分机均要求全日制连续供电。主机可配备220V交流配电设备、柴油机发电和不间断电源(UPS)等。各分机可配备太阳能电池和蓄电池。

(6)网络组织。根据功能要求,线路网络以控制台为中心,采用连接器建立以若干条支线为主干的星形网,每一支线最多可连接上百门电话。

2. 光纤应急电话系统

光纤应急电话系统属于有线应急电话系统范畴,主要是传输媒质不同,传输线路采用光纤光缆和光电连接器。主要特点是具有较强的抗干扰性能和网络全光缆化。

二、无线应急电话系统

无线应急电话系统是以无线电波作为传输媒质。一般在监控中心设置无线基地站和控制主机,在道路沿线两侧设置无线电台(收发信机)作为无线应急电话分机。无线应急电话系统构成如图5-9所示。无线信道可选用VHF和UHF频段(160MHz、450MHz、800MHz和900MHz)。无线应急电话分机电源可采用220V交流供电、太阳能供电或自备蓄电池等。

无线应急电话系统的特点是无需传输电缆(或光缆),节省电缆投资,但需增加通信铁塔投资。

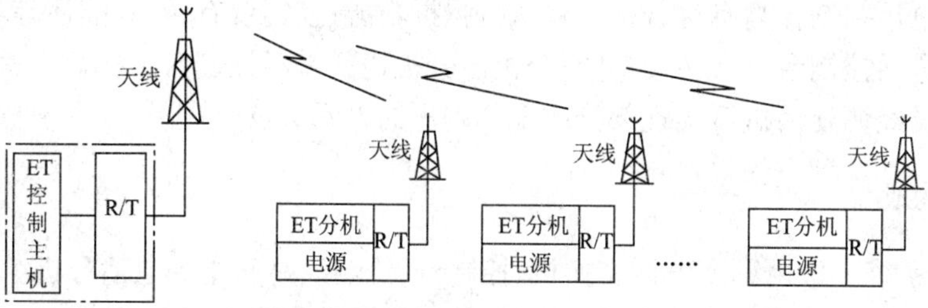

图5-9　无线应急电话系统构成图

ET-应急电话机;R/T-无线收发信机

三、应急电话系统功能要求

应急电话是特殊情况下客户和监控中心联系的应急工具,它沿高速公路两侧成对布设。虽使用次数不多,但一旦使用,要求通话成功率很高,以保证任何条件下的通信无阻,这种高可靠性决定了系统的功能要求。

(1)控制台对全线所有电话亭全部开放,无一闭塞。

(2)免提呼叫,便于受伤人员呼救和设备维护。

(3)客户发出紧急呼叫,控制台能立即获得呼叫话亭位置信号和建立线路连接。

(4)控制台具有记录、存储呼叫信息和通话内容的功能,同时可直接联络交警和救援单位。

(5)系统具有远端自动测试能力,能及时上传电话等设备的运行状态。

(6)可靠性高,平均无故障时间保持在80 000~100 000h(蓄电池除外)。

(7)有条件的设立声屏障,以隔离车辆行驶噪声对通话质量的影响。

第六节　指令电话系统

指令电话是供高速公路进行业务调度指挥专用的通信系统。高速公路管理部门经各种通信手段(如电视摄像、业务电话、紧急电话、移动无线电话或人们口述报案)等获取道路管理信息后,道路管理人员可采用指令电话系统对所辖管理机构组织指挥调度业务(如事故处理、道路抢修或封闭交通等)。

在高速公路监控中心设指令电话控制台,在监控分中心(管理所)设指令电话控制分台,在收费站、救援站、维修中心、服务区、交警值班室等处设指令电话机。组成三级管理结构,即指令电话控制台—指令电话控制分台—指令电话机。

一、指令电话系统的主要功能

(1)为监控中心、监控分中心下达交通指挥调度指令或交通监控指令。

(2)指令电话系统也可由程控交换机设置专用软件和数字电话机构成。指令电话调度交换机(或称电话调度控制台)至各指令电话分机要求采用专用信道,保证通话无阻塞现象。

(3)指令电话控制台对各分机具有单呼、组呼和群呼功能。

(4)指令电话要求双向呼叫,双工通话。
(5)指令电话控制台具有自动录音和通话时间自动打印记录功能。
(6)指令电话控制台具有对分机电路执行强拆功能;控制台有转话、插话等功能。
(7)指令电话控制台具有转接功能;分机与分机通话需经控制台转接。
(8)调度员经调度话机可实现部分或全部用户的电话会议。

二、系统构成

指令电话系统一般由调度电话交换机、控制台、传输线路和指令电话分机组成。指令电话系统可采用程控调度交换机或共电式交换机,其容量视道路管理部门管辖路段而异。

指令电话系统传输线路,近距离可采用音频实现传输方式,长距离可采用 PCM 电路或载波电路传输方式,系统构成见图 5-10。

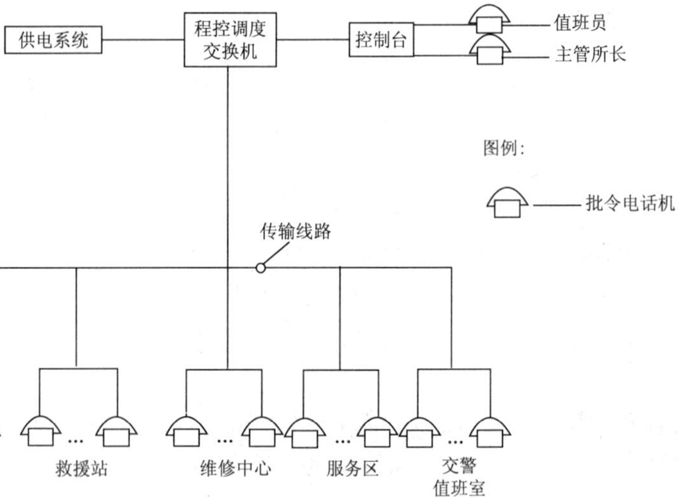

图 5-10　指令电话系统构成图

第七节　移动通信系统

所谓移动通信是指移动体与固定体或与另一移动体之间的信息交换,它利用无线电波作为传输媒质。是固定通信的延伸,它具有机动、灵活的特点。公路移动无线电话主要是为公路交通管理、公路工程建设和公路汽车运输等部门服务的。

一、系统构成

1. 传输媒质

移动通信采用无线电波传输信号。无线电通信是把要传送的消息变成电信号,再进行调制变成高频信号,由天线辐射到空间。无线电波经过空间传输到达接收地点,被接收天线所接收,经过放大和解调恢复成低频电信号,最后再变换成送入发送端的原始信息。

2. 无线信道

信号发射机以高频电磁波形式发出,进入无界媒体,沿预定方向传播。自由空间允许不同频率的电磁波并行不悖地以接近光速的速率传播,利用检波技术可以从众多不同频率的电磁波中检出需要的某种特定频率信号。因此,可以设想空间存在很多条无线信道,每条只允许单一频率信号传播,即载波频率加上信号带宽所形成的频段可视为一条无线信道。

3. 移动通信系统组成

公用移动通信系统主要传输话音,由一个以上的基台(BS)、若干个移动台(MS)、移动业务交换中心(MSC)和与市话网(PSTN)相连接的中继线等组成,如图 5-11 所示。

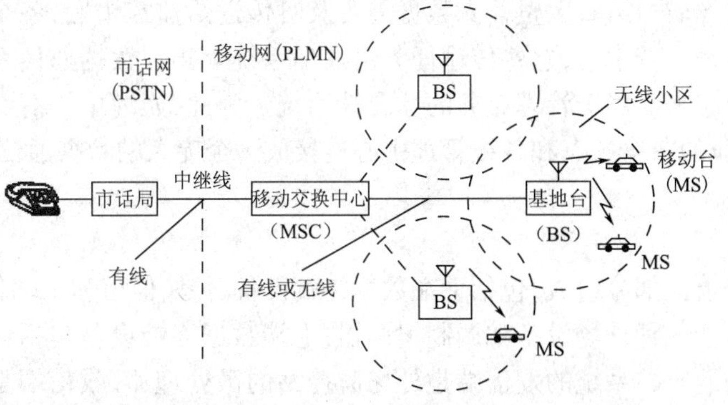

图 5-11　移动通信系统组成

(1)基台。位置固定,它有一至多部收发信机和无线接口机架,天馈线和电源架。由天馈线向空间发射(或接收)载有信号的电磁波,通过有线通信设备(或无线)和 MSC 连接,每个基地站分配有一定数目的频率固定的信道,以实现 MS 和 BS 间的通信,并为话音和数据信号在 MSC 和 MS 间起中继作用。每个 BS 都有一个可靠的通信服务范围,称为无线小区,小区的大小由发射功率和基地站天线高度等因素决定。

(2)移动台。有车载式、手持式等类型。移动台由双工滤波器、收发信单元、控制单元、操作部分及电源等组成。移动台收发共用一副天线,需双工滤波器将收发信号分开。操作部分由键盘、拨号显示及微处理器组成。功能较强,按键判别、液晶显示、信道选择、开机和信道释放均由微处理器控制。手持机为一体式;车载机常分为三部分,分别安放。

(3)移动业务交换中心。负责处理信息交换和系统的控制管理,除了要完成控制、分配无线信道外,还要接续移动用户和联网的市话固定用户间的通信。因此,常配置数字程控交换机。MCS 处理呼叫的能力由交换机中央处理器的硬件和软件决定。

二、集群移动通信系统

以前高速公路建成的移动通信系统,都属于传统的专用移动通信系统。其特点是信道"专用",即用户在通话过程中,双方使用的频率都是固定的。因此用户一旦选择了某一信道,那么它只能在这一信道上工作,直到通信结束。如果这一信道被占用,无法选择其他空闲信道,就会出现阻塞。所以,其最大的缺点是:频率利用率低,有些信道出现阻塞,从而降低通信质量。无线电频率是宝贵财富,要充分利用有限的频率资源。为此,交通部有关文件明确规定,以 800MHz 集群系统作为交通专用移动通信网的主要通信方式之一。

集群通信系统是多个用户共用一组无线信道,并动态使用这些信道进行业务指挥调度的移动通信系统。"集群"是专用业务移动通信系统最高层次发展的形式,是针对传统的专用移动通信系统的而产生的。它的含义是"系统具有的全部可用信道可为系统全体用户服务,具有自动选择信道的功能",它是共享资源、分担费用、共享信道设备和改善服务的多用途、高效能的无线系统。具体地说,是指有限个通信信道在中心控制台的控制下,自动地、动态地、最优地批配给系统内全部用户使用。其中的关键是中心控制台按动态信道指配的方式将系统内信道分配给要通话的用户通信。

第八节　数据通信系统

高速公路各现场监控站有大量监测数据需要及时传送给监控中心;各个收费站也有大批数据文件要定时传送收费中心,这些传输任务由通信系统承担。数据通信系统是一种把计算机与通信技术结合起来应用于管理业务的综合性系统。为此,光缆中辟有专门传输数据信号的光纤,将沿公路线的各个站点和各级管理中心连接成一个庞大的数据通信网。

一、系统构成

数据通信系统由三部分组成,包括上端数据终端设备、传输信道和下端数据终端设备。下端数据终端设备包括各种外场设备和调制解调器;上端数据终端设备包括计算机及其外设和调制解调器。如交通监控系统的发信端是外场监控站的微处理器,收信端是监控中心的主计算机;收费系统的发信端可以是车道控制器,而收信端将是监控中心的数据采集计算机。

信道是以传输介质为基础建立的,通常可分为模拟信道和数字信道。可以利用模拟信道传输数据,但数据是用二进制码表达的文字、数字和符号,所以必须在发送端对原始数字信号作"数/模"转换,即进行调制;在接收端则需作反变换,即解调。既能作调制又能作调解的设备称为调制解调器(Modem)。

二、数据通信网

将若干地理位置不同的通信终端用通信设备和链路连接起来的通信系统称为通信网络。在通信网络中设立一些数据处理单元,称为节点。由节点集中处理和转送信号,可以节省一些线路,使网络有较简单的连接形式。

将多个通信终端用物理线路连接起来并无必要,因为任何终端不可能和其他终端长期连续通信;敷设专用线路太昂贵,利用率也很低。解决终端通信的办法是将各个终端通过节点与网络相连,形成一个通信网络,如图 5-12 所示。

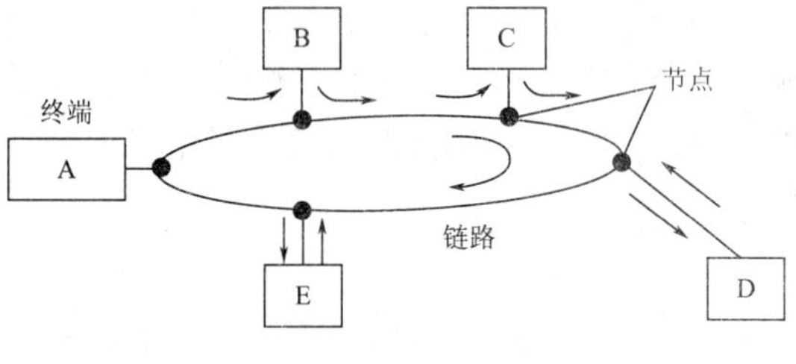

图 5-12　数据通信网络

节点有两个功能:一为终端和网络提供接口;二是将发信终端传送来的分组数据先接收、处理并存储,待通往终端的下一个节点空闲时再转发出去。网络节点一次又一次的转发信息,最终将数据从发端传输给收端。由节点功能看出,节点并不是几根导线的单纯连接点,而是一个通信控制器,由硬件和专用软件组成,如网卡、计算机和通信服务器都可提供节点功能。

1. 数据通信网结构

将通信网抽象为一个几何图形,常称为网络拓扑。通信网的拓扑结构分为总线、树形、星形和环形等,其形状见图 5-13。

2. 面向终端网

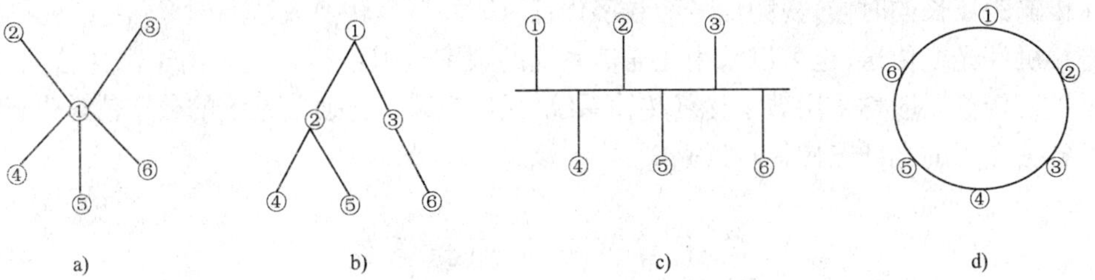

图 5-13　通信网络拓扑结构

a)星形①为节点;b)树形①②③为节点;c)总线,无节点;d)环形,多节点

由数据处理中心与分散在各地的终端连成的网络称为面向终端网。这种网通常只能在中心和终端间交换数据,终端和终端之间不能直接交换数据。

3．高速公路通信网

高速公路采用分级管理,通信要为分级管理服务。监控系统由监控中心(分中心)和现场监测站组成。收费系统由收费管理中心、收费站监控楼和收费车道三部分组成。下一级是上一级的终端,通常只在中心与终端之间交换数据,终端之间不能直接交换数据,形成星形结构的面向终端数据通信网。通信管理中心实际成为面向终端的处理中心,它除了承担数据处理任务外,还要保证全网正常工作而进行管理。

第九节　视频图像传输系统

高速公路监控、收费和隧道安全系统有大量图像信息需要实时传送,图像信号一般传送至监控站进行监视,重点路段的还需传送至监控中心进行监视。

一、需要传送的视频图像

(1)重要路段、立交和隧道摄像机拍摄的交通流图像信息需要实时传送给监控中心;同时,监控中心需要将对镜头和云台的控制信号分别反向传送给摄像机。

(2)收费车道摄制的图像需要实时传送给监控楼,反向控制信号由监控楼传送给摄像机。

(3)收费亭收费工作图像实时传送给收费站监控楼进行监控。

(4)异常收费图像需传送给监控中心。

(5)传送电视会议图像。

二、视频图像的传送方式

视频信号的传输媒质可以是电缆、光缆和无线微波。目前,在高速公路通信系统中一般采用光缆传输。在距离较近时可采用模拟传输方式;当传输距离较长时,则应采用数字传输方式。

1．基带传输

从监视点到附近监控站监视器的视频信号传送,由于传输距离较近,一般在 2km 以下,所以可采用基带模拟光缆传输方式,即视频信号不经调制直接进入光缆传输。光缆一般应独立于主干光缆,通常为直埋敷设。

2．数字传输

在传输距离长的时候,视频信号经数字化且压缩编码后转换成数字图像信号,再采用数字图像光端机经光缆传送;也可以采用光通信系统的数字信道进行传送。由于高速公路通信系统的主干线传输一般均采用数字光纤传输系统,显然应采用光通信系统的数字信道进行传送,这样可省去专用的光纤图像传输线路。

第十节　路侧通信系统

在交通量很大或能见度较差时通过道路情报板给驾驶员提供情报受到很大限制。一方面是由于道路情报板的信息极其有限,另一方面是低能见度的条件下驾驶员根本无法看清道路情报板的内容。而利用汽车收音机收听广播获得道路信息比利用视觉更为方便,不必分散精力去注意路边的标志或情报板,又不受气候变化的限制,所以路侧广播开始得到应用。

一、交通广播台

在全省范围建立交通广播台,即采用中波广播频段高低两端频率(小于 525kHz 或大于 1 605kHz)定时播送交通信息节目,播送高速公路及附近一般公路的交通情况。为了及时准确地广播,高速公路管理中心的中央控制室都附设有交通信息中心播音室,在交通节目时间里,所有广播电台都播送交通信息中心发出的同一内容。

但是,这种交通广播节目有它的局限性,并不能满足高速公路的需要。一是它只能在固定的时间里向大范围全域广播相同的内容,所以它不能随时提供重要信息,而重要信息的时间性是很重要的;二是缺乏针对性,大部分驾驶员将不得不收听与他毫不相干的内容。

此外,还可采用调频广播方式,即整个路段沿高速公路建立小功率调频广播电台,进行高速公路道路情报广播,这需采用专用调频收音机才能收听到。这种方法的实时性较强,针对性较好。

二、路侧通信广播系统

路侧通信广播系统是利用设在路肩或中央分隔带上的感应天线进行广播,不用播音员,广播内容是中央控制室根据收集到的信息由计算机编辑加工并经过声音合成后发出的。由于它可以通过路段所设置的发射天线,对不同的路段、不同的车流方向播送不同的内容,因此播送的信息量大,内容随时间地点而变,有针对性和很大的自由度,是对可变情报板的重要补充。

路侧通信广播系统由以下几部分组成:

(1)信息处理及编辑装置。将信息收集系统得到的交通信息不断编辑加工,按照优先程度选择应该提供的信息内容。

(2)声音合成装置。中央控制室或终端,利用大容量的话音存储器,实时地将所选择的信息转换成声音。

(3)监测装置。监测合成的声音,必要时可以由播音员直接播音。

(4)路侧广播装置。由天线及发送部分组成,将中央装置的模拟话音信号变成高频振幅调制信号从天线发射出去,供汽车收音机收听。

(5)指示标志牌。在提供路侧广播通信的路段起始点前预告广播的频率。

在有些地区已开始采用路侧通信系统。它首先开辟在城市高速公路及城间高速公路的大城市近郊、互通式立交桥、冬天气候条件恶劣的地段。

复习思考题

1. 通信系统的功能是什么?
2. 简述光纤数字通信系统构成,光纤接入网的结构和 SDH 的特点。
3. 程控交换系统是怎样工作的?
4. 简述应急电话系统的功能和有线应急电话系统的构成。
5. 简述指令电话系统的功能和移动通信系统的构成。
6. 简述高速公路数据通信网的系统结构。
7. 简述视频图像的传输方式和路侧通信广播系统的构成。

第六章　收 费 系 统

学习要点：

本章主要讲述目前公路收费主要的收费制式和收费方式，并以半自动封闭式收费系统为例，讲述收费系统的组成及各组成部分的功能和工作方式。

第一节　概　　述

一、国内外收费公路概况

18 世纪末，美国私营公司完成的费城到兰开斯特的公路是世界上第一条具有重要意义的收费公路。目前，世界上有 40 多个国家存在收费道路，美国、日本、意大利、法国等国家是当今世界上道路发达、路网密度较高的国家，在这些国家的道路交通中，收费道路的作用举足轻重，促进了道路交通事业的蓬勃发展。

我国收费公路建设是在 20 世纪 80 年代开始起步的，我们尚处于社会主义初级阶段，经济基础较为薄弱，建设资金不足，完全依靠国家投资建设高速公路，全民无偿使用的建设模式难以满足高速公路的发展需要。目前国家采取"集资建路，有偿使用，共同受益"的方针，配合"以路养路，以路建路"的措施，有效地促进了我国高速公路建设迅速发展。因此，征收车辆通行费修建收费公路，实行收费还贷，将成为今后我国高速公路建设和发展的主旋律。

二、收费系统概述

（一）概念

为偿还道路工程建设投资、筹集道路运营养护费用或以道路建设作为商业投资目的，对过往车辆征收通行费的道路，称为收费道路。一般按道路的长度、性质、过往车辆的类型、地区属性等对车辆进行收费。在公路和城市道路上，用于收取过往车辆通行费的一切交通设施，称为收费系统，包括土建工程和机电工程设施。

（二）收费系统的分类及组成

目前，收费系统的分类并没有一个统一的标准，分类标准不同，收费系统的分类也不同。通常情况下，主要根据收费系统的某些特征（是否需要停车收费、是否用人工收费等）来进行系统分类。

按照是否需要停车收费分类，收费系统可分为停车收费系统和不停车收费系统。

按照收费方式分类，收费系统可分为人工收费系统、半自动收费系统和全自动收费系统。

按照收费制式分类，收费系统可分为均一式、开放式、封闭式和混合式收费系统。

收费系统的组成按不同的分类方式也有不同，从管理体制上看，收费系统主要包括收费中心、收费站和收费车道三级机构。

(三)收费系统的功能

1. 为道路建设、发展筹集资金

交通运输是社会经济发展的前提和基础,它必须先于经济的发展而发展。随着我国大力发展市场经济,国民经济以前所未有的高速度发展。在发展市场经济的同时带来商品的大量流通,商品的大量流通又对交通运输产生巨大的需求。从公路运输方面看,关键在于修建更多、更高等级的道路,来适应日益增长的车辆的需要,以提高道路运输网的服务水平,求得更好的经济效益和社会效益。公路建设,特别是高等级公路的建设,需要筹集巨额的资金。解决这个问题,必须从多渠道出发。所以,大量建设收费道路,在国家财政相对紧张的现阶段,有着十分重要的现实意义。

2. 为道路养护、运营管理筹集资金

随着公路建设的不断发展,公路通车里程不断增长,需要投入大量资金,用以对道路进行维修养护,或者经营管理。在这种情况下,以传统的养路费、车辆购置附加费,加上国家财政拨款等方式对通车道路进行养护、维修、管理,存在着资金有限的困难。因此,"谁用路,谁出钱"的道路收贷方式,便成为道路养护、运营管理资金的重要来源。

3. 为道路规划、建设和管理提供交通量基础数据

道路规划、建设的一般程序是:路网规划、立项、项目可行性研究、项目初步设计、项目施工设计、施工、竣工验收并交付使用。所有这些过程,都需要道路交通量的观测和预测资料。其次,道路建成以后,如果需要对道路进行控制管理,如养护人员的配置、服务设施的设置、路政人员的配置、收费人员的配置等,都需要道路的交通量资料。道路收费设施,除了能够对过往车辆征收通行费外,还是进行交通调查的有力工具。

4. 作为道路交通管理的辅助手段

收费站可作为交警设卡查车的地点,也可以通过开放和关闭入口收费车道对道路,特别是高等级道路的主线交通流量进行调节,实现控制功能。同时,在入口车道,还能够有效限制行人、非机动车及慢速车辆进入高等级道路,避免混合交通的形成及干扰。设置于收费站的闭路电视,也可以作为交通管理的辅助工具。

第二节 收费制式和方式

一、收费制式

收费制式是征收车辆通行费的方式。目前,常用的收费制式主要有均一式、开放式、封闭式和混合式四种(图 6-1)。

1. 均一式

均一式是最简单的一种收费制式,其收费站一般设置在收费公路的各个入口处(包括主线两端入口和互通立交入口),而主线和出口都不再设站。这样,每辆车在进入收费公路时都要经过一个收费站交费,然后就可以在公路内自由行驶。均一式的收费标准仅根据车辆一个因素(车型)确定,与行驶里程无关,而且各个收费站都取同一收费标准。

其优点是:车辆行驶时只需一次交费,由于收费标准单一,使收费手续简便,效率很高,对交通量影响较小,同时又使收费设备简单,节省了前期投资和运营费用;由于在各个入口收费,不会出现漏收情况;同时可兼顾入口交通管理,当主线交通量趋于饱和时,可以通过关闭部分

或全部车道来实现驶入控制。缺点是:由于采用统一的收费标准,与行车里程无关,交纳同样的通行费就不够公平合理。

均一式收费系统比较适合于城市高速公路和短途城市间的高速公路。

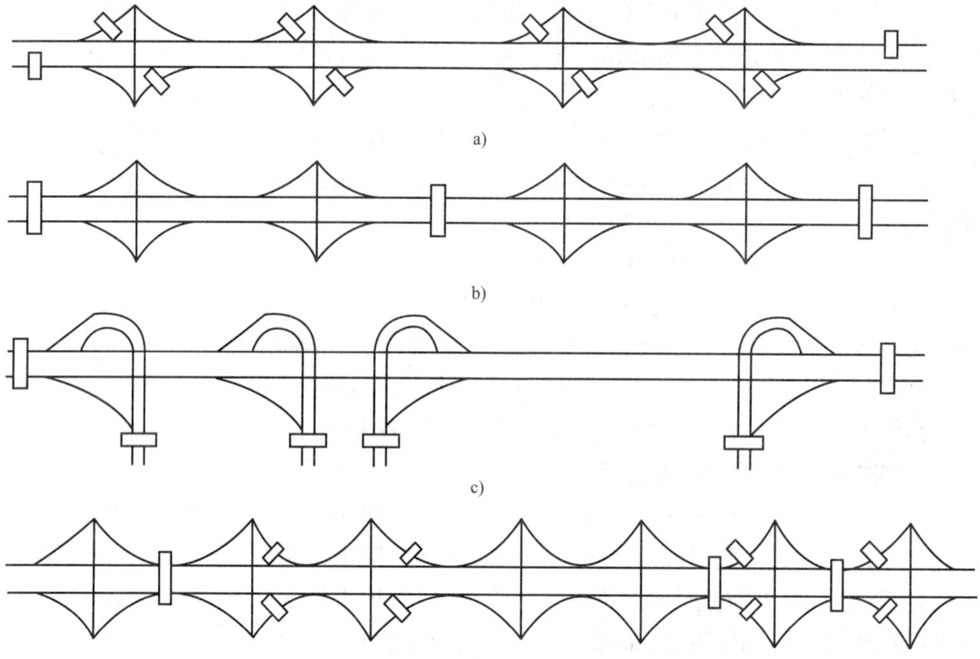

图 6-1　四种收费制式收费站布设示意图

a)均一式收费;b)开放式收费;c)封闭式收费;d)混合式收费

2. 开放式

开放式收费系统又称栅栏式或路障式收费系统。这种收费系统的收费站建在主线上,长距离的公路可以建多个收费站,间隔一般在 30 ~ 50km。各个出入口不受控制,车辆可以自由进出,高速公路对外界呈“开放”状态。每个收费站的收费标准是固定的,仅因车型不同而变化,但各收费站的标准因相互距离不等而有所区别。

其优点是:收费手续简便,效率高,对交通影响小;所需修建的收费站和收费车道较少,前期投资少;长途车因多次交费而停顿,缓解驾驶员因长时间单调驾驶而产生的困倦,客观上有利于行车安全;主线收费可获取相应路段的交通情报,如分车型的上下行交通量等。缺点是:当在两个收费站之间有两个以上互通立交时,会出现漏收情况;由于不能严格按行车里程收费,存在收费不合理的情况;不能兼顾出入口的交通管理;长途车因多次交费,可能引起行车者的反感。

开放式收费系统适用于较短的或互通立交比较少的道路,通常独立的桥梁、隧道收费均采用这种制式。如青海省的西塔高速公路就采用这种收费制式。

3. 封闭式

封闭式收费系统的收费站建在收费公路的所有出入口,其中起终点的出入口收费站一般建在主线上,互通立交出入口收费站建在出入口匝道上,车辆进出高速公路都要经过收费站并受控制,高速公路对外界呈“封闭”状态。

车辆驶入高速公路时,在收费站入口领取一张通行券,上面记录着该收费站名称、车型等信息,车辆离开高速公路时,出口车道读卡机可以自动读出记录的信息并传送到收费站的计算机系统中，并根据车型和行驶里程两个因素计价收费。

其优点是：严格按车型和行驶里程收费，公平合理；没有漏收情况；可以兼顾出入口的交通管理；借助通行券上记录的信息，可以获取多种交通情报。缺点是：出入口均需停车，入口效率较高，出口需验卡交费，效率较低，对交通影响较大；因出入口均需修建收费车道，建设和运营费用较高；依据车型和里程两个因素，内部和外部可能作弊途径较多，为防止作弊，需采用更多的监控措施。

封闭式收费系统适用于公路里程较长、互通立交较多以及行车里程差距较大时，如青海省的马平、平西高速公路就采用这种收费制式。

4. 混合式

混合式是均一式和开放式收费制式的混合形式，将高速公路分成几个区段，每段大约30～50km，每区段可能包含一处或多处互通立交，收费站设在全线所有的入口处，另外在相邻区段之间设主线收费站。混合式系统采用单一因素（车型）的收费标准，但各站因控制里程不等可以选用不同的费率。

其优点是：收费效率高，对交通影响小；收费站比封闭式少，节省了建设投资；运营人员较少，无通行券，降低了运营成本。缺点是：每个互通立交不一定都设收费站，无法准确按里程计费，存在漏收和收费不合理的情况；不能兼顾所有出入口的交通管理。

混合式收费系统适用于公路里程较长，互通立交较多的公路。

二、收费方式

高速公路收费方式按收费员参与收费过程的多少，可分为人工收费、半自动收费和全自动收费。

1. 人工收费方式

人工收费方式是目前最简单的收费方式，它是指全过程由人工完成的收费方式，包括人工判别车型，人工套用收费标准，人工收钱、找零、给发票等。人工收费方式需要有较多的收费人员和单调烦琐的程序，采用人监督人的方式。这种收费方式收费效率低，影响交通，但投资成本低。

2. 半自动收费方式

半自动收费方式是指收费工作由人和机器相互配合，共同完成的收费方式，它通过使用计算机、电子收费设备、交通控制和显示设施来代替人工收费方式操作的一部分工作。该收费方式有两种主要模式：一是人工收费、人工判车型、车辆检测器计数、电视监视、计算机管理；二是人工收费、自动车辆分型、车辆检测器计数、计算机管理、辅以电视监视。前者是目前比较流行的收费方式，主要是在收费站配备计算机系统，收费车道配备车道控制计算机、电动栏杆、车辆计数器、费额显示器等设备对收费过程进行管理，并配备闭路电视监视设备对收费过程进行监督。此种收费方式投资不高，又比较有效，已经在我国的许多高速公路上实施。后者与前者的不同在于，收费车道的入（出）口处安装车辆分型设备（或车辆称重设备），信息自动送到车道控制计算机，收费人员据此发卡（或收费）。

3. 全自动收费方式

全自动收费方式是指收取车辆通行费的全过程均由机器完成，操作人员不需直接介入，只需对设备进行管理监督以及处理特别事件的收费方式。一般情况下，全自动收费方式可分为硬币式自动收费方式和不停车收费方式。硬币式自动收费方式是指车辆经过收费站时由车主向安装在通道上的硬币收费机投币来进行交费的收费方式。不停车收费方式是指利用电子、计算机与通信技术,使驾驶员不需停在收费站付费,以缓解因收费而造成的交通排队现象,是收费方式的发展主方向。这种收费方式工作效率高,但投资成本也较大。

不停车收费方式可分成单向式不停车收费方式和双向式不停车收费方式两类。单向式不停车收费方式的基本原理是:在车上安装一个车载电子标签(只读),当车辆通过收费站时,电子标签发射出信号,收费站接收装置无线读取车载电子标签中的信息并进行记录,然后将每一收费站点的资料回传给收费中心计算机,进行资料更新、登记等统计工作,在一段时期内打印出每辆车使用次数与总费用,寄送驾驶员通知缴费或从预交金中扣除。

作为单向式不停车收费方式的改进,双向式不停车收费方式不但能无线读出车载电子标签(可读写)的信息,而且能无线写入信息到电子标签中,使管理上更可行。当用户在指定地方交纳固定金额使电子标签存储一定金额后,装有车载电子标签的车辆经过收费站时,接收装置读取电子标签信息,检验车载电子标签的有效性和通行费,将车载电子标签存储的金额扣除一定数量并回存在电子标签中,配合监控系统对不拥有有效电子标签的车辆进行处置。

第三节 收 费 车 道

收费车道是收费系统的基础设施单元,它完成征收通行费和采集实时数据两大功能。我国收费公路主要采用半自动收费方式,本节主要介绍半自动封闭式收费系统。

开放式收费按车型一次性收费,不需要通行券,车道设备配置重点放在识别车型和准确收费上。封闭式收费需同时确认车型和行驶里程,因而要增加读、写通行券数据和控制信息的能力,设备配置重点为识别车型、读写信息和准确收费。

一、收费车道组成及功能

1. 收费车道构成(图 6-2)

(1)计算机系统。收费车道计算机系统主要包括:车道控制计算机、收费员终端、车辆检测器、电动栏杆、票据打印机、费额显示器、读卡机、车辆分类设备等,车道控制计算机是收费车道的核心设备,其他均为外设,受控于车道控制计算机。

(2)内部对讲机。

(3)CCTV 收费监视系统。

2. 收费车道设备的功能

(1)准确、快速记录通过车辆的各种信息(包括车型、车情、入口站号、收费员号、通过时刻、数量等)。这些信息中如收费员号等是上班时收费员输入的,入口站号、车道号、通过时刻是计算机自动记录的,只有车型、车情是由收费员通过键盘输入。

(2)将信息及时传送到收费站计算机。

(3)按车道操作流程正确工作,保证收费车道的畅通。

(4)收费站计算机发生故障或通信线路发生故障可降级使用,不应影响车道收费工作的正常进行。

(5)可存储一时间段的收费信息。

(6)能与收费站控制室值班员进行内部通话。

(7)发现违章车辆或危及收费员人身安全时,具有声光报警功能。

(8)当有不交费车辆通过时,发出报警信号,并控制自动录像。

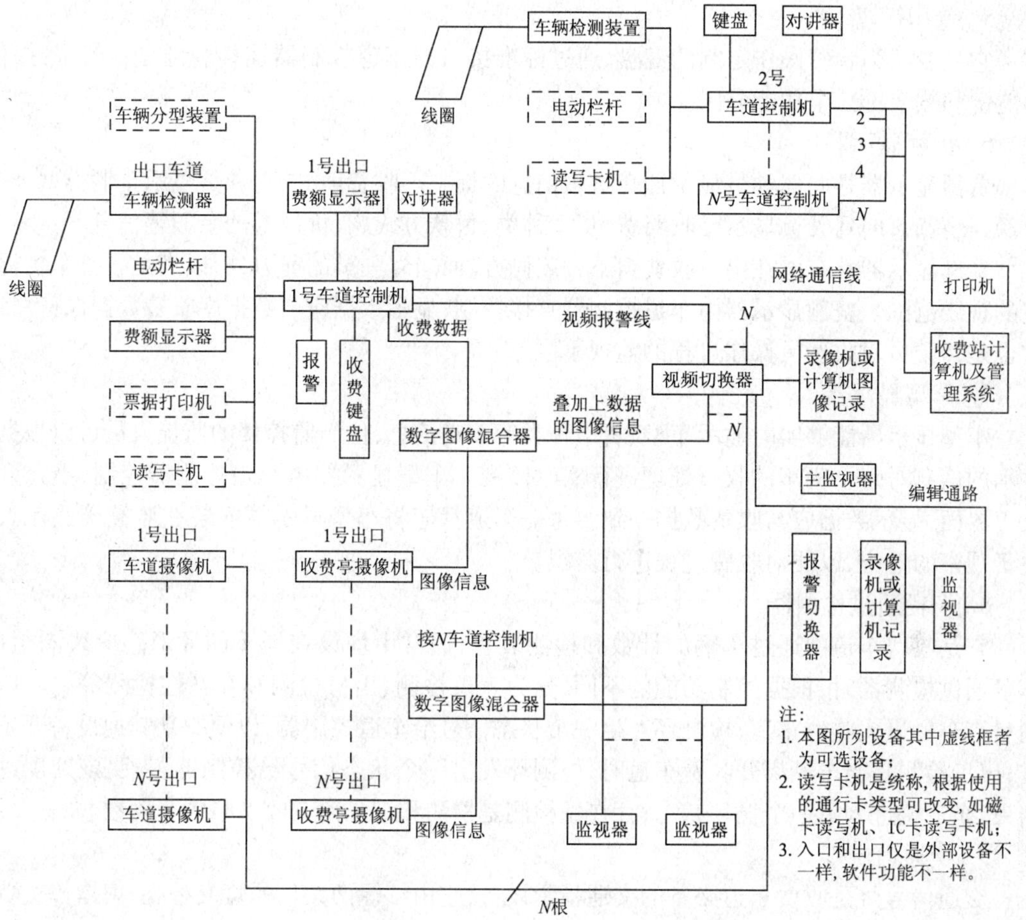

图6-2　收费车道构成图

二、收费车道计算机系统

1. 接触式读卡机

读卡机是磁性介质通行券（磁票、磁卡）读写信息的专用设备，根据通行券信息记录要求和格式，编制可视或不可视性数据和控制信息，记录在通行券磁条区域内，并在需要时将记录的部分信息读出来。

2. 非接触式读写器

非接触式读写器是非接触磁卡的专用读/写设备，它由具有收、发双重功能的微波天线发射和接收微波，对卡读出和写入信息，进行处理、响应、存储、显示和打印。

3. 票据打印机

票据是我国财务制度所要求的现金交易凭证。票据打印机的打印格式需要经过税务部门、物价部门的批准。按规定，票据上事先印好部分信息，由打印机打印的动态信息有：日期、时间、打印机序列号、收费员编号、入口站号、车型、征收费额等。

4. 显示终端

显示终端和专用键盘同放在收费员工作台上，是向收费员显示收费过程信息或提示收费员下一步操作的终端显示设备。

5. 专用键盘

它是专门为收费操作定制的键盘，通过标准接口与车道控制器连接。键盘一般有：操作、功能键和数字键三个功能分区。

6. 费额显示器

费额显示器是向驾驶员显示征费过程信息的标志。收费前，向驾驶员显示车辆类型、应收费额；收费后，向驾驶员显示已收路费、货币种类、付款方式、有价证券的余额等信息。

费额显示器常布设在出口收费窗下方或侧方、面向驾驶员的前方处，以满足各类车辆驾驶室的视线范围。费额显示器由车道控制器直接控制，显示数据应与数据库收费数据保持一致。它也是驾驶员对收费员操作过程的监视手段。

7. 车型显示器

车型显示器能够实时显示车型、货币种类等关键信息，位于监控楼的监控人员可以根据它显示的信息对每一辆车的收费处理进行实时监视。车型显示器由车道控制器控制，不允许有人工界面，显示数据应与收费数据一致。每一车道都应将车型显示器安装在监控楼监控人员便于观察的地方，以便对收费过程进行监视。

8. 车辆通过检测器

它是收费车道中通过车辆的计数和检测装置，通常由埋设在地下的环形感应线圈组成。车辆通过检测器时，根据控制功能的不同，分为入口检测、出口检测和存在性检测等。入口检测是当车辆进入收费车道，检测环产生一个状态信号给车道控制器，以便驱动其他设备开始工作；出口检测是当车辆离开收费车道时，检测环发出一个状态信号给控制器，表明该处理过程结束，车道将进入下一个循环状态；存在性检测是检测和记录离开收费亭的车辆数。

9. 交通信号灯

交通信号灯是收费车道必备的交通指示设备，它由红绿两盏信号灯交替亮、熄指挥交费车辆。红灯亮表示驾驶员必须将车停靠在收费亭附近，接受通行券或付费；绿灯亮表示已完成一个发卡/收费过程，驾驶员可以离开收费亭。红灯为常亮状态，只有当完成交费后绿灯才亮，车辆一旦离开收费亭进入检测区域后绿灯即熄灭，又切换成红灯状态。当车道是关闭状态时，交通信号灯全部熄灭。

10. 声光报警器

声光报警器一般安装在交通信号灯立柱的顶部，这种装置为收费员处理冲卡车辆而设置，车辆一旦没有完成交费过程而驶离检测区域，声光报警器就会接通并发出报警信号。

11. 自动栏杆

自动栏杆安装在与收费亭同一位置的前方，自动栏杆接受车道控制器发出的指令，能够在确认收费完成后栏杆升起，车辆离开车辆检测器后落下，一旦在落下的过程中又接受升起的指令时，自动栏杆应能即刻改变方向，升起栏杆至完全抬起的位置。

自动栏杆通常与交通信号灯组合在一起，和交通信号灯的动作必须协调配合。红灯亮时栏杆落下；绿灯亮时栏杆升起。这两种状态之间必须互锁。

12. 顶棚交通灯

顶棚交通灯安装在收费岛顶棚每个车道的上方，它引导进入广场的车辆驶入开放的收费车道。由红绿两盏信号灯组成。红色“×”表示该车道关闭；绿色“↓”表示该车道开放，两盏信号灯的状态互锁。

顶棚信号灯的状态直接由车道控制器控制，与收费过程相联系，当无人操作收费设备、车道处于维修状态时,信号灯应为红色。

13. 车道控制器

车道控制器是车道设备的核心控制单元,它由一台工业级控制计算机以及若干标准接口组成,通过控制箱与外部收费设备相连,完成收费过程控制;数据实时采集;执行广场监控计算机和收费管理中心的控制指令;定时传送数据文件给监控楼服务器。

车道控制器的核心设备是一个具有多处理器系统结构的标准工业微型计算机;每个单处理器用于控制各自的任务模块,各处理器控制模块与中央处理单元(CPU)相连接,由 CPU 协调和依序执行单个任务模块,记录所有过程数据,处理与广场计算机系统的数据通信。

车道控制器的系统软件应当是多任务操作系统。为了获取最小的系统处理时间,要求在合适的响应时间里,各任务模块尽可能地并行运行。应用软件应采用第四代高级语言,以便将来进一步扩充系统功能。

14. 控制柜

控制柜位于收费亭内收费员操作桌下,以不影响收费员的操作活动空间为宜。控制柜内放置包括车道控制器在内的控制器件、通信接口、串行/并行接口板和保护电路等。

三、内部对讲机

收费站内部对讲机由主机和分机组成,主机安装在收费站监控室,分机安装在收费亭。该设备为控制室值班员与收费员提供直接对话,通常采用有线系统。

1. 组成

内部对讲主机面板上有带指示灯的每个分机的通话按钮、扬声器的音量控制旋钮、“群呼”按钮和状态指示灯。分机由扬声器和呼叫按钮组成。

2. 工作方式

(1)主机向所有分机(或部分分机)群呼(或组呼)。当控制室值班员按下“群呼”按钮,即可向所有分机广播通话。

(2)主机与任一分机单独通话。值班员按下某一分机的通知按钮,即可与其通话。

(3)分机呼叫主机。收费员按下分机的呼叫按钮,主机有声音提示,该车道通话按钮上的指示灯闪动。值班员按下该通话按钮,即可通话。主机可存储通话结束前到来的呼叫。

四、CCTV 收费监视系统

CCTV 收费监视系统对车辆通过收费站的运行状态、各车道的收费过程和收费员的操作实施全面实时图像监视,以便作出有效反应。系统由收费亭内、收费车道和收费广场监视三部分组成,设备布置如图 6-3。

1. 亭内监视

主要是监视收费员操作。固定式摄像头装在收费亭工作台前上方,全天候工作,在监控楼监视屏幕墙上重现收费员的操作画面。对收费员的收费过程进行监视,保证收费工作的正常进行。

2. 车道监视

采用近距离固定式摄像头,拍摄收费窗口收费员与驾驶员的交易过程和车辆的近景镜头。每条车道设置一个摄像头。异常事件发生时,可直接录下现场情景作为证据。

3. 广场监视

选用带云台、可调焦的摄像头,安装在收费广场 8 ~ 12m 的高杆上,可以俯瞰广场全景,也

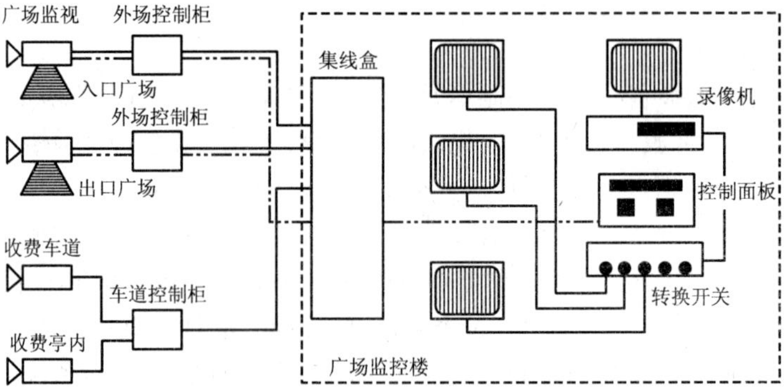

图 6-3　CCTV 收费监视系统

可监视某个收费车遭(通过调焦选择)或部分收费广场,乃至与广场相连的高速公路主线、出入口匝道等大范围区域。在监视范围内若有事件发生,监控员可通过控制台调整摄像头对准事件现场。这种方式操作灵活简单,一次性投资较小。

第四节　收　费　站

收费站由收费广场和监控楼组成。收费站系统实施实时监控、数据采集和财务结算三大功能。收费广场是收费运行管理的最小单位,由若干设备和工作人员组成收费广场系统,广场是整个收费系统的中间环节。

一、收费广场

广场位于主道或匝道,在广场出口匝道一侧修建有监控楼,布设多种监控设备,配合收费车道的设备,对收费过程实时监控,防止违章收费事件发生,及时处理已出现的违章和意外事件,如冲卡、争执等。广场摄像机用于监视出、入口部分区域,拍摄范围的焦距可调(装云台等);车道摄像机镜头对准事件现场,焦距和拍摄范围固定。为保证摄像机全天候工作,广场应布置照明设备。收费广场设备布置见图 6-4。

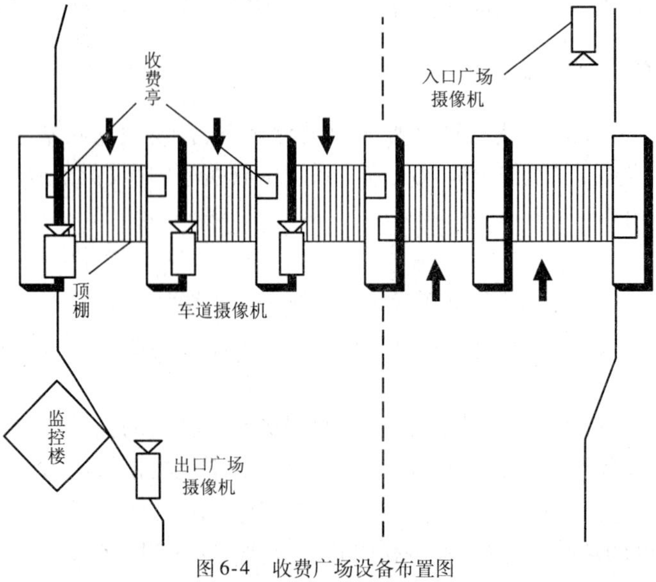

图 6-4　收费广场设备布置图

二、监控楼

监控楼由监控室、结算室和设备室组成，连同配置的各种设备，见图6-5。这些设备由监控员、财务员和维修员分别使用，相互配合以实现其功能。监控员通过对讲机与亭内收费员联系，用无线对讲机与广场巡视的值班管理人员联系，现场调度指挥。

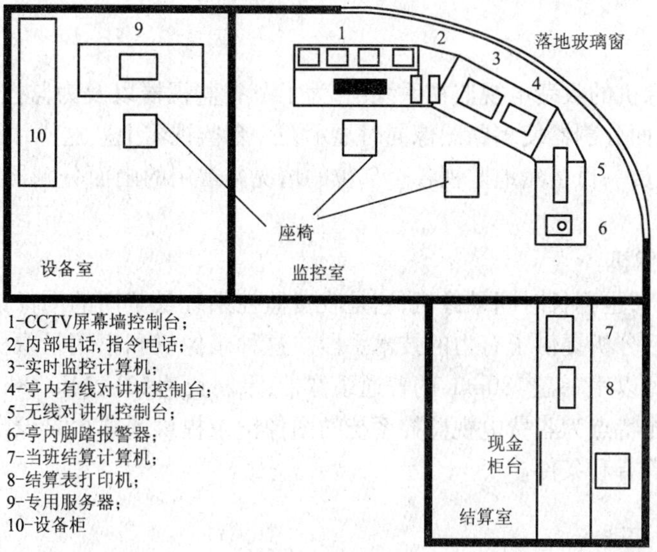

1-CCTV屏幕墙控制台；
2-内部电话，指令电话；
3-实时监控计算机；
4-亭内有线对讲机控制台；
5-无线对讲机控制台；
6-亭内脚踏报警器；
7-当班结算计算机；
8-结算表打印机；
9-专用服务器；
10-设备柜

图6-5　监控楼设备布置图

车道设备实时采集现场数据，由控制器传送给监控楼处理并显示；监控员通过直接观察、视频监控系统和数据掌握各个车道的收费操作状态。

视频监控系统的“大脑”是控制部分，是实现整个系统功能的指挥中心。控制部分主要由视频放大分配器、视频矩阵切换器、数字视频叠加器、画面分割器、录像机和微型计算机等构成的总控制台组成。总控制台的主要功能有：视频信号放大与分配、图像信号的切换、图像信号的记录、摄像机及其辅助部件（如镜头、云台等）的控制和字符（如被监视场所的地址、名称、时间收费数据）叠加在监视图像信号上以便观察记录等。

1．视频放大分配器

在电视监视系统中，一台摄像机的视频信号往往要供给多个视频设备（如监视器、录像机等）使用。在这种情况下，为了使送到各视频设备输入端的视频信号仍满足标准视频信号的要求，就必须使用视频放大分配器（VDA），用它对电缆补偿器（电缆均衡器）或光缆接收端机送来的视频信号进行多路分配，可较好地保证各路信号的均匀性和图像质量。

2．视频矩阵切换器

收费亭、收费车道、收费广场等地的摄像机和收费站监视器一般是一一对应的，但为了能有选择地将一路或几路视频信号送到主监视器上，进行重点车道监视或报警车道监视以及录像，收费分中心、收费中心管理人员需了解某个收费站的收费过程，通过通信网络、中心、分中心可直接将该收费站的全部或部分监视图像送到收费分中心或中心监控室来，这就需要用视频切换矩阵从多路不同的信号中选一路或几路信号到所需要显示的设备或记录的设备上或进行传输，而且它还应具有报警自动切换功能，即哪一路或几路信号报警，就将哪一路或几路信号自动转换到输出端，接入主监视器并进行录像。

3. 数字视频叠加器(VDM)

数字视频叠加器是在视频信号中混入字符或时间信号,在屏幕的特定位置上与图像信号同时显示的设备。它将必要的字符(如车道号、收费金额、车型、入口地址等)与视频信号混合后传送至监视器。在高速公路收费监控系统中,采用这种方式可以对整个收费过程包括收费员操作过程及现场收费结果进行直接观察,以这种方式记录下来的图像图文并茂,便于查找而且更有监督意义。

4. 画面分割器

在有多个摄像机的收费电视监视系统中,为了节省监视器以及为监控人员提供全视野画面,往往采用多画面分割器使多路图像同时显示在一台监视器上。这样,既减少了监视器的数量,又能使监控人员一目了然地监视各个部位的情况。常用的画面分割器有 4 画面、9 画面和 16 画面等。

5. 长延时录像机

长延时录像机,也称长时间录像机,它是收费监控系统最常用的图像记录设备,为收费过程中异常事件事后分析提供了有力的技术手段。这种录像机和家用录像机是不同的,它的主要功能和特点是可以用一盘 180min 的普通录像带,录制长达 12h、24h、48h 甚至更长时间的图像内容。这种功能特点为收费电视监控系统的图像记录提供了减少录像带的保存数量、重放时节省观看时间等有利条件。

三、收费站的功能

1. 收费实时监视与控制

实时监视与控制是规范收费操作、预防和处理异常事件、防止收费员作弊的有效运行管理措施。监控员在监控室内通过直接观察、CCTV 监视、对讲器监视,控制所有收费车道的实际操作过程。

2. 数据采集与处理

它循环地查询所有车道控制器,将收费数据实时地采集到收费站数据库系统,经过分类整理,定期传送至收费中心的中央数据库。同时接受中心的控制命令,执行并下发传至收费车道。

3. 财务结算

财务结算是收费站财务管理的重要内容。每个收费员下班后必须与收费站财务人员将现金、票据、通行券与计算机收费数据和交通流统计报表核对;出现差额应记录在案,以便事后审核;检验当班期间的异常情况,防止长短款和人为作弊产生。

四、收费站计算机系统

收费站计算机系统由计算机(为保证系统可靠运行,采用工业级计算机)、打印机、通信设备、UPS、电源保护等装置组成。它与收费车道控制计算机通信完成信息采集;与分中心计算机通信、上报各种信息,接收下发的时钟和费率信息,并下发到收费车道控制计算机;对各种数据进行查询、检索;打印出各种报表;通过广场闭路电视系统,对广场交通状况进行监视。断电后可由 UPS 供电。

收费站计算机系统是基于计算机网络的信息管理系统,其结构如图 6-6 所示。收费车道控制器与收费站计算机网络系统构成收费车道数据库和收费站数据库并存的分布式数据库管理系统,它们相互备份,相互补充。当收费数据链出现断裂时,可以有较大的纠错功能。

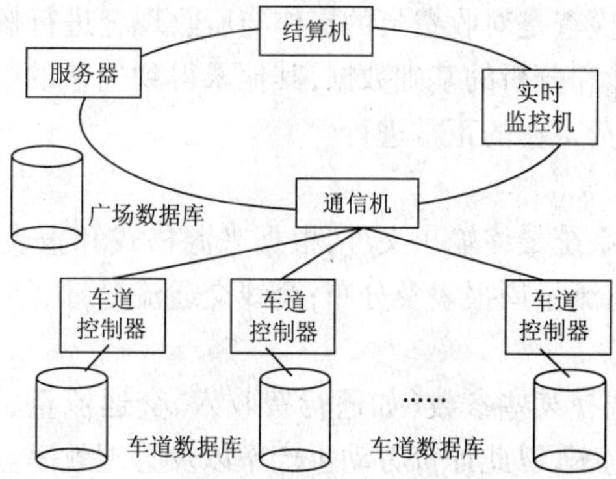

图6-6　收费站计算机系统

第五节　收费管理中心

收费管理中心,简称为收费中心,收费中心计算机系统与收费站计算机系统组成一个广域网,与收费站计算机相互通信,是对道路收费管理提供数据处理和决策支持的中央级信息管理系统。随着收费系统自动化水平的不断提高,促进了道路管理水平的现代化。

收费中心的基本功能模块如图 6-7 所示。它由数据采集、收费管理、交通监控、设备运行监控、通行券管理、系统管理等功能模块所组成。

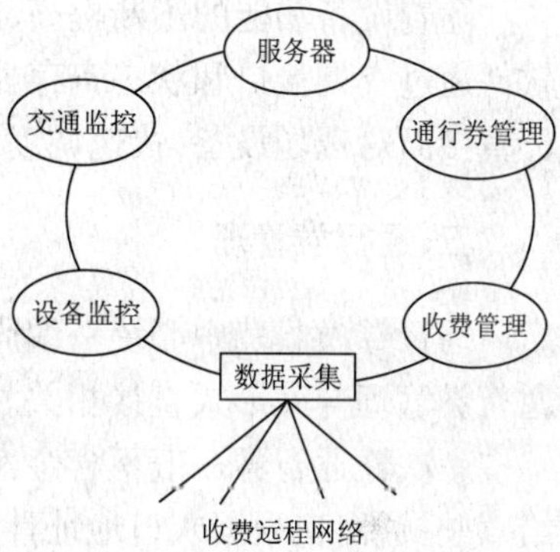

图6-7　收费中心功能结构图

一、数据采集

数据采集模块是收费中心定期或实时通过收费站系统对收费终端的数据和状态信息进行传输、处理、存储以及数据维护的处理模块。

收费中心定期采集各收费站的数据如下。

1. 每小时采集的数据

(1)收费站出、入口交通流数据。

(2)收费员当班信息。

(3)车道设备运行状态信息。

2. 每日采集的数据

(1)收费站出、入口交通流数据。

(2)收费员当班结算及差额数据。

(3)通行券使用、调拨情况。

(4)车道设备故障信息。

二、收费管理

收费管理模块是收费中心的主要功能模块。它基于收费车道的原始数据,对全线道路管理状况进行数据处理和给出评价。

1. 数据检查

收费管理模块的数据检查是对收费员的操作与所收现金进行核查。经过确认的数据进入收费中心数据库，作为统计和分析的基础数据，其他未得到确认的数据（如长短款），必须寻找原因，分类处理，以保证收费工作的正常进行。

2. 统计报表

收费系统统计报表是系统最终输出文件，根据来源格式和报表内容而异，主要有：全线交通流量小时分布；全线交通流量周报表及分布；全线交通流量日、月、年报表及分布。

3. 分析与评价

根据基础数据，可以选择某些参数（如通行费收入、交通流量、设备故障等），用于分析其运行规律，确定特征或变化率，以此评价劳动生产率以及管理效率。

三、交通监控

收费系统的交通监控模块，是监控系统不可缺少的一部分，收费匝道交通量与主线交通量，构成了高速公路交通量的整体分布，监控中心对此进行监控和分析。

四、设备监控

随着设备功能的不断提高，收费系统外围设备的自检测、自诊断功能大大提高。设备控制软件通过查询接口和状态寄存器判断设备的运行状态，设备信息直接传送到收费中心，管理人员直接面对现场设备，快速调度维修人员，提高了系统监测能力，缩短了故障维修周期。

五、通行券管理

通行券由收费中心统一编码、统一发放、统一管理，通行券的管理包括销售、回收、监督等，通行券管理与其形式直接相关。

一次性通行券一般不含金额，管理模块主要是通行券的发放调度功能，收费员在入口处发给驾驶员，出口根据入口地址计算路费。

重复使用的通行券（如磁卡、非接触式 IC 卡等）需要经过发放、回收、再发放的多次重复使用过程，需要对通行券进行调度，应将出口收回的通行券，按券面标注的入口站号分别送回原发出站。对于没标注入口站号的可直接将回收的通行券于入口再次发出。

六、系统管理

1. 系统容量

系统容量是收费中心设计参数之一，是指单位时间内所有进入高速公路的车辆总和，可用全部入口或出口的车辆数之和表示，单位为辆/日。通常按规划年预测交通流量的 3 倍来设计系统容量。

2. 系统时间

在网络收费系统和各类设备中，必须保证整个系统只有一个基准时间，即以收费中心服务器时间为统一时间。它定期下传，以协调和同步各级设备运行。

3. 人员级别

收费系统必须实行按级别操作，通过系统卡的类型和序列号，允许操作人员只能进入相应的设备，并留下操作记录。各层次工作人员见表 6-1。

各层次工作人员　　表6-1

层　次	操 作 人 员
收费车道	收费员、一级维修员
收费站系统	监控员、财务员
收费管理中心	监督员、二级维修员、系统工程师

4. 系统维护

要求系统工程师定期进行数据日备份、周备份,数据库维护等工作。

第六节　计重收费系统

当前,公路收费的标准主要是根据车辆的核载吨位及座位进行收费,这种收费方式有其不合理的地方。我国从事公路营运的车型复杂,各类国产车、进口车、改装车五花八门,没有统一标准,收费人员很难从外形上判断车辆标准,容易与驾驶员发生争议。许多货运汽车,核载质量与实载能力之间,保留了很大的超载空间,许多公路和桥梁因大型超载车辆过多,已对路面和桥梁结构造成严重损坏。传统的收费方式对于车辆核载质量比实际载重小的情况无法正确处理;其次,对于空车和载货车收取一样的费用,这样在各种车辆之间发生了不公平的转移支付。在这种条件下,根据车辆实际质量收取通行费是一种比较合理而又科学的收费方式,能切实保护守法承运人的合法权益,有效地规范超限运输行为。在青海省的马平、平西、西塔高速公路上采用动态称重系统。

一、系统功能

收费车道动态称重车辆检测器,主要用以检测通过收费车道的车辆的车轴载荷、轴组载荷和整车载荷等数据,经通信线路上传给收费计算机,由收费计算机通过轴重计算出相应的费率,收取通行费。轻车少收,重车多收,按车辆总轴重合理收费。它安装在收费车道出/入口,并结合辅助设备,可以完成以下功能:

(1)在车辆静态或者低速时称量车辆。

(2)自动车辆分离。

(3)检查车辆、车轴组和车辆总重。

(4)按照超重车辆识别要求,设置超重限制值,同时可以方便地调节。

(5)自动测量超重车辆的质量。

(6)形成整车称量信息,包括车轴质量、车轴组质量、总质量、超重信号和时间等。

二、系统组成及布置

(一)组成

计重收费系统主要包括中心控制器(RSP)、弯板式传感器、线圈、红外线分离器、单双轮监测器等几部分,完成对通过收费车道的车辆的检测和数据计算,可获得包括轴重、总重、速度、车型、轴型等数据,通过和预值的轴重、轴组重、总重等阈值进行比较,判断出该车是否超重超限,同时将这些数据传到收费计算机,由收费计算机完成显示和上传等功能。

1. 中心控制器

中心控制器(RSP)是整个系统的控制装置,负责处理称重传感器和线圈送来的信息,经过分析和处理得出车辆的载荷信息。根据上级计算机的要求传送车辆载荷信息,并控制相应的报警装置报警。

中心控制器含有 AC/DC 电源转换板、CPU 处理板、DIP 线圈处理板、称重板处理板,以及防电涌和防电磁辐射的装置。采用多层防雷保护,整个 RSP 安装于一个双层钢制机箱内,能有效避免空气潮湿及温度变化的影响。所有的电缆接入处都采用了 PG 模式,进行防水、防尘措施。RSP 有一个用于系统参数设定的串行接口,可以用便携式计算机或手持终端进行参数设定、数据下载和即时数据显示。稳重系统的软件还自带"Watchdog"功能,在系统死机时 20s 内能自动重新启动。

2. 弯板式传感器

每个车道安装两块弯板式传感器,可实现对全断面的检测。弯板式传感器在内部集成了应变片网的特种合金构成,为防止长期潮湿和腐蚀,传感器表面覆盖一层高温硫化橡胶。当车辆通过弯板时,特种合金承载重力并有一与重力成正比的形变,电阻应变片与特种合金有相同的形变,由此产生电阻变量,在内部电路作用下,输出端产生与重力成正比的电压,根据电压的变化和换算关系,计算出承载重力的大小。传感器安装在钢制支架中,支架直接浇入路面中。

3. 红外线车辆分离器

红外线车辆分离器能消除跟车现象,将半挂车、全挂车、单车可靠分离,保证称重检测数据与车辆的一一对应关系。红外线车辆分离器使用高能量、高穿透率光电管,易于对准,用于正常 4.5m 以内车道时,能在诸如强光干扰、下雨、下雪、浓雾、温度异常等特殊情况下正常工作。一条车道配置一对红外线车辆分离器,分别安装在车道的两侧。

4. 线圈

线圈在计重收费系统中主要应用于配合红外线分离器检测车辆的出现、控制称重过程的开始和结束、检测是否有车辆倒出收费车道、统计、车辆分类等,可以检测车辆的速度、车型、车长、轴距等数据。安装于传感器的前方,每车道安装一个,为称重系统提供车辆的信息。

5. 单双轮监测器

单双轮监测器采用多个传感器并排布置组成,传感器上表面略高于地面,轮胎经过时,传感器产生压力信号,经过对信号的放大、数模转换后,经软件判断,来确定是单轮还是双轮。

(二)布置

计重收费系统采用前置式检测方式,即在收费前进行检测,根据我国汽车技术规范,普通货车的长度不大于 18m,为保证在车辆到达收费亭前完成检测,应保证称重系统弯板传感器安装位置距离收费窗口大于 18m,同时考虑便于规范驾驶人员通过轴重仪时的车辆控制,弯板传感器中心到收费亭中心线的距离为 21m,每个车道使用两块弯板,采取并排放置的方式,其前后装有线圈,弯板两侧的路面上装有红外线车辆分离器。

第七节　联网收费系统

随着国内高速公路建设的进行,高速公路网络即将形成。但是高速公路网形成后,传统的由各公司独立收费的管理方式,势必造成高速公路主线收费站较多、使在高速公路上行驶的车辆多次停车交费,给道路使用者带来极大的不便,而且降低了高速公路运营效率,给社会造成一种到处设卡收费的恶劣印象。为保证高速公路畅通,提高服务质量,利用日益成熟的计算机网络和通信技术，建设现代化的通信、收费、监控系统，实现高速公路联网收费，增强高等级公路交通保障服务能力，提高收费、养护、路政和交通科学管理水平，促进文明行业建设，更好地发挥高等级公路的社会经济效益，成为高速公路路网发展的必然结果。

一、联网收费的前提和范围

（一）联网收费的前提条件

由于各高速公路的建设时期、设备、投资者等不同，导致路段收费系统的技术标准不统一。如果要实现联网收费，必须满足以下要求。

1. 统一的车型、车种分类标准

由于各路段公司都是根据自己的利益制定车型、车种分类标准，要实现联网收费，各路段的车型、车种分类标准要统一。

2. 统一的付款方式

联网收费需要做到付款方式统一，通行券统一；如果使用预付方式，需要统一发售和管理预付卡的机构。

3. 统一的信息格式

收费信息格式统一是联网收费能否实现的基本前提，非接触IC卡的编号，收费中心、收费站、收费车道编号，非接触式IC卡数据记录格式和通信系统传输格式必须统一。

4. 完善的硬件设备/软件

由于各高速公路的建设者、管理者不同，要实现联网收费必须统一非接触式IC卡的读写设备，硬件的指标必须统一，收费软件中必须加入IC卡管理模块等。

5. 统一的规章制度

对于车型不符、无现金、回头车、无卡车、军车、紧急车、公务车、车队、违章车等异常车的处理执行统一的规章制度，以方便联网管理。

（二）联网收费的范围

1. 省内区域联网收费

省内区域联网收费是将省（自治区、直辖市）内收费高速公路网分解成若干个区域，区域内实行联网收费。它由省（自治区、直辖市）收费中心、路段收费中心、收费站三级组成。

2. 省域联网收费

省域联网收费是将省（自治区、直辖市）内全部（或大部分）收费高速公路联网收费，仅在省界处建主线收费站。它由省（自治区、直辖市）收费结算中心、路段收费中心、收费站三级组成。

3. 省际联网收费

省际联网收费是指各省（自治区、直辖市）的收费高速公路统一联网收费。它由省际联网收费结算中心、省（自治区、直辖市）收费总中心、路网收费中心和收费站四级组成。

（三）联网收费制式和收费方式

收费制式对于收费高速公路的建设标准、规模、投资水平以及运营管理都有较大影响，因此在联网收费规划、设计阶段就应根据路网和地区特点对收费制式进行合理选择与确定。目前，高速公路联网收费制式一般采用封闭式。收费方式还是以半自动收费方式为主。

二、联网收费系统构成与功能

联网收费系统一般由收费结算中心、收费中心、收费站和收费车道系统构成。

1. 收费结算中心系统构成

收费结算中心系统宜采用千兆以太网(或快速以太网)技术作为网络的主干网,并采用开放式网络构架,可根据功能需求和收费处理业务量的增加,方便地升级与扩展。该系统由小型机主服务器、通信服务部、访问服务器、主交换机、工作站(通行券管理、票据管理、财务管理、拆分与结算业务、网管、运行监控、开发、数据备份)、路由器、磁带库和UPS电源等组成。

根据收费高速公路联网规模的大小、所在地区交通量大小和所采用的收费技术可因地制宜地选择系统构成模式。

2. 收费结算中心的功能

(1)制订和下发联网收费系统运行参数(费率表、时间同步、系统设置参数等)。

(2)接收收费站上传的收费交易原始数据和通行费拆分数据。

(3)接收收费中心上传的收费交易统计数据。

(4)通行费的拆分与结算或校核。

(5)对每一笔通行费进行拆分和结算,与指定银行进行账目信息交换。

(6)结算与账务分割。

(7)通行费拆分与结算结果数据下发给各收费中心。

(8)联网收费系统操作、维修人员权限的管理。

(9)票证(收费、定额票)的管理。

(10)数据库、系统维护、网络管理。

(11)汇总、统计和生成收费、管理和交通等报表(时间段、班次、日、月、年)。

(12)数据存储、备份和安全保护。

(13)通信网络的统一网管。

收费中心、收费站和收费车道前面已叙述。

复习思考题

1. 收费系统有哪些功能?可以分成几类?
2. 收费制式和收费方式有哪些?
3. 简述全自动收费方式的收费过程。
4. 收费车道由哪几部分组成?各组成部分的设备有哪些基本功能?
5. 收费站的功能有哪些?
6. 简述收费中心的功能。
7. 简述计重收费的系统组成。
8. 简单了解联网收费系统。

第七章 照明系统

学习要点：

本章讲述照明设备及布设方式，在学习中应重点掌握主车道照明器的选择及布设方式，了解立交和广场、隧道照明中照明器的选择及布设方式。

第一节 概 述

高速公路以其良好的行车环境，吸引着越来越多的用户。但是，由于高速公路上车速高、车流密度大，对夜间行车或恶劣条件下的行车安全波动性大。所以，高速公路照明条件的好坏直接影响到行车安全。良好的道路照明是实现高速公路高速、安全、舒适的必要条件。

照明系统的功能就是把路面照亮到能看清障碍物的轮廓，从而将良好的视觉信息传递给道路使用者，改善夜间行车条件，提高通行能力，减少夜间交通事故；还可使车速提高，减少运行时间，并使昼夜交通流分布发生变化，吸引车辆在夜间行驶，有效地减轻白天高峰期的拥挤程度，提高道路的使用效率；也可以给驾驶员提供前方道路方向、线形等视觉信息，使照明设施具有良好的诱导性；合理的道路照明布局，还具有美化环境、改善景观的作用。

为高速公路管理业务而进行照明，既保证了高速公路管理工作人员的正常业务，又能满足车辆行驶的视觉需求，如收费站的大棚照明。

道路照明虽有以上这些益处，但如设置不当，反而会成为交通事故新的诱发因素。因此，在照明设计中，要充分发挥照明系统的效率，创造出最佳的视觉效果。为此，除应达到要求的照度外，还应合理布局，提高照明的质量，其具体要求为：

(1)车行道的亮度水平(照度标准)适宜。

(2)亮度均匀，路面不出现光斑。

(3)控制眩光，主要避免光源的直接眩光、反射眩光及光幕反射。

(4)良好的视觉诱导性(即驾驶员通过灯具的布置能看清道路的变化)。

(5)良好的光源光色及显色性。

(6)节约电能。

(7)便于维护管理。

(8)与道路景观协调。

高速公路照明系统可分为：主车道照明、立交和广场照明、隧道照明。

第二节 照明设备

照明设备也称照明器，由电光源和灯具组成。道路表面材料和结构对照明效果影响很大，根据不同的道路选择不同的照明设备，可以控制成本和提高照明质量。

一、电光源

（一）电光源类型

电光源俗称灯泡，按其发光原理可分为热辐射和气体放电两大类。

1. 热辐射型光源

热辐射光源是利用物体加热时辐射发光的原理制成的光源，常用的有以下两种。

（1）白炽灯。它是靠灯丝加热到白炽状态从而引起热辐射发光，因此其发光效率较低，部分电功率变成热能，造成浪费，使用寿命也比较短。但它结构简单、价格低廉、使用方便且显色性好，应用极其广泛。

（2）碘钨灯。在白炽灯内加入含有少量卤族元素的气体，用以提高白炽灯的发光效率和使用寿命。

2. 气体放电光源

这种电光源是利用气体放电时发光的原理所制成的光源，常用的有荧光灯（俗称日光灯）、高压汞灯、高压钠灯及金属卤化物灯等。其共同特点是利用高压气体在外加电压作用下产生弧光放电而发光，此类电光源发光效率较高，寿命也较长，但其显色性较白炽灯差。

（二）电光源特性

电光源特性除了用常用的额定功率、亮度、平均寿命表示外，还有如下指标。

1. 光通量

光通量也称发光量，表示单位时间内光源向四周空间辐射使人眼产生光感觉能量的大小，它的单位是流明（lm）。

2. 照度

光通量投射在不同位置的被照面上，就不同程度地照亮了各被照面。被照面上光通量与被照面表面积之比，即单位被照面的光通量称为该表面的照度，单位为勒克司（lx）。在照明系统中，照度是最重要的度量单位，其大小表明了被照明的亮度水平。

3. 眩光

眩光就是由于光源的照射而使人的视觉减弱或使人眼产生不舒适感。

4. 显色性

光源的显色性是指光源照射到物体上的客观效果与标准光源（如太阳光）照射效果的相似程度。同一颜色的物体在不同光源照射下，能显示不同的颜色。光源的照射效果与标准光源照射效果相似，即物体颜色失真性小，称这种光源的显色性好；否则，称光源的显色性差。如白炽灯发出的是橘红色的光，但物体颜色失真很小，显色性很好。

二、灯具

灯具是由光源器件、能使光线散布的反射装置及折射装置、用以支撑和固定光源的灯座、接线柱以及外罩组成的照明体。

灯具的作用主要是把光源的光通量通过反射、折射和漫射重新分布，使之更多地照射到路面上，以充分利用光能，并防止灯光对人眼的眩目，使之不受直射光线的刺激。灯具的形式直接关系着照明的质量。灯具按特性可分为三类。

1. 截光型

其光通量主要分布在0°~60°范围内，照明灯具把水平方向的光作了严格限制，不太感到眩光，一般用于高等级公路。因其配光较窄，为确保照明的均匀度，灯具的纵向间距就应比较小，投资就较高。

2. 半截光型

其光通量主要分布在0°~70°范围内，一方面把水平方向的光作适当限制，另一方面把光横向延伸，增大了灯具间的纵向间距，适用于普通公路。

3. 非截光型

其光通量主要分布在0°~80°以上的范围，特点是光线照射面大，减小了单位纵向距离的灯具数量，但光线直射易使驾驶员产生眩光，仅用于低等级公路。

三、照明设备的布置方式

1. 杆柱照明方式

杆柱照明方式是把照明器安装在杆柱顶端，杆柱沿道路布设，这种方式应用最为广泛。杆柱照明方式的特点是灯杆可沿线任意布置，并且可依线形变化配置照明器，在弯道上能够得到良好的视觉诱导。每个照明器都能有效地照亮路面，可以选用小光通量光源，比较经济。在杆柱式照明中，照明器安装的高度、悬臂长度和安装角度都要合理布设，以做到减少投资和提高照明质量。

这种照明方式适用于高速公路立交、大桥、收费站及服务区等处的照明。

杆柱式照明灯具排列方式一般有四种（图7-1）。

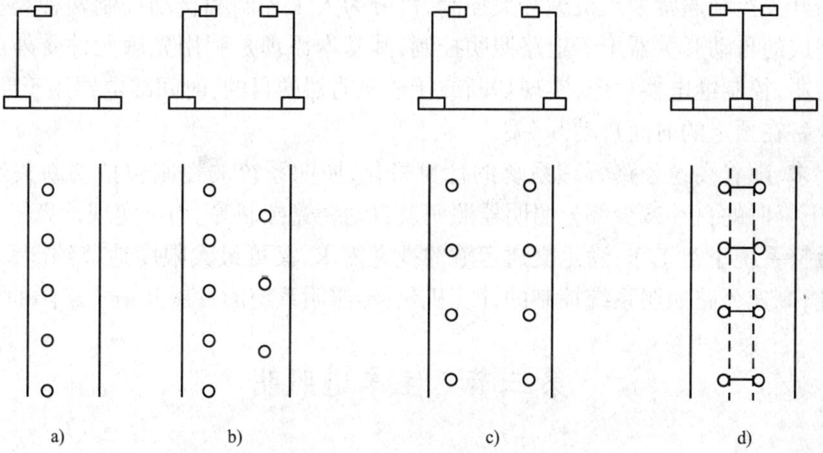

图7-1 杆柱式照明的排列形式

a）单侧排列；b）两侧交错排列；c）两侧对称排列；d）中心排列

（1）单侧排列。常用于宽度不足15m的一般道路。

（2）两侧交错排列。主要用于宽度大于15m的道路上，且路宽不超过30~40m时，容易获得比较均匀的路面亮度。交错排列的视觉诱导性较差，在高速公路上不宜采用。

（3）两侧对称排列。主要用于重要干道照明（如迎宾路）。

（4）中心排列。适用于宽度为12~25m的道路照明。

2. 高杆照明方式

在互通式立体交叉区域，按一般的照明柱排列布置灯具，给驾驶员灯杆林立、一片“光海”的感觉，不能给予驾驶员充分诱导，眩目问题也难解决。因此，在这种场合，通常是用高25~35m的高杆代替一般的杆柱式照明，这不仅照亮了道路，而且可将四周环境照亮，使驾驶员从较远处就能看到道路交汇点或互通式立体交叉，对美化环境，增强互通立交的美感也有积极的效果。此外,由于灯杆位于车道之外,维修养护也比较方便,不影响正常交通。

高杆照明主要适用于高速公路的立体交叉、收费广场、服务区广场和线形复杂、视野广阔场所的照明。

3. 悬索照明方式

在道路的中央分隔带上纵向设置一系列高度为 15 ~ 20m 的灯杆,在灯杆之间拉上钢丝索,将灯具悬挂于钢索上,这就是在欧洲和日本的高速公路上获得成功应用的悬索照明方式。

悬索照明的优点是:灯具在道路的横断方向上配光容易控制,可以得到极好的路面亮度均匀度,在安装完工后,如需调整路面的亮度或均匀度,也不需花费较多的资金就能办到,且照明排列整齐,有很好的诱导性。

四、照明设备的供电与控制

1. 供配电系统

为保证高速公路照明质量,通常照明设备的供电采用单独供电系统,特别要与其他系统的动力供电相分离,避免动力设备的频频启动而引起供电电压的波动,从而影响道路照明的质量。必要时,对重要地区如隧道照明、收费广场、立交照明应采用应急照明供电系统,如采用自发电或其他直流电供电系统,以维持照明系统在停电和检修情况下的正常工作。

2. 照明设备的控制

照明的开关控制通常采用机械开关控制,可分为人工控制和自动控制两种类型。如使用光敏元件制成的自动开关器用于道路照明控制,其基本原理是利用光敏元件受外界自然光线照射的强与弱,控制继电器动作,实现切断或接通照明器的目的;时间继电器用于照明控制,可控制照明设备在预定的时间自动开/关。

近几年来,随着高速公路管理系统的计算机化,照明系统的控制包括切断关闭与打开控制、交通量下降时的自动减少部分照明器照明及自动调光控制等,均可实现计算机管理。这种做法既可维持系统正常工作,满足交通运输的视觉需求,又可最大限度地节约能源,减少照明成本。因此,高速公路照明系统控制的计算机化,给照明系统的发展开拓了广阔的前景。

第三节　主车道照明

主车道照明包括一般主车道和大桥照明。由于主车道照明需要一笔巨额的投资和维护费用,使很多管理者在主车道全程照明问题上持慎重态度,但据研究表明:如果照明方案能将夜间交通事故降低 15% ,则主线全程照明方案在经济上可行。在我国,由于经济条件的制约,在绝大部分高速公路主车道上很少全程设置照明设备,驾驶员主要通过车灯和各种反光膜反射,分辨道路走向和环境变化。在高速公路上,主要在互通立交、大桥、收费站和一些特殊路段,采用局部照明。

一、主车道照明

主车道广泛采用杆柱式常规照明。照明器通过杆柱安装在车道上空,杆柱按一定间隔沿车道线形布设。合理选择杆柱结构、照明器型号和布设排列方式,路面将获得良好的照明效果。

(一)杆柱式照明器的结构形式

杆柱式照明器有单边和双边两种,见图 7-2,单边型安装在路肩外,双边型安装在中央分隔带凸台上。结构的特征尺寸有杆柱高 h、悬臂长度 l 和悬臂仰角 α。

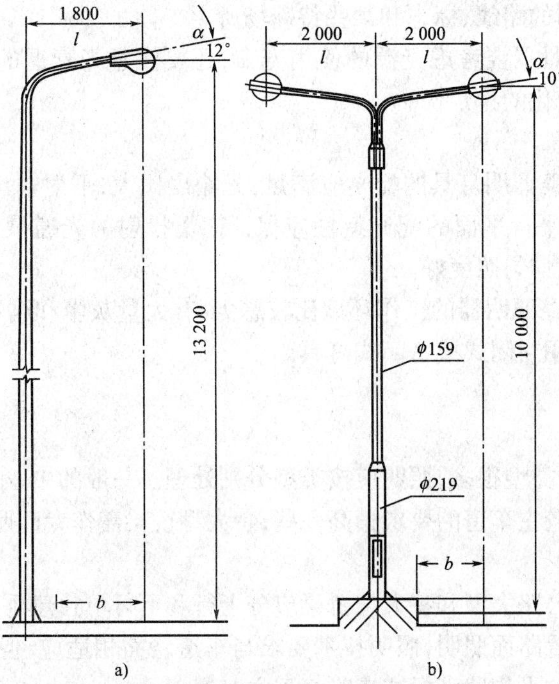

图 7-2 杆柱式照明器结构示意图(尺寸单位:mm)

增加杆高可以加大照明区域,相对减少照明器数量,均匀度可适当改善,眩光也可得到一定抑制,提高了照明舒适感。但杆柱过高,会使平均照度减少,逸散路肩外的光通量增多。目前,常用的杆柱高约 10～15m。

加大悬臂长度可使照明器伸入车道的长度增加,车道接受的光通量加大,提高路面平均亮度,而路肩或紧急停车道的光通量下降。但过长的悬臂需加大结构强度,因此,悬臂长度需要优化。建议悬臂长度不超过杆高的 1/4,目前,常在 1.5～3.0m 范围内。

悬臂仰角增加照明器在某一安装高度对路面横向照射范围,过多地加大仰角并不能使路面亮度相应地升高,在弯道还易产生眩光。建议仰角控制在 5°以内。

(二)照明器布置形式

以照明器的正确选择为前提,照明器沿车道布置形式依据为:路面平均照度、均匀度、眩光抑制达到技术指标,诱导性良好,利用系数高和节能。照明器有多种布置形式,其中单侧布置形式,适宜于路宽较小的道路;两侧对称布置形式,适用于双向双车道以上的道路,路面平均亮度增加,诱导性良好;两侧交错布置形式,均匀度有所改善,但它和双侧对称式均使用灯杆较多,中央分隔带附近亮度不太好,而且逸散到路肩外的光通量会很大;中心排列方式,灯杆数量减少,照明器的利用率较高,电源线的铺设也较经济。

(三)照明器选择

照明器在很大程度上决定道路照明质量、投资数量、维护简便性和运营成本。在选择时要制订合理的方案,确保照明的质量和费用经济。

1. 电光源

(1)光效和功率。电功率大小与道路照明维持费用相关,每个电光源的功率越高,所支出的电费也就越高。采用高光效光源,在获得相同路面照度的情况下,可降低功率消耗,节省开支。目前,常采用 400W 高光效钠灯和金属卤化物灯作路灯。

(2)光色和显色性。显色性好的光源能帮助视觉更清晰地识别路面上的障碍物，同时，光色的差异还可区别不同的路线、标志和某些特殊场所。

(3)可靠性。可靠性既要考虑光源的使用寿命，还要注意光衰退的大小和快慢。考虑光源对电压波动和温度变化的稳定性。

2. 灯具

(1)配光特性。道路照明灯具的配光应满足：光输出比大，下射输出比大于90%，光束扩散角小于75%，垂直和平行平面的配光特性应保证向下投射的光通量60%以上照射在路面上，而且要使路面照度、均匀照度好。

(2)安全可靠。道路照明器的工作环境比较恶劣，有大量灰尘和腐蚀性气体侵袭，还有遭受撞击的可能，应该采用封闭式或密闭式灯具。

二、大桥照明

主车道沿线桥梁的类型很多，照明应按类型分别处理。一般的中、小型桥梁与主车道照明相同；大型桥梁的照明较主车道的要求稍高一些；特大型桥梁需作专门照明处理。

1. 大型桥梁照明

按技术标准，高速公路大型和特大型桥梁应分上行和下行单独建桥，在上车道不设专用照明的情况时，桥面宜设置路面照明，照明技术要求与车道路面相适应，但在进出桥梁前都应有一个亮度过渡段，桥面的平均照度标准应略高于主车道。

如桥下水道通航，应注意：在桥墩位置设置专用指示照明，将桥墩形状显示出来，以便船舶清晰识别，保证航行安全；桥梁上下照明器的选形、配光及安装应周密布置，避免产生强烈眩光，影响正常航行。

2. 特大型桥梁照明

特大型桥梁在照明上有它的特色：照明应包括引桥区。引桥部分应有亮度过渡段，桥面照度应高于车道路面；特大桥常作为道路景观，具有观赏价值，需设置供夜间观赏的立面照明，立面照明常沿桥梁轮廓布设照明器，用光点描绘桥梁结构线条，体现宏伟风姿。但这种方式耗电量颇大。近年来常采用投光照明，特别是对主要结构，用自下往上的彩色投光，显得特别壮观，给人以美的享受；特大桥下面通常具有通航功能，照明要作相应处理。

第四节　立交和广场照明

一、立交照明

互通立交是将两条道路在不同平面上交叉的一种连接方式。随着交通的发展和高速公路交通量的增加，使立体交叉从一个或两个平面相连接的简单形式向彼此交叉重叠的复杂形式发展。对于比较复杂的立体交叉情况，由于道路和道路的走向很不容易辨认，在车辆行驶过程中，要求驾驶员必须注意力集中，识别大量的交通指示标志和交通信号。特别是在夜间，通过照明设施将复杂立体交叉尽可能多的视觉信息提供给驾驶员，减少交通事故的发生，是至关重要的。

(一)对立交照明的具体要求

1. 照明范围大

不能将灯具的光通量局限于照射车道路面，要在立交所在的范围内保持平均照度不低于

20 lx，均匀度高的大面积照明，给驾驶员的视野提供充分的环境亮度。

2. 光学诱导性强

立交的弯道、岔道和坡道都较多，利用照明器布置的光点可以形象地显示立交造型、弯道半径、道路前进方向和坡度等视觉信息。取得良好诱导性是立交照明器布置的重要内容。

3. 眩光控制好

立交层次多，转弯半径小，道路起伏变化大，不同位置灯具的投光角度颇难控制，容易产生刺眼的眩光，给在立交中转来转去的驾驶员造成视觉不舒适。

针对立交特殊交通环境和光照要求，照明对策选择高杆照明和常规道路照明相结合的方式，对于小型立交一般采用常规的杆柱式照明，大型立交宜采用高杆照明。

（二）高杆照明

1. 高杆灯具

一组灯具装在高度超过25m的灯杆顶端、灯光投向预定区域的大面积照明器称为高杆灯具。按灯杆类别将高杆灯分为：固定式、灯盘升降式和吊篮升降式三种。固定式的灯具不能从杆顶下移，维护时需要专门的升降装置；而升降式可操纵灯具从杆顶下移，从而可节省大量维护费用，在目前使用较广。图7-3是灯盘升降式高杆灯。升降式高杆灯由灯盘、灯杆、升降机构和电气装置四部分组成。

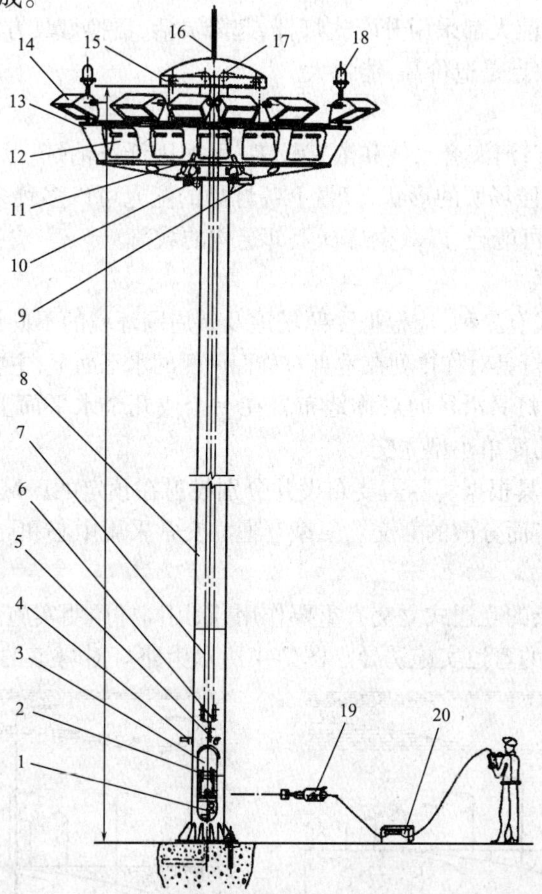

图7-3 升降式高杆灯具结构图

1-电源箱；2-升降装置；3-门部分；4-下托架；5-钢丝绳；6-分绳器；7-钢丝绳；8-灯杆部分；9-自动托轴部分；10-滚轮部分；11-防坠抱闸；12-双光源对称性泛光灯；13-灯盆部分；14-双光源非对称性泛光灯；15-防雨装置；16-避雷针；17-滑轮架；18-标志红灯；19-电动机；20-操作箱

灯盘为钢或铝合金构件，上面装有12～24只400～1 000W泛光灯具、镇流器和接线盒等。在保证照明效果的前提下，兼顾灯盘造型美化；灯杆大都由钢板卷曲和无缝钢管焊接而成。灯顶部装有滑轮、托架、防雨帽和避雷针等，下部装有升降机构和电源箱等。杆高通常为25～35m，特殊的可达40～70m。升降机构由电动机、联轴器等组成；电气装置包含电源箱、控制开关和操作箱，灯具光源可按要求分成多组控制，操作箱为便携式，使用时接通电源，可手持按钮盒在距杆5m外进行升降操作。

2. 高杆照明特点

（1）照明水平高。增加灯杆顶端灯具数，采用大功率光源（≥400W），获得高光强。灯具安装高，可以照明大范围空间；照射面积大，既可照亮路面，也可照亮道路附近环境，使驾驶员视野得以扩大。

（2）视舒适性好。普遍采用泛光灯具，亮度均匀性好，可采用几组不同配光的灯具排列组合，以取得按指定投向的大范围高均匀度的照明效果，如采用宽窄两种光束扩散角的灯具间隔排列，既可扩大照明范围，又可抑制眩光。

（3）视像清晰完整。灯杆少，视场障碍物少，可以提供整个立交和广场的完整清晰图像。可以选用不同类型的光源组合排列在灯盘上，形成混合色光，以获得较理想的显色效果，使物体本来面目更为逼真。

（4）维护方便。目前大都采用升降式灯杆，起降灵活，更换灯具方便，减少维护费用。

高杆照明的主要缺点是造价高，能耗大。

（三）灯具选择

光源常用高压钠灯；河海旁水气和浓雾较多，可选用低压钠灯。灯具宜用泛光灯，功率约400～1 000W。根据受照场所的形状，灯盘上各灯具的配光可以多种多样，以均匀覆盖预定照射面为目标，灯具要尽可能轻，以减少灯杆上部结构的载荷。

（四）灯具布置方式

高杆灯具布置方式有三种，应根据受照场地及其周围环境的不同情况合理选择。

（1）平面对称式。灯具对称排列在垂直对称面两侧的水平面上，主要用于宽阔公路的照明。

（2）径向对称式。灯具沿径向对称地布置在一个或几个水平面上，主要用于大面积广场和匝道布置比较紧凑的简单小型立交。

（3）非对称式。灯具根据实际需要布设并分别投射在预定的区域，主要用于大型、多层的复杂立交和匝道分布广而分散的立交。复杂互通立交常采用中心和周边结合的布置方式。

（五）诱导性

诱导性对线形复杂的互通式立交有重要作用，除用高杆照明实施诱导外，也采用常规路灯照明，对一些受到遮蔽的弯道实施诱导。图7-4所示为路灯对弯道的诱导。在外侧设置路灯

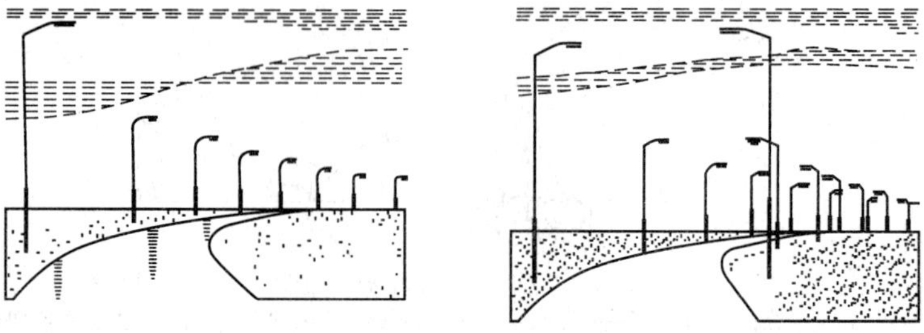

a)　　b)

图7-4　路灯对弯道的诱导

a）外侧设置路灯；b）两侧设置路灯

比在内侧和两侧设置好。

二、广场照明

在高速公路上，收费广场、服务区广场、停车场等都需要照明，照明的目的既为车辆运行服务，又为工作人员正常工作服务。

1. 照明方式

广场照明方式应根据广场的大小、形状和周围环境等因素综合考虑确定。如对小型广场，可考虑采用在四周设立杆柱，进行照明。对大型广场，通常采用高杆照明，选用组装大容量多光源组合照明方式，创造出舒适、明朗的广场视野环境。

2. 收费天棚的照明方式

天棚照明器的选择，既要经济，又要尽可能与环境协调，同时，还应特别注意收费天棚照明对驾驶员的眩光影响和满足收费员进行正常收费工作的条件。照明器类型一般采用嵌装在顶棚之内的嵌入式窄射光的照明器。

收费亭内的照明可以按室内照明处理。

第五节　隧道照明

由于隧道的特殊性，驾驶员在白天从露天环境通过隧道的过程中，会出现各种特殊的视觉问题。首先是由于隧道内外亮度差别很大，驾驶员在将进入隧道口的一瞬间会产生什么也看不见的感觉——黑洞现象；进入隧道以后，由于视觉不能迅速适应，驾驶员要经过一定时间才能看清前面的情况；在隧道中，由于大量通过的汽车排出的废气无法迅速驱散而形成烟雾，降低了能见度；在隧道的出口处，由于隧道内照明和出口后的照明相差很大，在白天，外面亮度很高，驾驶员出了隧道口，感到强烈的眩光；在夜间，驾驶员出了隧道口看到的是一个黑洞，无法辨认道路的线形，也无法发现障碍物。以上这些因素，造成了隧道行车的安全隐患。由于隧道照明情况既复杂，又特殊，照明技术采取的措施也相应较多。

一、隧道照明对策

（一）洞外设置专用减光措施

由于明亮的日光亮度过高，需要在洞口外进行一些适当的处理，如在接近入口处地段设置遮光棚、铺设黑色路面以及植树等，借以降低此段的天然亮度，并使路面的亮度与洞口亮度相适应。

（二）分段设置不同的亮度

为减小洞外和洞内亮度变化率，隧道照明一般应划分为多个功能区段，各段的长度和亮度随设计车速及洞外亮度等因素而变化。隧道区段照明渐变梯度见图 7-5。

1. 引入段

为了使驾驶员从高亮度的露天进入隧道口就能看到洞内环境和障碍物，引入段必须具有较高的亮度。引入段的亮度和长度应随设计车速和洞外亮度而变化，亮度还应随路段长度而逐渐减小。洞外亮度随天气变化很大，要随洞外亮度调节引入段的照明亮度难度很大。目前，引入段常采用固定的较高亮度。

2. 适应段和过渡段

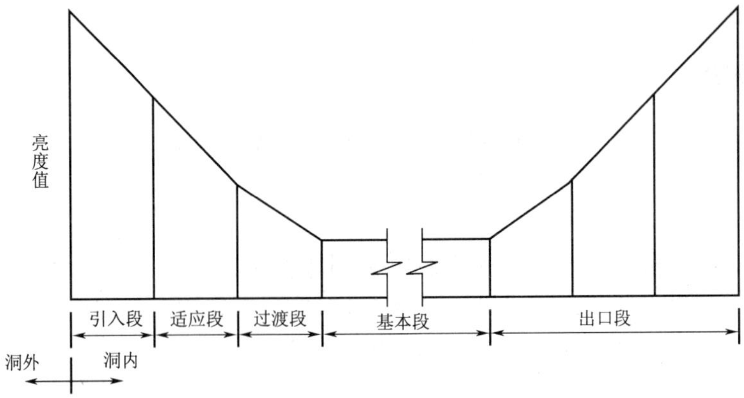

图 7-5　隧道照明渐变梯度图

此两段提供给驾驶员一个由高亮度到低亮度的视觉适应时间。如果在过渡段亮度降低过于急剧，或适应时间过短，能见度和视舒适度都将因适应不充分而恶化。因此，应根据具体情况设置这两个区段的长度和亮度。

3. 基本段和出口段

隧道内的视觉环境要求亮度应高于夜间露天路面的照明亮度。如果隧道很长，适应时间也相应增加，此时可以将基本段亮度适当降低。对于 500m 以下的短隧道，可提供的适应时间较短，应该增加基本段的亮度，以便有可能减小入口区的引入、适应和过渡三段的亮度下降比例，并相应减少各区段的长度。

夜间隧道的照明亮度为基础亮度，可按基本段的数值设置。如果露天车道不设人工照明，则在隧道出口应设置一段亮度逐渐降低的照明设施，以减少暗适应带来的视觉不可靠。

（三）应急照明

隧道需要全天候不间断照明。照明系统应有独立的供电系统，备用电源在主电源停电后能自动投入。应急照明的照度一般应为正常照明的 1/5 以上，对于长时间停电，则应设置诱导照明，在隧道内壁等间隔布灯，以指明隧道内壁位置及前进方向。

二、隧道照明布置

1. 照明器的选择

隧道内的照明光源通常选用大功率的日光灯，高、低压钠灯和高压水银灯。对电光源的选择应考虑隧道内的环境温度和通风情况，如低压钠灯常用于长隧道或汽车烟雾较多的情况，高压水银灯多用于短隧道和烟雾少的情况。

对于照明器的形式和安装位置的选择，应考虑不要使其直接进入驾驶员眼睛的光线过多，否则会产生眩光和不舒适感。另外，还应注意照明器的发光效率要高，结构要易于维修和清洁。

2. 照明器的布设

隧道内照明器一般应安装在路面以上 4m 为宜。布设形式可根据照明器的配光、路面平均照度及分布、对驾驶员的眩光效应、夜间为节电而减灯、维修和经济性等因素进行综合决策。其布设一般有三种形式：两侧对称排列、两侧交错排列和中间排列。

照明器的安装通常采用贴顶式或嵌入式。中间排列时照明器贴顶安装，可避免照明器不连续而造成眩光的不适感，但这种方式维修较困难。相对排列时照明器采用嵌入式，这种方式对照度分布均匀,并可在夜间减少开灯数量。

复习思考题

1. 照明系统有哪些功能?
2. 照明设备的分类和布设方式有哪些?
3. 主线照明中选择照明器有哪些标准?
4. 高杆照明有哪些特点? 立交照明中灯具有哪些布设方式?
5. 针对隧道照明的特殊性,采用了什么对策?

第八章　供配电系统

学习要点：

本章讲述高速公路供配电系统，在学习中应重点掌握供配电系统的几个组成部分以及各设备的作用和应用。

第一节　概　　述

高速公路供配电系统，是指高速公路沿线设施（包括监控、通信、收费、照明及沿线管理站、所、服务区等）所需电能的供应和分配。近些年来，随着电子技术和计算机技术的迅猛发展，高速公路管理系统的各种设备不断改进和更新，形成了用于高速公路现代化管理的大型、综合电子技术系统。电能是现代化管理的主要能源和动力，随着现代化电子技术系统的发展，对供配电系统的要求也越来越高。

一、高速公路供配电系统的特点

高速公路供配电系统有其自身的特点。首先，由于高速公路路线长，用电点多、分散，且跨省市或跨地区运行，给集中供配电造成一定的难度，同时，还有些外场设备对供电的质量要求较高，如监控设备、机房和收费站等，故需引专线供电。因此，高速公路供配电系统需要满足以下要求。

1. 可靠性

因为高速公路供配电系统通常是给高速公路的监控、通信、收费和照明等几大系统供电，一旦供配电系统发生故障，必然使以上各系统处于瘫痪状态，从而造成巨大的损失。这就要求供配电系统必须对重要系统设备采取不停电的供电措施，如采用备份电源或自发电系统，以提高供配电系统的可靠程度，满足高速公路管理对供配电系统的要求。

2. 优质性

电压和频率是标志电能质量的两个基本指标，也是设备制造的基本技术参数。频率主要取决于系统中有功功率的平衡，电压则主要取决于系统中无功功率的平衡，运行电压和频率超过允许的偏移值时，会影响到用电设备的安全运行。因此，供配电系统必须提供优质、稳定的电能，以保证电子设备系统正常、安全的运行。

3. 经济性

在保证道路供配电系统安全可靠运行的前提下，还应力求减少供配电系统的投资、降低运行费用、节约电能。因此，在进行供配电系统设计时，应处理好局部与全局、当前与长远的关系，既要满足当前负荷的要求，又要为将来的发展留有余地。

二、高速公路供配电的方式

1. 就近取电

高速公路就近取电，比较适用于高速公路没有使用监控、通信设备，用电相对集中在服务区、管理所和收费站的状况。这种供电方式虽然可以减少集中供电在输、配电上的麻烦和投资，但由于国家用电政策，经常造成停电、供电故障及电压过低，使供电质量难以保证，给一些电子设备的正常工作带来严重的影响。另外，就日常的运行情况看，在管理上，也常与地方发生矛盾，这都给高速公路管理系统的正常运行造成困难。

2. 集中供电

高速公路集中供电，是指沿线系统与生活用电都是由相对独立的供配电系统提供。这种方式的供电电源一般来自附近的高压供电干线网。集中供电的优点是避免了与地方在用电问题上的矛盾，减少停电和供配电故障的次数。另外，由于集中供电容易控制用电的质量，因此保证了电子设备的用电要求。特别是当全线的监控、通信及安全等设施投入运营以后，随着高速公路管理自动化程度的提高，路上的外场监控设备相对增多，这无疑会使目前的相对集中用电的状况发生改变。但是集中供配电系统相对比较复杂，尤其是沿线的远距离输配电，增加了供配电系统的投资。

对于高速公路应该采用哪种供配电方式，最终决策是在满足高速公路用电要求的前提下，考虑供配电的技术可行性，同时还要考虑其经济可行性。根据具体的情况，选择不同的供配电方式。

高速公路供配电系统主要有交流供配电系统、直流供配电系统和接地保护系统组成。图8-1为高速公路交直流供配电系统构成图。

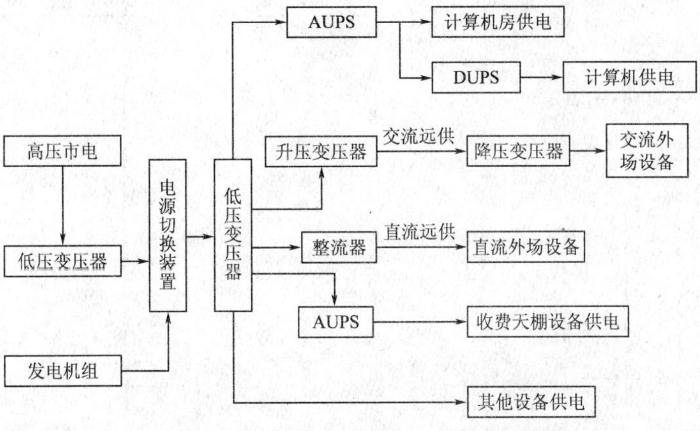

图8-1 高速公路交、直流供配电系统构成图

第二节 交流供配电系统

高速公路所用的电能，除少数外场设备外，绝大部分都是交流电。有些外场设备所使用的直流电也是利用整流设备把交流电转变成所需的直流电。

采用集中或相对集中供电的高速公路供配电系统，所用电源或是发电厂引出，或是从附近地区的高压电网引出10kV或35 kV高压到高速公路自己的变电所，用低压变压器产生380V或220V的供电电压，然后再由低压配电屏及输配电线路送到有关用电设备。

一、高压供配电

高压配电是指变电所变压器高压侧的配电设置，高压电源由附近高压网引入。供电电压的高低，一般取决于用电区域的范围、用电设备电压的高低、用电负荷的大小和区域等因素。如果采用高或低压的优缺点和经济效益比较接近，这时应从系统发展的观点出发，采用较高的电压。配电电压的选择应考虑输送距离及输送功率的影响，在同样输送功率的条件下，电压越高，线路电流越小，则可选用小截面的电缆，从而可降低线路的成本。

（一）配电电压

工业高压配电电压一般多采用 10kV，在个别情况下，也可同时采用 64kV 和 10kV 两种电压配电。如果从工作方便、经济效益和可靠性方面考虑能够体现较大的优越性时，也可采用更高的配电电压。

（二）配电方式

1. 放射式

其特点是每一变电所分别由母线单独供电，若其中一个干线有故障不会影响其他干线。因此放射式供电的可靠性较高，一旦发生故障，其影响范围小，便于切换，保护简单，便于实现自动控制，只是其成本较高。放射式配电方式如图 8-2 所示。

2. 树干式

其特点是多个变电所的引入线均来自一个主线，这种方式投资少，但故障的影响范围大，如图 8-3 所示。

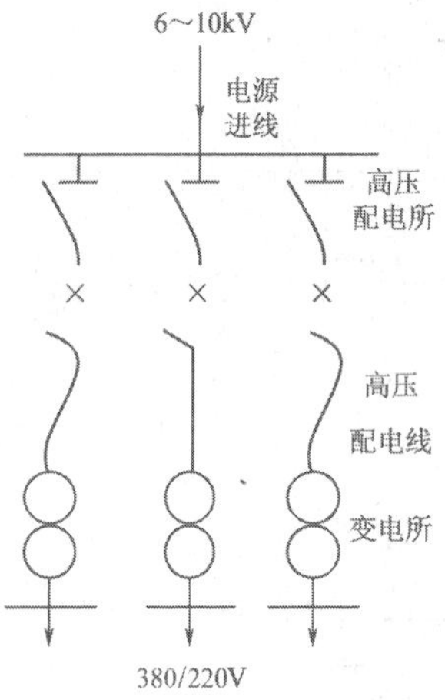

图 8-2　高压放射式配电系统

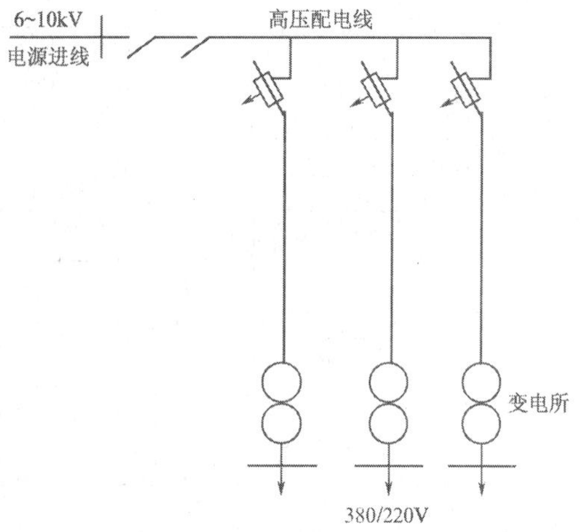

图 8-3　高压树干式配电系统

二、低压供配电

（一）配电电压

高速公路的用电设备电压多为 380/220V，所以其低压配电电压也多采用 380/220V 两种。其中线电压为 380V，主要接三相动力设备及 380V 的单相设备；相电压为 220V，主要接 220V 的单相用电设备及一般的照明灯具。在负荷中心离变电所较远时，考虑线路的电压损耗，可采用 660V（或更高的 1 140V）作为低压配电电压，可以提高供电能力，减少变电点，使配电系统得以简化，具有明显的经济效益。

（二）配电方式

类似于高压配电系统，低压变电所引出若干支路到用电设备，其形式有以下几种。

1. 放射式

其特点是由许多干线分别供给各处负荷用电，使得配电干线故障互不影响，供电可靠性较高，而且便于检修。但系统灵活性较差，一般用于大容量的重要用电设备及不宜设置配电保护的现场，如图8-4所示。

2. 树干式

其特点是每一干线可以供给沿线许多负载用电，所以节省导线。但一旦干线出现故障，其影响面很大。树干式配电系统常用在负荷比较集中，负荷距配电室距离不长的场合，如图8-5所示。

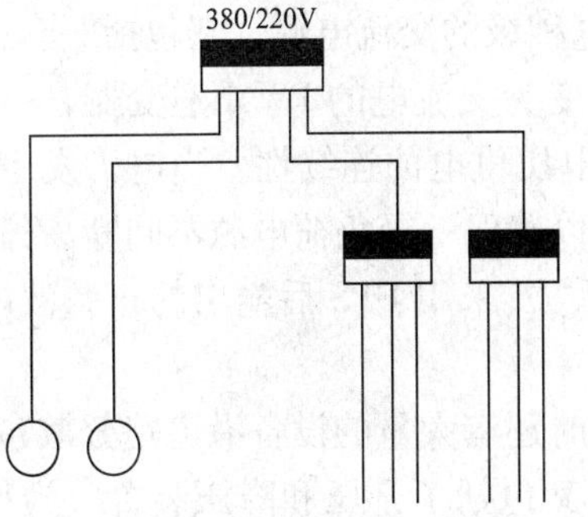

图8-4 放射式配电系统示意图

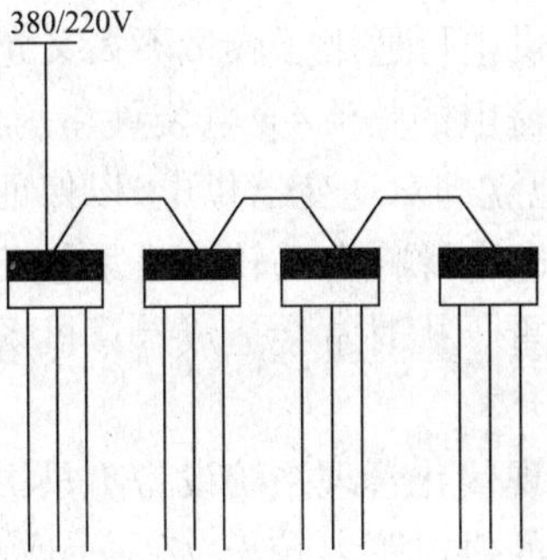

图8-5 树干式配电系统示意图

3. 变压器干线式

它除了具有干线式系统的优点外，还有接地更为简单，并能够大量节省低压配电设备的优点。对起动频率、容量较大的冲击负荷及对电压质量要求严格的场合，不宜用此方式。如图8-6所示为变压器干线式配电系统示意图。

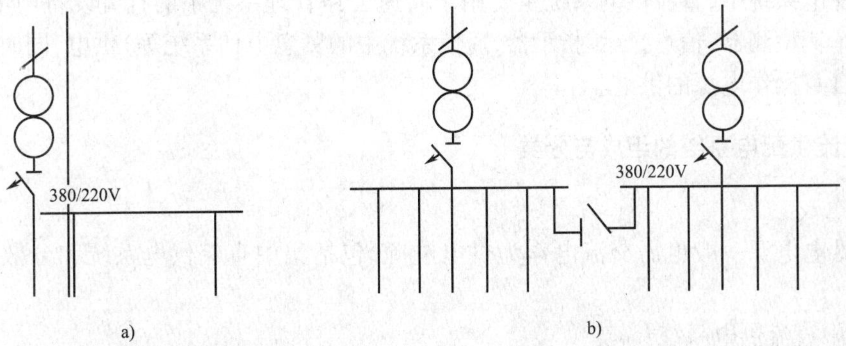

图8-6 变压器干线式配电系统示意图

三、备用电源

1. 发电机组

为保证在供电电源因故中断时高速公路管理系统的重要设备能够正常工作，系统需配备备用电源，一般多采用柴油发电机组。

当供电停电时，能在规定时间内启动柴油发电机组供电。目前国内已开始采用自动柴油发电机组，在供电断电时，机组能够自动启动。变压器首先将低压（380V）通过低压配电屏和自动切换装置，给负载供电，在市电中断时，立即启动柴油发电机组，以保证设备供电。一般情况下,系统设备用电应与其他普通照明用电分开,单独布缆,自成回路。这样可以确保系统设备的可靠供电,不会因其他供电回路的故障而影响系统设备供电。

低压市电和柴油发电机的转换可通过低压交流配电屏来完成。低压交流配电屏可以将交流电分别送到整流器和其他用电设备;另外,还可以监测交流电压和电流的变化。

2. 蓄电池

为了确保系统电源不间断、无瞬变,在某些重要设备中可以采用静止型交流不停电电源。此电源系统主要包括:蓄电池、整流器、逆变器和静态开关等,当市电中断时,蓄电池通过逆变器给系统设备提供交流电源。逆变器和市电转换由交流静态开关完成。

3. 不中断应急电源 UPS

UPS 供电可适用于容量不大又允许停电时间为毫秒级的交流电源。它包括一套将交流市电变为直流电的整流/充电装置和一套把直流电再转变为交流电的 PWM 逆变器,一旦市电中断,蓄电池立即对逆变器供电,以保证 UPS 交流输出电压供电的连续性。当电力发生故障时,UPS 的供电电源将自动转接至紧急发电机供电系统,以确保一级负荷电源不间断。另外,交流电网被严重干扰时常会造成计算机系统错误和数据丢失,采用 UPS 后输出的正弦波能保护良好的波形。

由于现代化管理系统设备不只集中在机房内,同时还有大量的设备沿道路分散布置,道路远端设备的供电距离较长,必须采取高压供电,因而,又包括了升压和降压装置。为保证电源三相平衡。要根据设备的分布情况,合理调配各相负载。为提高供电的可靠性,应采用专线引入。

第三节　直流供配电系统

在供配电系统中,直流供电系统主要用于高速公路管理系统中的直流设备(如监控系统中的外场车辆检测器,信息显示、指示器,通信系统中的紧急电话系统等)供电,同时还用于供配电系统自身操作电源的供电。

一、直流供配电系统的组成与分类

(一)组成

直流供电电源一般也需交流电作为供电电源,包括集中直流供电系统和分散直流供电系统。

1. 集中直流供电系统

对于设备容量较大、比较集中的系统可以集中直流供电,这样可以减少电源设备数量,便于电源设备的维护。主要由整流器、蓄电池、直流变换器和直流配电屏等部分组成。整流器的交流电源由交流配电屏引入,整流器输出通过直流配电屏与蓄电池和负载相连。当系统设备需要多种不同数值电压时,可以用直流变换器将基础直流电源的电压变换为所需的电压。由于直流供电系统中设置了蓄电池组,因此可以保证不间断供电。

2. 分散直流供电系统

适用于用电容量小、分散布置的系统设备,各设备的电源系统相互独立,互不干扰,一路出问题,不会影响其他设备的正常运行,设备体积小,易于移动。相当于给设备配备了一台直流应急电源,每台电源提供的电压品种较少,一般只有 1 ~ 3 种电压。直流应急电源主要由直流稳压电源和电池组成。

(二)组成元件

1. 整流器

整流器的作用是将输入的交流电源改变成直流电源，向直流配电屏供电。

2. 滤波器

滤波器是用以降低整流器输出直流电压的纹波系统，以抑制输出电压的波动。

3. 储能装置

储能装置的作用是当整流直流系统正常工作时，存储由整流器供给的直流电能；当交流供电系统发生故障造成电压下降或消失时，储能装置则向保护设备供电，实现系统保护；同时还可作为应急电源，向紧急信号灯供电和提供事故照明等。常用的储能装置有电容储能和蓄电池储能两种。

4. 充电回路

充电回路主要负责向储能系统供电，如向蓄电池储能装置的充电。充电回路的电源由整流器供给。

5. 电压变换回路

电压变换回路将整流器或储能系统输出的直流电压，根据直流系统设备的电压需求，变换成不同的直流电压值。

(三)分类

根据直流操作电源的组成，直流供电系统分类如下。

1. 带电容直流储能装置的直流系统

储能装置的整流直流系统在正常运行时，直流电源由可控硅整流器供给；当系统故障导致交流电源电压降低或消失时，由电容储能装置放电向保护电路供电产生保护动作。这路电容储能装置直流系统的优点是投资省、建设快、系统运行维护简单方便；但其可靠性差，且仅作短时间供电，一般仅向保护系统做瞬时供电。

2. 带铬镍蓄电池组的直流系统

铬镍蓄电池直流系统在正常情况下，硅整流器有直流电压输出，电池组接入直流母线，以浮充方式工作。当硅整流器失去直流电压时，则蓄电池接入控制回路，向保护系统供电和向系统紧急供电。

带铬镍蓄电池的直流系统与电容储能的直流系统相比，由于蓄电池组是独立的化学能源，较电容储能装置可靠，而且可以在完全停电的情况下保证供电。当控制回路较多时，低压保护可采用不同时限的分批保护形式，无需增加电池容量。其缺点是设备复杂，建筑面积大，投资多，而且运行中的维护工作量大。

二、整流装置与储能装置

(一)整流装置

整流装置的主要作用是把交流电源变为直流供电电源，向直流供电配电屏及储能装置供电。供配电系统中用的整流装置目前多采用硅整流器。

(二)储能装置

1. 蓄电池组

蓄电池组作为独立的化学能源，具有储存能源和实现电能与化学能之间转换的作用。对蓄电池组容量的选择，应保证变、配电保护装置供电要求，同时还应保证应急装置的短时供电要求。

2. 储能电容器

用电容作为储能元件，主要是利用电容的充放电原理。电容的主要作用是在系统正常工作时，并联在保护回路中的电容由系统充电，达到一种饱和状态。当系统供电下降或停止时，继电保护装置靠电容放电产生保护作用。

第四节 接地系统

一般电气设备的金属外壳在正常情况下是不带电的，但当电气设备的绝缘损伤或意外情况发生，其金属外壳会带电造成触电事故。因此，有必要采取技术保安措施，即将电力设备和系统进行接地处理。

一、接地系统的分类

电力设备的接地按其功能分为工作接地和保护接地两大类，此外，尚有进一步保证接地的重复接地。

1. 工作接地

为保证电力系统和设备实现正常工作要求而进行的接地，称为工作接地，如供电系统中电源中性点接地、高压消弧线圈接地和设备防雷采取的接地等。不同的工作接地有各自不同的功能。如上述三种工作接地设施中，前者用于维护三相电力系统中因三相不平衡而各相电压差别过大，三相电源中性点都应直接接地，三相电源中性点的边线称为零线，接地装置与大地之间的电阻称为接地电阻，当变压器的容量在100kV·A以上时，接地电阻应不大于4Ω；消弧圈接地，在于防止系统出现过电压；而防雷保护接地的目的在于释放雷电流，实现防雷保护。

2. 保护接地

保护接地是为保障人身安全，防止间接触电而将设备外壳进行接地。

保护接地的形式有两种，一种是把设备金属外壳经各自的PE线分别直接接地；另一种是将设备金属外壳部分经公共的PE线与供电线路的中性线做金属连接，这种连接称为保护接零。

低压配电系统按保护接地的形式，可分为：

(1)TN系统。TN系统的电源中性点直接接地，并引出有N线，属三相四线制系统。当其设备发生一相接地故障时，就形成单相短路，其过电流保护装置的作用是切除故障部分，减少人体触电的危险。

(2)TT系统。TT系统的电源中性点直接接地，也引出有N线，属三相四线制，只是设备的金属导电外壳可经各自的PE线分别接地。

(3)IT系统。IT系统的电源中性点不接地或是经一定的阻抗(约1 000Ω)接地，且该系统通常不引出N线，属三相三线制系统。其中用电设备的金属导电外壳可经各自的PE线分别接地。

3. 重复接地

在TN系统中，为确保公共PE线的安全可靠，除需要在电源中性点进行工作接地外，还需在 PE 线的下列地方进行必要的重复接地：

(1)在架空线路的干线和分支线的终端及沿线每 1km 处。

(2)在电缆和架空线引入建筑物处。

二、接地装置

在接地系统中,接地体和接地线的总和称为接地装置。

1. 接地体

接地体可分为两类,即人工接地体和天然接地体。人工接地体是人为地把金属管、角钢或扁钢、圆钢等埋入地下,称为人工接地体。天然接地体是指利用建筑物的钢结构和钢筋、埋地的金属管道等与大地接触的各种金属构件作为接地体。

对交流电器设备,其接地应充分利用自然接地体。连接时,应用不少于 2 根导体在不同地点与人工接地体相连。对直流电回路,不允许利用自然接地体作为电流回路的零线、接地线或接地体。

2. 接地线

接地线一般采用钢质导线,其截面积应符合截流量、短路时自动切除故障及热稳定的要求。接地线与电力设备的连接,可用螺栓连接或焊接。用螺栓连接时,应设防栓螺帽或防栓垫片。而接地线与接地体的连接宜用焊接。每一个电力设备应以单独的接地线与接地干线相连接,严禁在一条接地线上串接几个需要接地的设备。

3. 接地电阻

接地电阻是接地体的流散电阻与接地线电阻和接地体电阻的总和。由于接地线和接地体的电阻相对很小,可略去不计,可以认为接地电阻就是指接地体的流散电阻。接地电阻有工频接地电阻和冲击接地电阻之分,前者是指工频接地电流流经接地装置所呈现的接地电阻,后者是指雷电流或过电流流经接地装置所呈现的接地电阻。一般情况下,需计算接地装置的工频接地电阻,对于防雷和过电压保护的接地装置则需计算冲击接地电阻。

三、特殊设备接地装置

1. 变电所接地

在敷设变、配电接地装置时,应尽量使接地网做到电位分布均匀,以降低接触电压和跨步电压。接地网外缘应闭合,且外缘的各角作成圆弧形,并在环状装置内加设相互平行的均压带,相互距离一般为 4 ~ 5m。为保证电气工作人员的人身安全,应在建筑物出入口处的接地装置加装帽檐式均压带或铺设百米石、沥青路面等,以使电位均匀。为减少建筑物的接触电压,接地体与建筑物的基础间应保持不小于 1.5m 的水平距离。

2. 电子计算机接地

电子计算机除了为人身安全和设备安全把正常运行时不带电的设备外壳进行安全接地外,还有为使计算机电路有一个统一的基准电位或一个等电位面的所谓逻辑接地以及对电子设备中的大电流电路、非灵敏电路和噪声电路等设备的功率接地。采取交、直流电时的功率接地,又称为交流功率接地或直流功率接地。

3. 电子设备接地

电子设备接地首先是为了保证设备和人身安全,其次是为了电子设备工作时有一个统一的电位参考点和防止外界电磁场的干扰。其中信号接地是对电子设备有关信号的电路进行的接地，其作用是减少信号的误差。

第五节　防雷保护

由于高速公路沿线用电设施及变配电、输电系统大部分在露天条件下工作，可能遭受雷电袭击，所以，高速公路沿线系统的防雷保护是十分必要的。、

一、雷电的危害

雷电是自然界的一种现象，雷击是一部分带电云层与另一部分带异种电荷的云层或带电的云层对人、地之间迅猛的放电过程，对建筑物、电子、电气设备和人畜危害甚大。

1. 雷电流热效应破坏作用

由于雷电流很大，通过的时间又短，被雷击的物体瞬间将产生大量热量，又来不及散发，以致物体内部水分大量变成蒸气，并迅速膨胀，产生巨大的爆炸力造成破坏；另外与雷击接触的金属因高温而熔化的可能性很大，一些易燃物质遇上雷电流还可能引起火灾。

2. 雷电静电感应的破坏作用

雷电会使局部地区形成感应高电压，它对高压架空线、一般低压架空线、电信线路、建筑物会产生相当高的危险电压。

3. 雷电电磁感应的破坏作用

由于雷电流有极大峰值和陡度，在它周围的空间有强大的变化电磁场，在这电磁场中的导体会感应出较大的电动势，感应高压可以通过电力线、电话线等金属导线传输到很远，致使雷害范围扩大。

4. 雷电波入侵

雷电波入侵是指直击雷或感应雷从输电线、通信电缆、无线电天线等金属引入线引入到建筑物内、发生闪击而造成雷击事故。

二、防雷设备

防雷保护接地就是将建筑物等设施和电气设备的外壳与大地连接，将雷电电流引入大地，从而保护设施、设备和人身安全，使之免遭雷击，同时消除雷击电流窜入信号接地系统，以避免影响电气设备的正常工作。常用的防雷设备有如下几种。

（一）避雷针

避雷针避雷的原理实质上是引雷作用，它把雷电的雷电波引入地下，从而保护线路、设备或建筑物免遭雷击。避雷针一般用金属导体制成，通常安装在电杆、构架或高耸的建筑物上。避雷针的下端经引线与接地装置焊接，它可由以下三部分组成。

1. 接闪器

用直径 10 ~ 25mm 的钢棒或直径不小于 16mm 的镀锌钢管制成，长度为1 ~ 2m。接闪器安装于建筑物的最高点。

2. 引下线

一般明装用直径 48mm 以上的钢筋，暗装为直径 10mm 以上的钢筋。钢筋宜镀锌，以防腐蚀。

3. 接地极

用长 2 ~ 3m、直径 12mm 的钢筋，垂直打入地下，顶端距地面 1m。

(二)避雷线

避雷线一般采用截面不小于 $25mm^2$ 的镀锌钢绞线，架设在架空线路的上方，用来防止架空导线遭受雷击。避雷线接地要可靠，通常每根电杆都要接地。另外为防止雷击外侧导线，要求避雷线有 20° ~ 30°保护角。

(三)避雷器

避雷器是用来保护雷电产生的过电压波沿线路侵入变电所或其他建筑物内，以免危及被保护设备的绝缘。避雷器与被保护设备相并联，安装在被保护设备的电源侧，如图 8-7 所示。当线路上出现过电压时，避雷器的放电间隙被击穿短路，使过电压对地放电，从而可保护设备的绝缘。

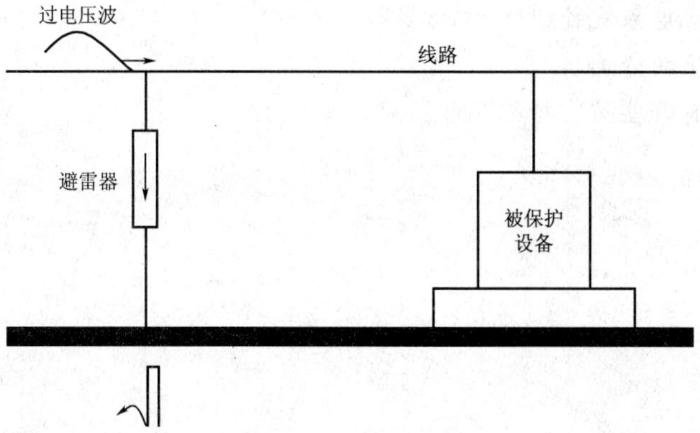

图 8-7 避雷器的连接

三、供配电系统的防雷措施

1. 变电所的防雷措施

(1)用避雷针保护变电所的建筑物免遭雷击。如果变电所在附近高大建筑物的避雷装置保护范围以内，则不必再考虑被雷击的防护问题。

(2)在高压侧的每组母线和每条架空进线上装置避雷器，避雷器应以最短的接地线与变电所、配电所的主接地网连接。主要用来保护主变压器，以免雷电冲击波沿高压侵入变电所。

(3)低压侧也应装置避雷器，主要用来防止雷电波沿低压线路侵入而损坏变压器。

2. 架空线路的防雷保护

(1)架设避雷线。一般高于 10kV 的架空线路需装设避雷线。线路的电压越高，使用避雷线的效果越好。

(2)对不设避雷线的架空线路，应提高线路本身的防雷水平。如可采用木横担等，以提高防雷电冲击波的能力。

(3)对低压线路上的断路器、负荷开关、隔离开关及架空线相连的电度表等，应装设避雷器。

3. 机房防雷保护

机房一般应设于无线电塔避雷针的保护范围之内，需在房顶四周敷设闭合的环形避雷带，钢筋混凝土的屋面板和支柱的钢筋作引下线。同时在机房外地下应围绕机房敷设闭合环形水平接地体，在机房内应沿墙壁设环形接地母线。机房内各种电缆的外皮、设备外壳和不带电的金属部分、各种金属管道等，均应以最短的距离与环形接地母线连接。室内的环形接地母线与室外的闭合接地环带及屋顶的避雷带间，应有不少于 4 条的连接线互相连接，相邻连接线间的距离不宜超过 18m。

引向机房的电力线、通信线应有金属外皮、金属屏蔽或敷设在金属管内，并要求埋地敷设。由机房引出的金属管、线也应埋地。

复习思考题

1. 高速公路供配电有哪些方式？
2. 交流供配电系统由哪几部分组成？
3. 简述直流供配电系统的组成。
4. 简述接地系统的分类。
5. 供配电系统有哪些防雷措施？

第九章　服务设施与房屋建筑

学习要点：

本章主要讲述高速公路服务设施的设置意义、内容、形式及一般公路养护工区的设置，学习后应了解高速公路服务设施的设置。

所谓服务设施是指设置在高速公路、汽车专用公路上，为使用者提供服务的服务区。服务项目少的称为停车区，总体也称服务区。

高速公路的“封闭性”保证了行车速度快、通行能力大、交通事故少，从而体现了高速公路的高效、安全、节时、舒适的优越性。但另一方面，它却人为地阻隔车辆和旅客与外界的联系，给部分车辆和旅客带来了不便和困难。如乘客和驾驶员在旅途中的食宿、购物、通信，汽车的维修等，都不能直接与社会联系，接受社会服务，因而需要借助于高速公路内部的有关服务设施。

在高速公路整个管理系统中，服务设施和路政管理、养护管理、收费管理、交通安全管理系统一样，也是其重要的组成部分。其目的是保证高速公路在全天候条件下，交通运输能获得高速、畅通。它以高质量、热情周到、讲究信誉的服务，使旅客比在一般公路上更容易得到干净、卫生的食品和安静、舒适的休息场所，使车辆加油和维修更迅速、安全、方便，从而消除驾驶员和旅客的后顾之忧，增加道路使用者的安全感和舒适感。

当前，我国的高速公路大都是靠贷款或集资来修建的，建设投资要在营运过程中回收。如果服务区的设施和管理具有一定的水平，其经营收入是相当可观的，因此服务区的建设有助于提高高速公路的社会效益和经济效益，其作用是不可低估的。

第一节　概　　述

一、服务区的基本形式及设施的布置原则

1. 服务区的基本形式

服务区由于其主要设施如停车场、餐厅和加油站等布置的位置不同，因而形式也有所不同。

1)停车场的位置

(1)分离式。上下行车道、停车场分别布置在高速公路两侧，如图 9-1 所示。

(2)集中式。上下行车道、停车场集中布置在高速公路一侧，如图 9-2 所示。

图中，P 为停车场，G 为加油站，W 为公共厕所，R 为餐厅，后同。

由于高速公路上、下行车道中间设有中央分隔带，两侧行驶的车辆都要使用停车场，所以分离式停车场更便于停车。车辆可直接开到停车场，不必绕到对面停车场去。同时，在收费的高速公路上采用分离式停车场，还可以防止驾驶员互相交换通行卡和收费票证等作弊现象。

所以,一般高速公路都采用分离式停车场。

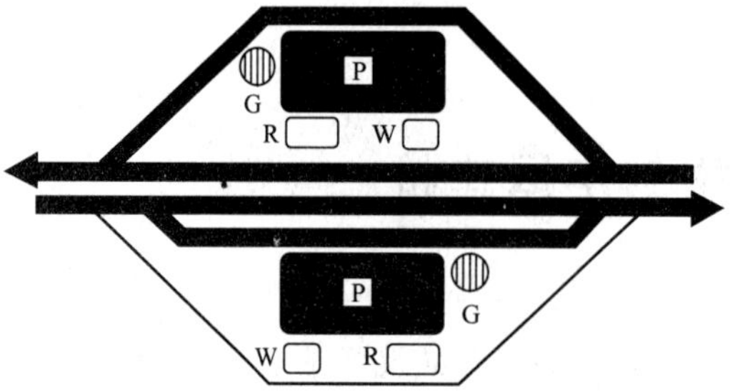

图 9-1　分离式服务区

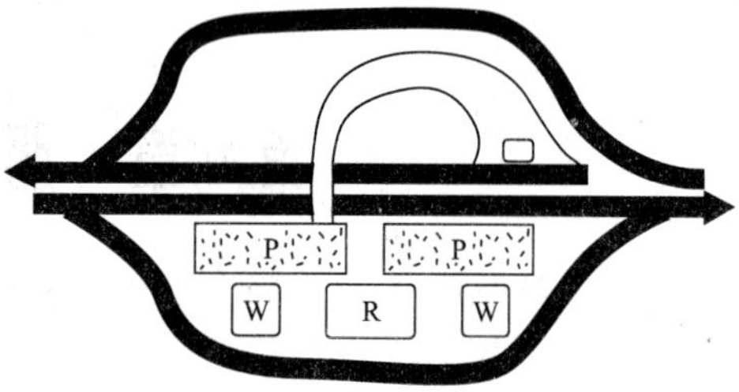

图 9-2　集中式服务区

2)餐厅的位置

(1)外向型。在餐厅和高速公路之间布置停车场、加油站等其他服务设施。这种布置适用于服务区外侧有较开阔的田园、山野、森林等风景秀丽的地带,旅客在用餐的同时,可以欣赏室外美丽的景色,使人心旷神怡,解除旅途的疲劳,如图 9-3 所示。

(2)内向型。餐厅与高速公路相邻,餐厅的另一侧布置停车场和加油站等其他服务设施。这种布置适用于服务区周围环境比较封闭,旅客无法向外远眺的情况,如深挖地段或四周为乡镇街道等,如图 9-4 所示。

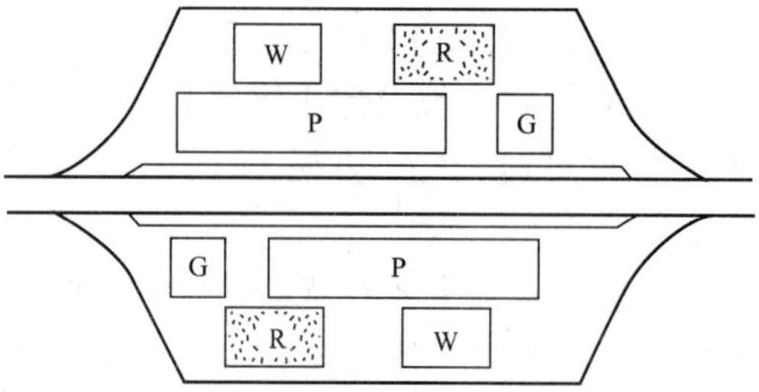

图 9-3　外向型服务区

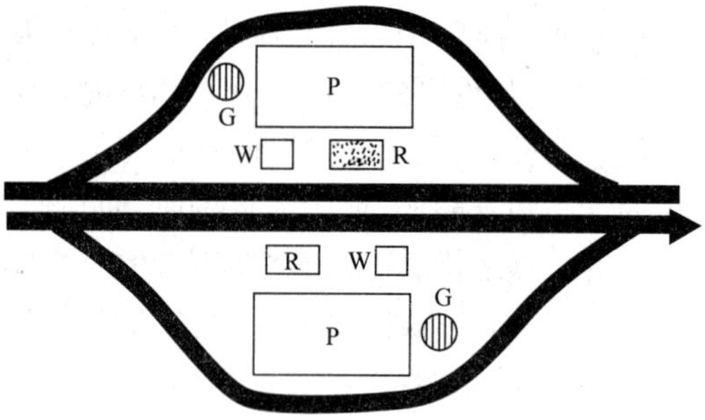

图 9-4　内向型服务区

(3)平行型。餐厅和停车场、加油站等服务设施都与高速公路相邻,沿高速公路方向作长条形布置。这种布置方式用于地势狭长和山区的地段,如图 9-5 所示。

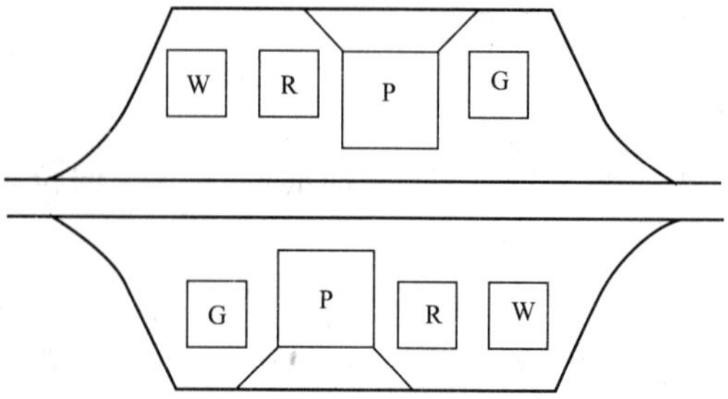

图 9-5　平行型服务区

外向型的服务区便于停车,且旅客进入服务区可避开嘈杂的汽车声的干扰,以便在安静的环境中得到较好的休息,从而更快地缓解疲劳。同时,因餐厅离高速公路较远,有时还有花台、树木等绿化带的隔离,减少了尘土的污染,使旅客能得到较干净卫生的食品。因而,一般都采用外向型方案。只有在地形条件受到限制时,才采用内向型的方案。

3)加油站的位置

(1)入口型。加油站布置在服务区的入口处,车辆一进入服务区立刻就可以进行加油,如图9-6所示。

(2)出口型。加油站布置在服务区的出口处,车辆在休息后出服务区时再加油,如图9-7所示。

(3)中间型。加油站布置在入口和出口之间,使用起来比较灵活。

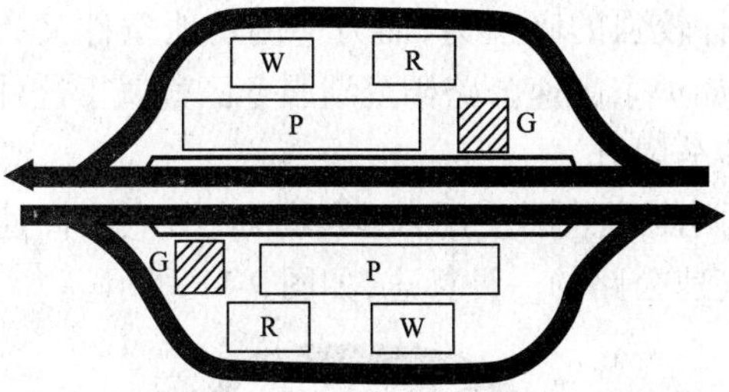

图9-6　入口型服务区

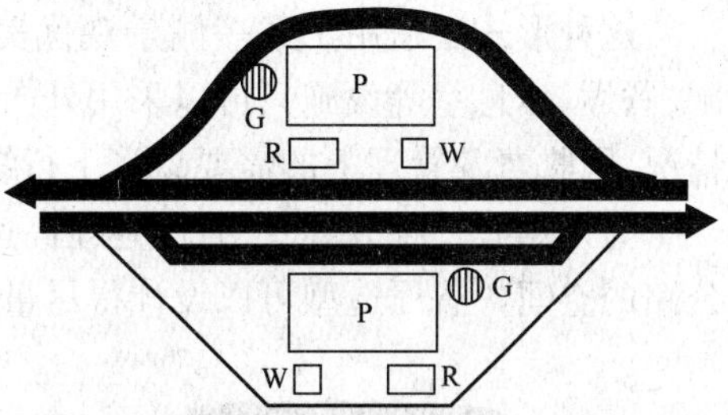

图9-7　出口型服务区

在高速公路服务区中,加油站所处的位置三种形式都有。例如沈大高速公路景象、熊岳服务区,加油站设在进口处,甘泉、营口等其他服务区,加油站设在出口处;京石高速公路涿州服务区,加油站一侧在进口处,另一侧在出口处,望都服务区的加油站设在进口处;京津塘高速公路马驹桥服务区的加油站设在停车场的中间。加油站设在出口处有利于场区合理布局、交通流畅及行人与行车的安全。加油站设在入口处,则更便于这些车辆加油。但是,当加油的车辆比较多的时候,就会在服务区入口处排队,妨碍匝道上车辆的行驶。

由于停车场(P)、餐厅(R)、加油站(G)、公共厕所(W)等主要设施的布置与地形、地貌、沿线自然特征、土地利用、投资费用及管理条件等因素有关,实际上服务区的形式是通过对各种因素的综合分析和比较,并且按照上述不同分类进行组合来确定的。

2. 我国高速公路服务区常见的几种形式

1)分离式外向型(图9-8)

这是最常见的一种形式。沈大、京津塘、京沈、石安等高速公路全部服务区均采用这种形式。沪宁高速公路的黄栗墅、仙人山、窦庄、芳茂服务区,津唐高速公路的唐山南服务区,杭甬高速公路的三江、梁辉服务区和福厦高速公路泉厦段朴里服务区也是分离式外向型的。

2)分离式平行型(图9-9)

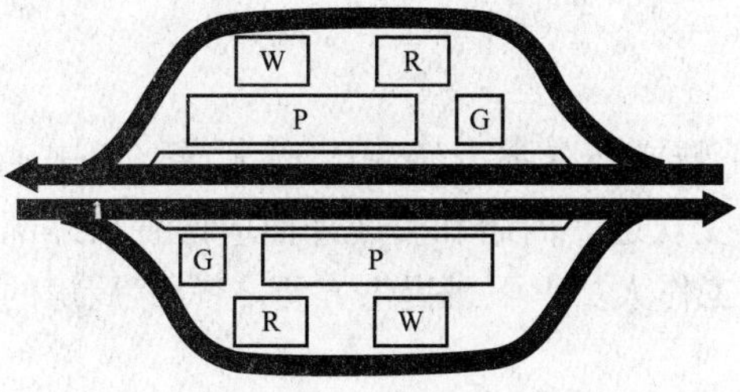

图9-8　分离式外向型

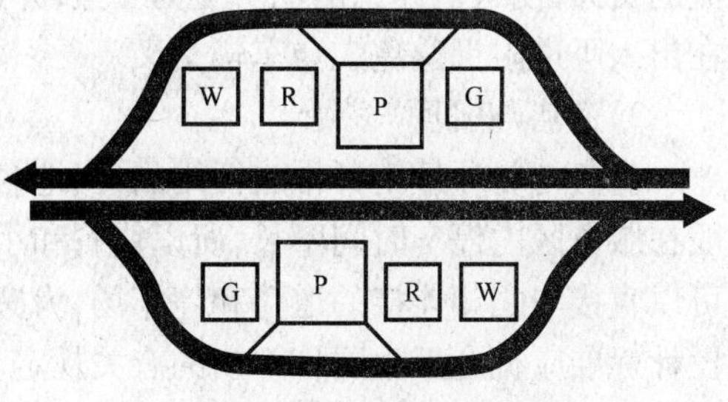

图9-9　分离式平行型

沪宁高速公路梅村服务区、京津塘高速公路马驹桥服务区和京石高速公路望都服务区都采用这种形式。

3)分离式餐厅单侧集中型(图9-10)

这种形式适合于高速公路一侧场地比较狭窄的情况。餐厅可以建在另一侧，旅客通过地下通道进入另一侧餐厅用餐。为了节省投资和场地也可以在路两边建设小卖部和简易食堂（或快餐厅），旅馆和餐厅等集中建在一侧，例如京石高速公路涿州服务区和望都服务区就是这样规划的。沪宁高速公路两个服务区的客房也都建在一侧，如阳澄湖服务区。在高速公路初期运行阶段，交通量较少，餐厅利用率不高，服务区采取分期修建，可先在一侧的服务区内建餐厅，另一侧餐厅留待以后发展时再建。福厦高速公路泉厦段朴里服务区第一期工程就拟建一侧综合服务大楼，沪宁高速公路阳澄湖服务区的综合服务部设计集中建在一侧。

这种形式还适用于某一侧景观优美，对使用者有较强的吸引力，而另一侧场地条件又有限，餐厅、休息室等设施只可以采用外向型的情况。如沪宁高速公路阳澄湖服务区就属于这种情况，因收费及管理上的需要，上、下行线的停车场应分隔开。

另外还有一种分离式，餐厅建在高速公路上空，两侧可共同使用，这样可以充分利用高速公路的空间。餐厅造型可以设计得尽量完美，作为高速公路的一种标志，如图 9-11 所示。

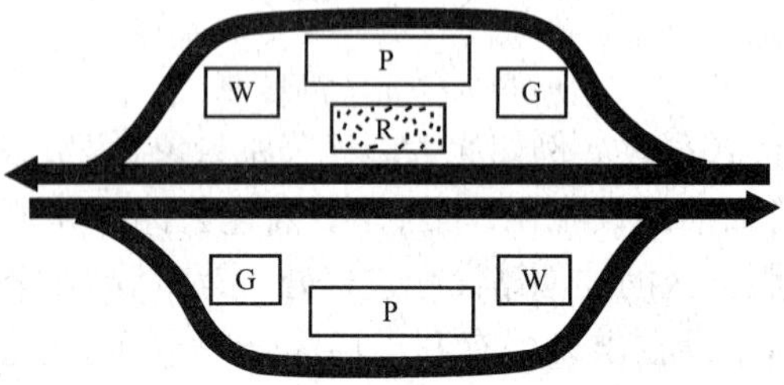

图 9-10　分离式餐厅单侧集中型

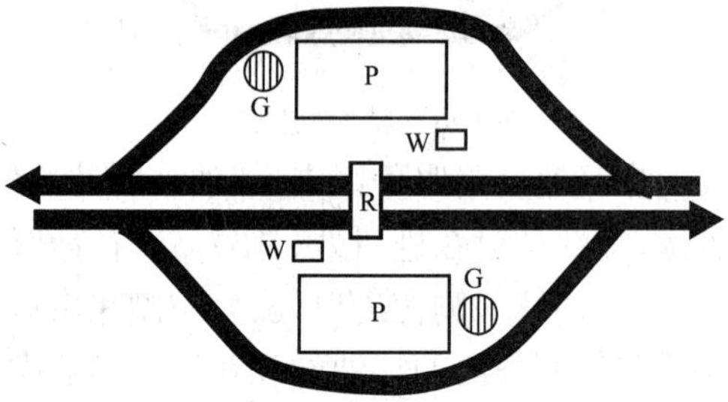

图 9-11　主线上空型

另有一种中央集聚型，服务区设在当中，高速公路到这里分成左右两侧供汽车行驶。

以上两种形式的服务区在国外经常遇到，只是由于造价高，占地面积大，在我国目前尚不多。

二、服务区内各种设施的组成

服务区内各种设施按其使用功能大体可分为：为旅客服务的设施、为车辆服务的设施、为职工服务的设施及其他设施。

1. 为旅客服务的设施

1）休息室与旅馆

为车辆服务的设施与为人服务的设施原则上应是单独布置。这是为了尽量避免车流与人流的交叉，使人们休息的场所更为安全，并造成一种幽静的气氛。特别是为了防止交通肇事，在出入匝道附近避免人与车辆交叉。

2）商店与餐厅

商店与餐厅经销日常旅行用品、当地名优产品、土特产及各类方便食品、饮料等。由于一般在服务区内停车时间不长，所以快餐和小卖部比较受欢迎。商店和餐厅外面应设置从外部可以直接与之相连接的道路和停车场，为搬运货物和工作人员上下班提供方便。餐厅、厨房的设计标准应符合卫生防疫部门的有关规定。

餐厅应包含下述各室：客室（其中包含商店）、厨房、食品仓库（包含冷藏库、室）、客用厕所、办公室、休息室、工作人员休息室、更衣室、浴室、工作人员厕所、走廊等共用部分。

3）公共厕所

在休息设施中设置公共厕所，是为满足长途旅行者生理上的要求。公共厕所的布置，原则上在大型停车场的前面，这是为公共汽车的乘客同时使用而采取的措施。服务区的公共厕所内必须设置残疾者专用厕所；在残疾者专用停车场与专用厕所之间的通路上，不得有障碍物。

4）园林与绿化带

服务区的园林绿化带主要是供旅客散步、休息和观赏景物之用，园地和绿化带的设置也可以起到美化服务区环境、减少粉尘污染的作用。

园林规划包括保护景观、美化环境、防止污染、栽植树木等内容，应能够充分发挥休息设施的效果。园林内起作用的原存树木、树林和岩石等要尽量保存，有时以这些保存物为主体，确定建筑物、车道和停车场的位置，在自然景观中营造一种协调感。

绿化带有三大功能：首先是景观美化功能，增进道路和沿线设施的协调，提高舒适性，使整个区域风景更美丽；其次是交通功能，引导视线、遮光、确保交通安全；第三是环境保护功能，提供开放空间，减少由道路交通造成的危害，改善区域环境。

5）广场和通道

广场和通道在停车场与建筑设施、园地之间设置，是人们在这些不同性质设施之间通行联系的场所。为了使在高峰时进入停车场的车辆不致拥挤，特别在停车区、餐厅、小卖部、厕所等设施的前面，要确保有十分宽阔的广场和通道。设于停车场和设施前面的广场原则上不应有高差；因地形制约在停车场和各设施之间有高差时，为了方便残疾人，必须设置专用坡道广场和通道的构筑必须考虑到美观，地面结构采用铺装。

6）医务室和急救站

设置医务室和急救站的目的是为行车事故提供医务人员、救援车辆和紧急抢救。目前我国已建成的高速公路服务区一般都没有设置医务室和急救站，万一发生事故，则会发生伤员因得不到及时抢救而死亡。

7）通信设施、紧急电话、公用电话、电报及问事处

服务区的通信系统主要是及时、准确、可靠地传输高速公路管理的数据、命令、话音和国家新闻等信息。使用通信系统可以沟通管理部门以及路面现场与中心控制室的联系，使高速公路管理工作形成集中、统一的“一体化”管理模式。

2．为车辆服务的设施

1）停车场

停车场从其性能来看，分为停车车位和车道。停车车位是停放车辆和乘客上下车的场所。车道除引导汽车进入停车车位外，同时也是供汽车停车时掉头或后退等的场所，车场与贯穿车道必须相连接。

2）加油站和修理所

加油站和修理所一般是并排相邻地布置，这样的布置由于通信室、浴室、盥洗室、室外部分等都可以共用，所以能够有效地利用设施和用地，使用设施的车辆路线也比较简单。

关于加油站、修理所在服务区内的位置，一般有入口型、出口型与中间型三种。入口型是在休息之前检查车辆、加油，这是驾驶员一般所倾向的。从适合于交通管理的观点来说，也是本着在高速公路行驶时应当最优先进行加油与车辆的检查修理这一观念，布置在服务区的入口处，驾驶员可以更容易地看清楚设施，并根据需要进行加油和修理。在保障交通安全的同时，对营业者来说，也能起到营业广告的效果。但是，当使用加油站的车辆多时，服务区入口的排队车辆会妨碍匝道上车辆的行驶。与此相反，出口型是先停车，在休息之后再进行加油、修理，这是优先考虑人的生理要求的一种自然想法。在这种情况下，能够有充分的时间考虑车辆

是否修理,可以在设施的出口处对车辆的情况再进行一次鉴定。中间型没有明确规定使用的顺序,这样不管从什么位置都能顺利地进出,与其他设施有机地联起来,使其能有效地运用,车辆路线也不会发生紊乱。

3)贯穿车道

贯穿车道原则上采用单向车道,特殊情况下采用双向车道。

4)标志、标线

服务区内的设施较多,车流量大且人流较复杂,是较特殊的公共场所。因此,必须用特制的图形符号给使用者及时传递某种信息,用它来指导人们的行动,提醒人们应做什么,怎样去做及要注意什么等。图形符号应具有直观、简明、易懂、易记的特征,可使不同年龄、不同文化水平和使用不同种语言的人容易理解。因此,标志的图形符号必须标准化、规范化界定其含义,使标志发挥更好的社会效益。

5)天桥与地下通道

服务区的设计位置、形式各式各样,但有一点是共同的,即各种服务设施布置在主线两侧,服务区的管理机构只设一个总部。这样,必然会发生人员和物资设备的相向流动,因此需通过建造天桥或地下通道来满足物资供应及人员的工作生活要求。

第二节　停　车　区

停车区是为满足驾乘人员生理上的要求,并解除疲劳和紧张所需要的最小限度的服务设施。停车区内设置停车场、园地、公共厕所及小卖店等。

原则上所有的停车区都需要设置公共厕所,小卖店的设置可根据具体情况而定。其他设施有长凳、桌子、废纸箱、自动售货机等,一般在停车区不设置加油站,但是当服务区的间隔较长或由于其他特殊条件而必需设置时,则可以设置。

一、停车区的总体规模和布置原则

停车区的总体规模应由各组成要素的规模合在一起求得,各组成要素的规模根据由计划交通量算出的停车车位数确定。

停车区的规模是以通车 10 年后的相应交通量作为标准,可考虑分期修建。停车区在规划时,主要解决位置的选择及总体规模的确定。决定停车区规模的基本要素是停车场的计划容量,即停车车位数。在决定总体规模时,首先是根据主线交通量与休息设施的利用率算出停车车位数,然后算出与停车车位数有关的其他设施的规模。对于一些园地类设施,应按其他的条件来确定其适当的规模。如应考虑占用土地的难易及经济性,能够充分利用的自然树木、丘陵、湖泊、池塘、沼泽等。

总体规模的计算:

总体规模 = 停车场 + 公共厕所 + 园地 + 卖店 + 匝道及其他

停车车位数的确定:

停车车位数根据主线交通量与设施的利用率按下式求算。

停车车位数(一侧) = 一侧设计交通量 × 停留率 × 高峰率/周转率

一侧设计交通量(辆/d)是指通车 10 年后的一年中,第 30 顺位前后的交通量。

一侧设计交通量 = (假日服务系数) × (通车 10 年后计划日交通量)/2

假日服务系数：从平均日交通量求一年365d中第35顺位前后交通量的系数。

停留率：停留车辆数（辆/d）/主线交通量（辆/d）。

高峰率：高峰时停留车辆数（辆/d）/停放车辆数（辆/d）。

周转率：1（h）/平均停车时间（h）。

作为设计交通量，以往是采用通车10年后的平均日交通量（AADT），对于比AADT大的交通量，是以通车后10年的增长率（约1.7倍）予以弥补。但从理论上来说，对通车10年后比AADT大的交通量，一年内有100～150d是不能提供服务工作的。因此考虑了相当于365d中90%，约330d能保证提供服务的系数。

二、停车场的设计与规划

1. 停车车位的布置与车道宽度

（1）原则上小型车的停车方法是采用直角前进停车、后退出车，或后退停车、前进出车。大型车的停车方法是采用右斜60°前进出车。拖挂车原则上是纵列停车。但由于用地条件等原因不得已时，也可以采用其他方法。

（2）车道宽度规定如图9-12所示。

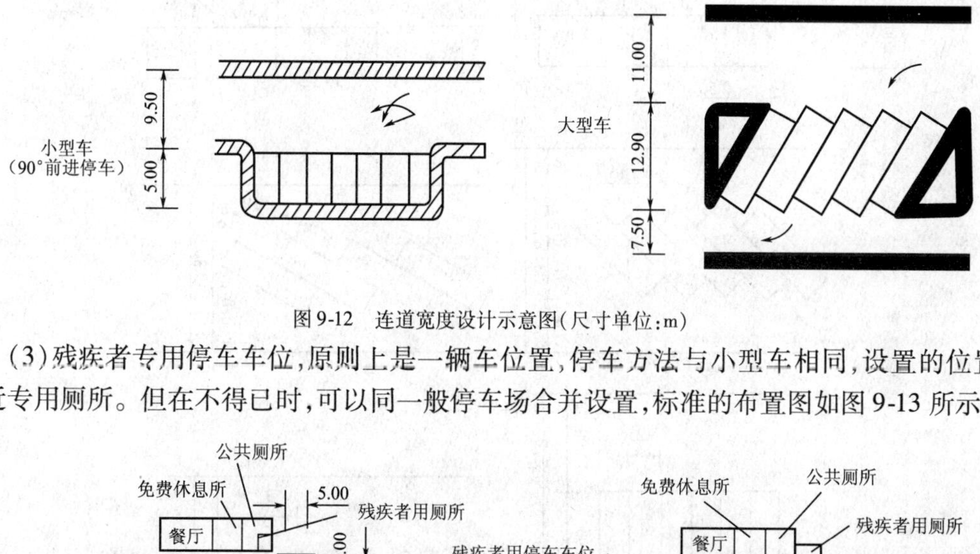

图9-12 连道宽度设计示意图（尺寸单位：m）

（3）残疾者专用停车车位，原则上是一辆车位置，停车方法与小型车相同，设置的位置要靠近专用厕所。但在不得已时，可以同一般停车场合并设置，标准的布置图如图9-13所示。

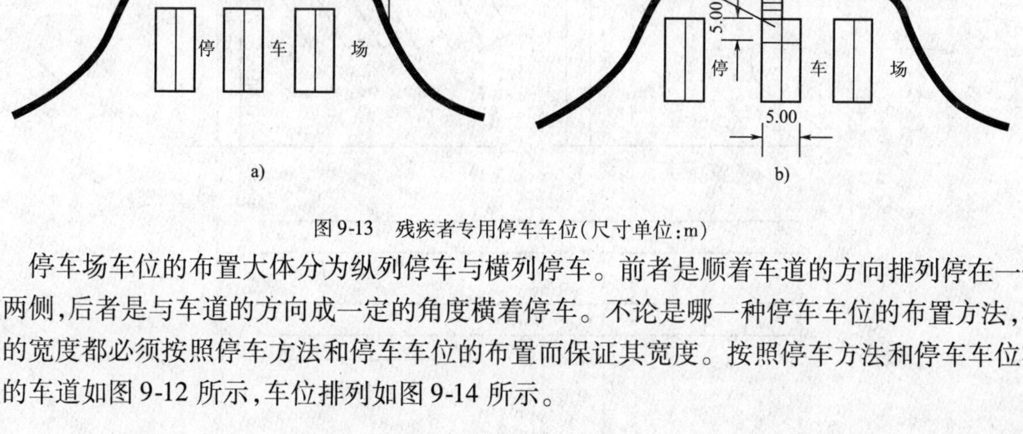

图9-13 残疾者专用停车车位（尺寸单位：m）

停车场车位的布置大体分为纵列停车与横列停车。前者是顺着车道的方向排列停在一侧或两侧，后者是与车道的方向成一定的角度横着停车。不论是哪一种停车车位的布置方法，车道的宽度都必须按照停车方法和停车车位的布置而保证其宽度。按照停车方法和停车车位布置的车道如图9-12所示，车位排列如图9-14所示。

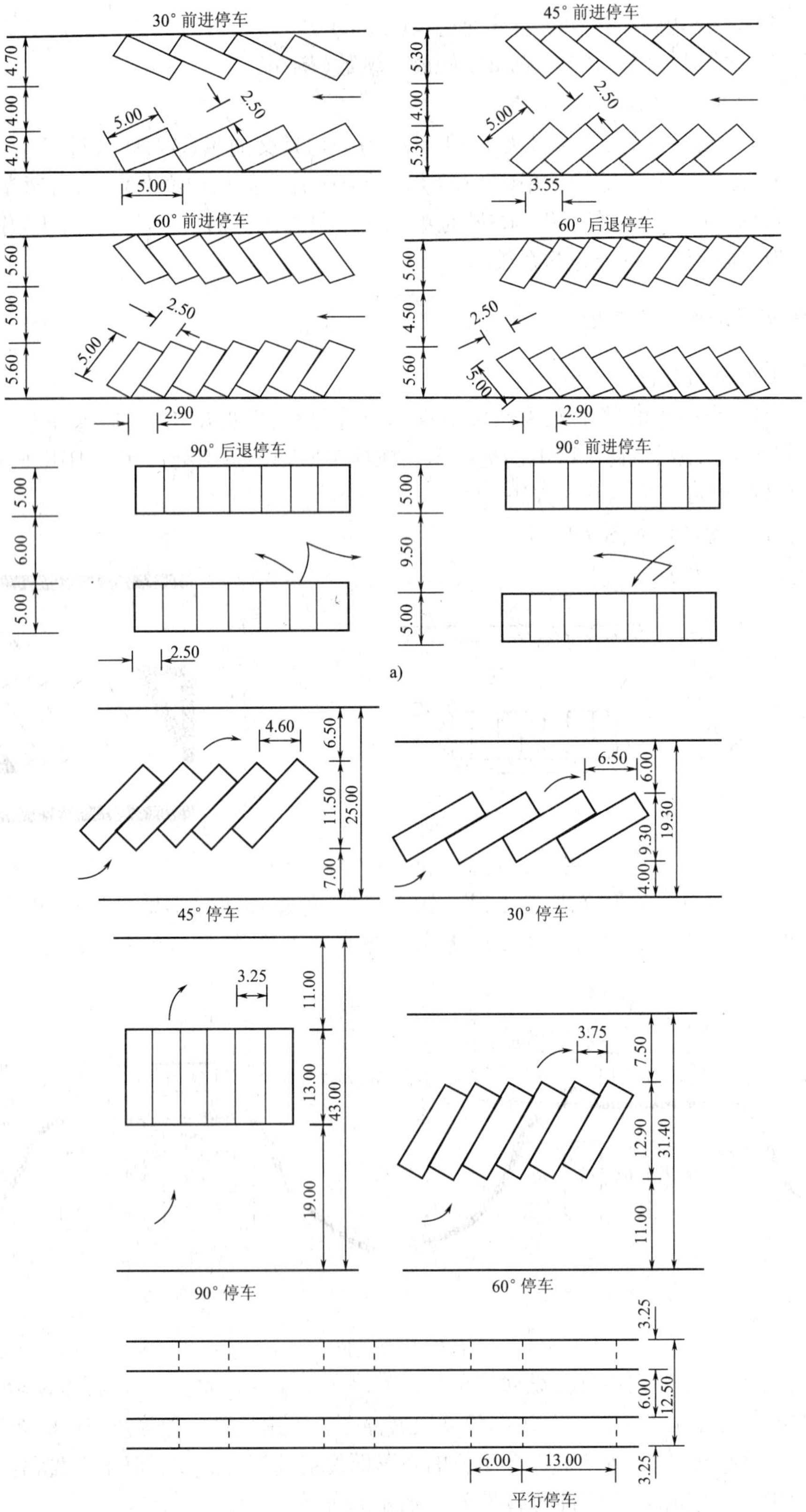

30° 前进停车
4.70
4.00
4.70
5.00
2.50
5.00
45° 前进停车
5.30
4.00
5.30
5.00
2.50
3.55
60° 前进停车
5.60
5.00
5.60
2.50
5.00
2.90
60° 后退停车
5.60
4.50
5.60
2.50
5.00
2.90
90° 后退停车
5.00
6.00
5.00
2.50
90° 前进停车
5.00
9.50
5.00
a)
4.60
6.50
11.50
25.00
7.00
45° 停车
6.50
6.00
9.30
19.30
4.00
30° 停车
3.25
11.00
13.00
43.00
19.00
90° 停车
3.75
7.50
12.90
31.40
11.00
60° 停车
3.25
6.00
12.50
3.25
6.00
13.00
平行停车
b)

图 9-14

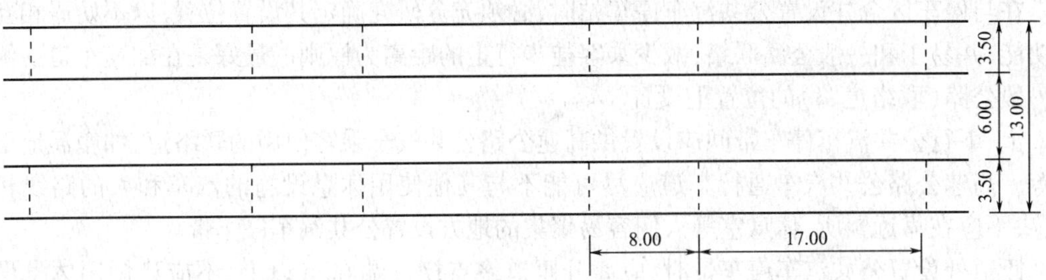

c)

图 9-14　停车场车位排列图(尺寸单位:m)
a)小型车;b)大型车;c)特殊大型车

拖挂车的停车车位,原则上设置在贯穿车道上。

通往步行道、广场等的引道和在车道部分设置的横穿步行道,应以白线作成路面标线。

2. 停车场的人行道

人行道原则上采用停车场的场面结构形式。

停车场内的人行道宽度按每人所占宽度为 0.75m 计,与小型车停车车位相连接设置时,按 3 个人并排行走时所需之宽度,采用 2.25m 与大型车停车车位连接设置时,按 4 个人并排行走时所需之宽度,采用 3.00m。另外,在确定人行道宽度时,考虑行人数与行走路线情况,可采用加宽的宽度。

三、停车区的类型

1. 外向型停车区

停车区的形式原则上采用分离式外向型,其布置如图 9-15 所示。

停车区在规划、设计方面基本上与服务区的原则相通,一般采用外向型,并与周围的环境、景观相协调。

2. 组合型停车区

1)组合型停车区的规划

设置组合型停车区的目的是尽可能地满足沿主线两侧 5km 范围内村镇、厂矿企业、居民点内的居民旅行的方便。为此必须在保障乘客乘车的便利及交通的安全性和经济性的前提下,根据该地区的社会、地理条件来选择合适的地点,建立组合型停车区。

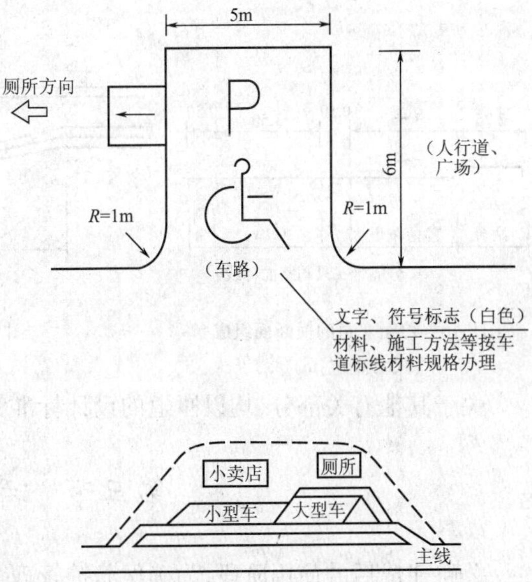

图 9-15　停车区布置示意图

组合型停车区的总体规模 = 停车场 + 公共厕所 + 公共汽车站 + 园地 + 匝道 + 其他(二期工程)。

这里的二期工程是指餐厅、免费休息室、修理加油站及广场等,这些设施如果从建设费用或交通量来考虑不经济时,在不影响停车区机能的情况下,可以缓建或分期修建,甚至于不建。

在与停车区合并设置公共汽车停车站时,必须充分研究确定其设置位置,以不妨碍相互间的功能,并易于和一般公路联络,减少乘客徒步行走的距离为原则。最好是在加速车道一侧接近一般公路(联络道路)的位置上设置。

上、下行公共汽车停车带间应设置供高速公路公共汽车乘客使用的联络道,如箱涵地下通道等。高速公路公共汽车通行车道应尽可能不与其他使用休息设施的汽车和人的路线相交叉,决不应在靠近厕所、休息室等人们容易聚集的地方设置公共汽车停车带。

匝道处设置公共汽车停车带时,应离开匝道终点楔形端60m以上,不应让使用休息设施的汽车产生迷惑或造成路面标线不明了。

设在贯穿车道或交通岛处时,为了避免人和车的交叉,需要修建箱涵等联络用设施,但从经济性来说并不是最佳选择。与使用车辆少的休息设施合并设置时,只要不影响停车场的功能,可以将加速或减速车道与贯穿车道共用,即在停车场的一个角落上靠近匝道设置公共汽车站。

2)几何构造

在设计与休息设施合并设置的公共汽车停车站时,必须满足如下要求:

(1)停留车道长度规定为15m,但利用频率高且认为有必要时,停留车道长度可以采用20m。

(2)最小平曲线半径最好采用500m以上。但当加减速车道的一部分与贯穿车道共用时,公共汽车车道的最小平曲线半径在考虑了安全问题以后,可以采用15m(但停留车道为30m);停留车道的横断面组成如图9-16所示。

(3)停留车道宽度的过渡如图9-17所示,其长度采用40m。路肩宽度在与站台相连接处,要过渡成0.25m。

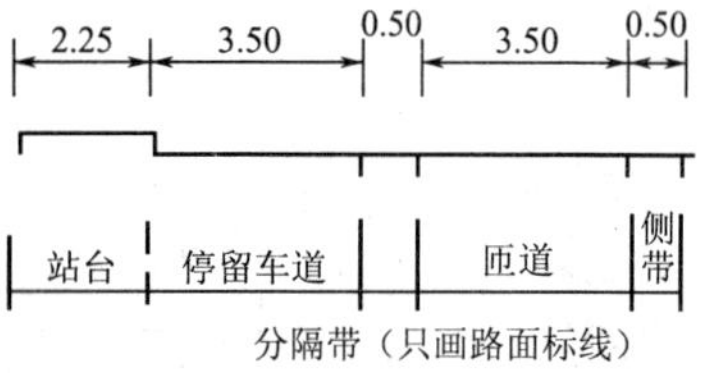

图9-16 停留车道的横断面组成(尺寸单位:m)

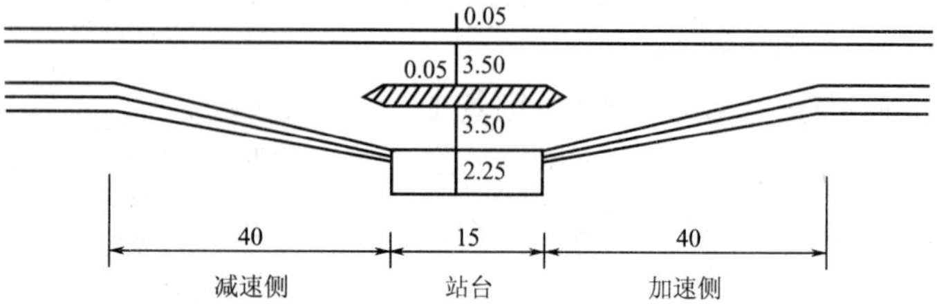

图9-17 停留车道宽度过渡示意图(尺寸单位:m)

关于其他有关部分,均以匝道的设计标准为准进行设计。

第三节 养护工区

公路建成后的使用阶段,为确保养护管理工作的正常进行,在公路沿线还需设置养护工区(道班),以不断改善行车环境。根据《国省干线GBM工程实施标准》规定:公路沿线道班的设置应以专业化、机械化养护大道班(或工区)形式为主,每30~50km设置一个,本着布局合理、设施适用、环境整洁、方便生活的原则,建设道班房。

建设工区(道班房)时,应树立环保意识,遵循发展绿色公路、建立资源节约、环境友好的原则。图9-18、图9-19为某工区的平面布置图及立面图。

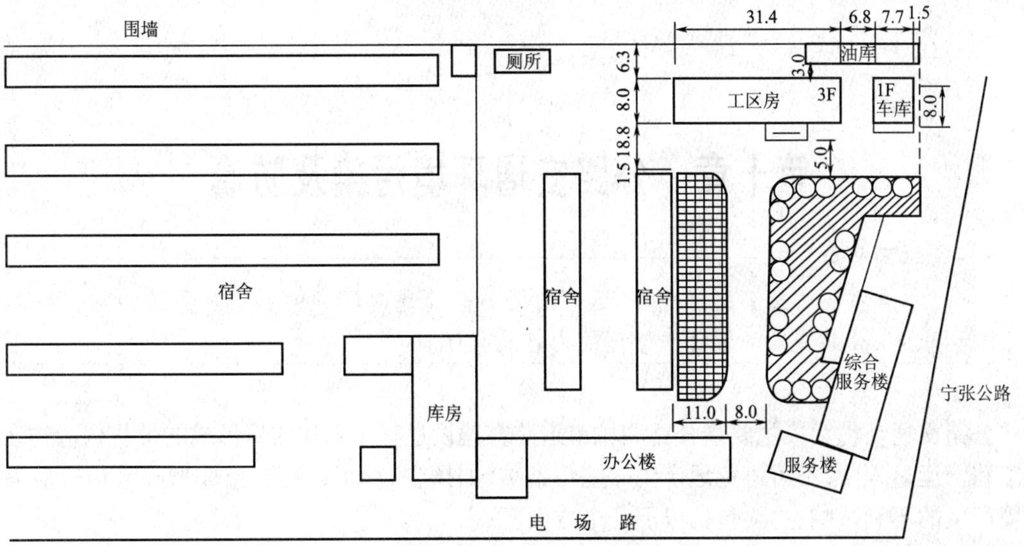

图 9-18　工区平面布置图示例(尺寸单位:m)

图 9-19　工区办公楼立面布置图示例

复习思考题

1. 高速公路为何要设置服务设施?
2. 我国高速公路服务区常见的有哪几种形式?其适用条件是什么?
3. 服务区由哪些设施组成?
4. 简述停车区的布置原则。
5. 停车区有哪几种类型?

第十章　公路交通环境污染及防治

学习要点：

本章主要讲授公路建成后，运营期间公路交通对环境的影响及防治措施，同时概述了公路交通环境保护管理的内容及程序。

公路交通环境污染主要指公路和城市道路在建设过程中和建成后形成的带状构造物在其施工和营运过程中，不可避免地产生一些污染物，如扬尘、汽车运行的排放物和噪声等对周围环境产生的不利影响，主要包括以下几个方面。

1. 生态环境方面

由于公路的建设，导致沿线水文地质和天然植被的破坏，使自然生态环境失去原有的平衡，加剧水土流失，造成塌方滑坡等；破坏珍稀动、植物的生活和生存条件，使其繁衍生息受到影响；汽车运行的排放物对农业土壤和农作物的污染；对水资源的污染等。

2. 大气环境方面

主要是由于汽车运行所产生的悬浮微粒（TSP）、一氧化碳（CO）、氮氧化物（NO_x）、碳氢化合物（HC）及柴油车排放物中的二氧化硫（SO_2）等有害物质。给城市环境造成污染，危及人们的健康。

3. 声环境方面

公路交通对声环境的影响主要表现为机动车加速、机件运转及车体颠簸等造成的噪声和振动，喇叭声、制动声和轮胎与路面的摩擦声等。当交通量达到一定规模后，声音强度大到一定程度，即形成噪声污染。

4. 社会环境方面

公路交通对环境的正面影响主要是改善了社会环境，但另一方面对社会环境也带来一些负面影响，如征地拆迁、行政区划的改变，人们生活、生产通道的割断和改变，历史文物的破坏等。

环境保护是防止自然界和人类对环境的破坏，而这种破坏是与工业、农业、交通运输等活动分不开的。在破坏环境的各种因素中，公路交通占有不可忽视的地位。因此，研究解决公路交通污染问题的防治方法与措施是相当重要的，特别是在当前人们对公路交通的需求与日俱增的时候更为突出。本章将主要介绍公路交通产生的大气、噪声、振动等污染的危害与防治及公路交通环境的管理。

第一节　公路交通大气污染及防治

一、公路交通大气污染物的产生及危害

（一）公路交通大气污染物的产生

公路交通对大气的污染是指交通运输中，车辆排出的烟、尘和有害气体，其数量、浓度和持

续时间都超过大气的自然净化能力和允许标准，使人们和生物等蒙受其害。

交通对大气的污染与车流量、车型、燃料、运行状态、公路条件及地理气象等有着密切的关系。在不同的季节与时间里，都在随机变化着。有关统计资料表明，在一些大城市中，60% 左右的大气污染来源于交通废气，对人及其他生物的危害是严重的。

(二)公路交通大气污染物的危害

汽车排放的污染物大部分是有害有毒物质，有些还带有强烈刺激性，对人体健康造成直接危害。这些污染物还会与其他大气污染源一起造成温室效应，形成光化学烟雾、酸雨等影响人类的生存环境。汽车排出的污染物对人体有多方面的影响，主要表现为呼吸道疾病与生理机能障碍。

1. 呼吸道疾病

近百年来，世界各大城市呼吸道疾病日益增多，很重要的一个原因就是大气污染。国外出现过光化学烟雾事件(如英国伦敦烟雾事件、美国洛杉矶光化学烟雾事件等)，其中大量的受害者均系患呼吸道疾病，闻名的日本东京、横滨哮喘，更是直接由以硫酸烟雾和光化学烟雾为主的第二代污染物引起的。

2. 致癌

汽车废气中，粉尘附着的苯并芘(Bap)是氧化氮和碳氢化合物相互作用生成的硝基化合物，是具有放射性的物质(PD_{210})，而且 PD_{210} 是致癌的。据有关资料介绍，英国和美国城市癌病死亡率比乡村约高 1.26 ~ 2.23 倍；日本大阪市 1964 ~ 1967 年中，污染区的肺癌发病率比非污染区高 2 ~ 3 倍，烟雾期间死亡率比非烟雾期间高 20%。

3. 对心血管系统的影响

污染物中的一氧化碳、硫化合物、铅化合物对心血管系统有不良影响，一氧化碳侵入人体可吸取血液里的氧，浓度低时会使人眩晕、头痛、精神呆滞、心律异常；浓度高时可能诱发其他疾病造成死亡。

世界上出现烟雾的事件证明，硫酸烟雾和光化学烟雾对心脏均有严重影响。例如 1952 年 12 月伦敦烟雾事件中，患心脏病者为平时的 3 倍，在发生事件的一周内，因支气管炎死亡 704 人，为前一周的 9.3 倍；冠心病死亡 218 人，为前一周的 2.4 倍；心脏衰竭死亡 244 人，为前一周的 2.8 倍。

4. 对消化系统的影响

污染物对消化系统的影响，以损害肝脏最为突出，常见的症状是肝肿大、肝区不适、头晕、乏力、记忆力衰退和睡眠障碍等神经衰弱症。

5. 其他影响

一氧化碳、二硫化碳等影响神经系统的污染物称为亲神经性毒物，它们常使人头晕、头痛、乏力、食欲不振等；光化学作用产生的第二代污染物对眼睛有强烈的刺激，能引起眼底病变，导致视神经萎缩、视野缩小及晶体炎等；许多污染物还会引起坏死性肾炎、阻塞性肾炎等泌尿系统的疾病；与其他污染源所产生的污染物一样，汽车排出的污染物对植物、牲畜和各种物品(金属制品、油漆涂料等)也有各种损害或腐蚀作用。

二、公路交通大气污染的防治方法

公路交通大气污染，主要由机动车辆行驶中排放有毒有害物质及在公路上产生的扬尘所致。公路交通大气污染防治主要有七种途径：

①采用新的汽车能源；

②采用新燃料；

③对现有燃料改进及前处理；

④改进发动机结构及有关系统；

⑤在发动机外安装废气净化装置；

⑥控制油料蒸发排放；

⑦加强和改进公路交通管理。

（一）采用新的汽车能源

为防治汽车大气污染，世界各国汽车行业都在寻找不产生大气污染物的汽车新能源。现已获得试验成功的新能源有太阳能和电能。欧、美、日的太阳能汽车和电力汽车已试验成功，据美国政府代用燃料管理委员会资料显示，到2010年，电动汽车销售量将达到180万辆。我国也在积极研制新能源汽车，清华大学研制的太阳能汽车已试运行成功，标志着我国汽车新能源研究已跻身于世界先进之列。

（二）采用新燃料

液化石油气、甲醇、氢气已被列为汽车的新燃料而进行研究，在今后还会有新的发现。

1. 天然气

天然气是一种资源丰富的气态能源。它具有辛烷值高、价格低廉、对环境污染小以及使用安全可靠等优点。其主要成分是甲烷（CH_4），其含量在81% ~98%之间，甲烷不易着火，抗爆性好，甲烷的氢原子和碳原子比例高达4:1，是汽油和柴油的2倍左右。产生同样的热能，甲烷燃烧产生的CO_2比柴油和汽油少30%左右。根据对使用汽油和天然气的车辆实测，使用天然气的CO排放减少60%以上，NO_x排放降低80%以上，HC的总量虽略有增加，但能导致产生臭氧的非甲烷碳氢化合物减少了90%以上。

2. 液化石油气

液化石油气发动机是比较成熟的机型，许多国家都有定型产品。

液化石油气在发动机的工作温度下以气态存在，它可以和空气混合得十分均匀，从而获得完全燃烧。燃烧液化石油气排放的空气污染物数量比燃烧汽油有所减少。它的缺点是汽车需携带沉重的储气罐，在运行和更换时有爆炸的危险存在，是难以解决的隐患。因此，液化石油气只能在特殊运输工作中使用，如定线行驶的公交车等。

3. 甲醇

甲醇是一种高辛烷值的燃料，在常温下呈液态，沸点为64.7℃，在发动机工作温度下易于汽化。由于其汽化热比汽油高2倍多，使其和空气混合及汽车起动造成困难。燃用甲醇汽油混合燃料与燃用汽油相比，HC和CO的排放明显减少，NO_x的排放量也有一定的减少。在美国相当一部分商用汽油掺入10%甲醇。其缺点是甲醇具有毒性，需要防止蒸发。另外，甲醇能溶解塑料零件和使金属腐蚀，这些都需研究克服。

4. 氢气

氢气是一种理想的清洁燃料，以氢气为燃料的氢气发动机只排放NO_x。氢燃料的特点是：氢与空气混合气的着火界限很宽，氢的含量在4% ~75%的范围内均可燃烧；氢的点火能量较低，与其他燃料相比，约差一个数量级；氢火焰的传播速度很快，约为普通燃料的7 ~9倍；氢完全燃烧后，其容积有所缩小。这些特点要求氢在稀混合气条件下工作，以减少NO_x的产生量。不过实验表明，当空气系数近于1时，NO_x的排放量也不多。研究还发现，用1%的氢和99%

的汽油混合燃烧，可以节省油料，并减少 CO 和 HC 的排放量。

目前，许多国家都在致力于氢发动机的研究，并取得了不少成果。由于氢气的制取和储存问题还有待于进一步研究解决，目前氢发动机还停留在实验阶段。

（三）对现有燃料的改进及前处理

1. 燃油掺水

燃油掺水后在汽缸中燃烧时，由于水具有较高的比热，尤其是水蒸气的生成要吸收大量潜热，使燃烧最高温度下降。同时水蒸气稀释燃气降低了氧浓度，因而使 NO_x 的产生量减少。

燃油掺水的缺点是机件易锈蚀，冬季有结冰现象发生，乳化油储存时易发生水油分离，特别是喷水量随负荷变化的控制难以实现，因而该方法的应用受到限制。

2. 采用无铅汽油

采用无铅汽油，可以杜绝汽车排气的铅污染。含铅汽油燃烧后约 75% 的铅都排入到大气环境中。1986～1995 年 10 年间我国由燃料含铅汽油排放的铅累计约有 151 813t，对大气环境造成严重危害。

为了控制含铅汽油的污染，国务院 1998 年 9 月 2 日发出通知，要求 2000 年 1 月 1 日起在全国停止生产含铅汽油，2000 年 7 月 1 日起停止使用含铅汽油。目前，我国已基本实现了车用无铅汽油（铅含量小于 0.013g/L）的推广应用。

3. 汽油裂化为可燃气体

使汽油裂化为可燃气体的方法也称汽油裂化前处理方法。该方法是将液体燃料（例如无铅汽油或柴油）经裂化汽化器转变为可燃气体后，送入气体发动机工作。由于可燃气体与空气形成的混合气较均匀，燃烧完全，使空气污染物的排放量减少。目前该项技术尚处于试验研究阶段，有待完善。

（四）改进发动机结构及有关系统

1. 分层燃烧系统

汽油发动机基本上是均匀混合气的燃烧，空燃比（混合气中空气与燃料的质量之比）的变化范围较窄，通常在 10～18 范围内变化。在分层燃烧系统中，使进入汽缸的混合气浓度依次分层，在火花塞周围充有易于点燃的浓混合气体（空燃比为 12～13.5）以保证可靠的点火，在燃烧室的大部分区域充有稀混合气体。这样，燃烧室内总的空燃比平均在 18∶1 以上，以减少 CO 和 NO_x 的排放量。

2. 燃料直喷技术

发动机采用燃料喷射系统的最大优点是使各缸的喷油量非常均匀，并且能按照发动机的使用状况和不同工况，精确地供给发动机所需的最佳混合气空燃比。它可以在较稀的混合气条件下工作，从而减少 HC 和 CO 的排放量。试验结果表明，该技术还可以提高功率约 10%，节省燃料 5%～10%，因此，它得到了实用性的发展。

3. 使用电子点火装置

使用电子点火装置主要控制的参数是混合气的空燃比和点火准时，每缸的喷油量控制得更精确，混合气空燃比控制得更严格，使 CO 和 HC 的排放量达到最少，也可以控制二次空气喷射及废气循环等，可减少约 2% 的 NO_x 的排放量。

4. 调节化油器

化油器对混合气的空燃比有直接影响，改进化油器的结构及使用调整，可改变燃料和空气混合程度，使燃料燃烧完全，对减少排气中的 CO、HC 和 NO_x 有重要作用。关于这方面的技术已发展了许多种，如控制阻风门的开度、热怠速补偿装置、怠速转数调整及减速时的空燃比等。

(五)发动机外安装废气净化装置

当对发动机本体进行改进，仍不能符合汽车排气标准时，可加装机外净化装置，在废气离开发动机后而未排入大气之前，去除其中的污染物。机外废气净化装置有多种，下面对主要的几种作简单介绍。

1. 二次空气喷射

二次空气喷射是用空气泵把空气喷射到汽油发动机各缸的排气门附近，借助于排气的高温使喷射空气中的氧和废气中的 HC、CO 相混合后再燃烧，以减少 HC 和 CO 的排放量，达到排气净化的目的。

2. 热反应器

热反应器是在发动机之外另增加一个燃烧室，使未燃烧完全的物质再进一步氧化成无害物质。热反应器是由壳体、外筒和内筒三层壁构成，壳体与外筒之间填有绝热材料，使热反应器内保持高温，以利于 HC 和 CO 的再燃烧。由喷管向排气门喷射的二次空气与排气相混合后进入热反应器的内筒及热反应器的心部，利用热反应器和排气的高温，使 HC 和 CO 燃烧变为无害物质。

3. 氧化催化反应器

氧化催化反应器是具有很大表面并附有催化剂的载体，一般安装在汽车底盘上，与内燃机的排气系统连接在一起。当汽车排气经过反应器时，排气中的 HC 和 CO 在催化剂的作用下可以在较低的温度下与 O_2 反应，生成无害的 H_2O 和 CO_2，从而使排气得以净化。由于所用催化剂为贵重金属铂和钯，使该方法的应用受到了限制。

4. 三元催化反应器

三元催化反应器是一种能使 CO、HC 和 NO_x 三种有害成分同时得到净化的处理装置。这种反应器要求把空燃比精确地控制在理论空燃比的最佳范围内，以实现同时对三种有害成分的高效率净化。为做到这一点，将三元催化反应器与电子计算机控制系统结合使用。该反应器净化效率高，但成本费用大，只适用于汽油发动机。

(六)加强和改进公路交通管理

为减少公路交通对环境大气的污染，应从以下几方面加强和改进对公路交通的管理：

(1)加强对公路的养护，使公路保持平整，保证汽车在良好的路况下行驶，减少排放有害气体。

(2)加强汽车保养管理，以保证汽车安全和减少有害气体的排放量。

(3)制定各种机动车辆的废气排放标准，控制机动车辆的废气排放量。

(4)限制拖拉机、载货柴油机车在城市市区公路上行驶。

(5)取消公路上各种关卡和收费站(以其他收费方式取代)，减少车辆的怠速状态。

(6)改善城市交叉口的通行条件和交通干道的通行条件，以减少有害物质的排放。

(7)加强油料质量管理，防止产生严重污染的劣质油料上市。

(8)加强公路两侧绿化，种植能吸收(或吸附)CO、HC 和 NO_x 等有害气体的树种，以减小公路交通大气污染的范围。

第二节　公路交通噪声污染及防治

噪声通常指一切频率混杂、呆板、凌乱，对人们的生活、工作、学习和健康有妨碍的声音。

亦即凡人们所不需要,令人厌烦的声音,统称噪声。按照声源类别可将噪声分为交通噪声、工业噪声、施工噪声、生活噪声及其他噪声5种。

公路交通噪声与车流量、车型、车速、路况等有密切的关系,在一天中是随机变化的,是一种变化范围很宽的随机噪声。许多国家的研究结果表明,城市环境噪声的50% ~70%来自公路交通噪声,它主要来源于行驶车辆发动机产生的声音、排气管产生的声音、车辆各零部件振动产生的声音以及车胎与路面摩擦产生的声音等。

公路交通噪声的源头具有流动性,是一种随机非稳态噪声,它受到公路与交通条件的密切影响,并有以下特点:

(1)公路交通噪声的分布与道路网的分布一致,其影响范围主要是道路两侧一定范围内的居民及其建筑物等。

(2)公路交通噪声与公路的坡度、路面粗糙度,路段位置等有关。公路坡度越大,发动机负荷越大,噪声越高;越接近交叉口噪声越高;路面粗糙度越大噪声越大。

(3)公路交通噪声与公路交通状况有着密切的关系。车流量与噪声的关系其总的趋势是随车流量的增加噪声增大。

一、公路交通噪声的危害

噪声广泛地影响着人们的各种活动。比如,妨碍交谈、影响睡眠和休息,干扰工作,使听力受到损害,甚至引起神经系统、心血管系统、消化系统等方面的疾病。所以,噪声是影响面最广的一种环境污染,它的危害主要表现在下面几个方面。

1. 听力机构损伤

近20年来,关于噪声对听觉影响的研究有了很大进展。大量的调查和研究证明,强噪声会造成耳聋。根据国际标准化组织(ISO)1964年的规定,500Hz、1 000Hz、2 000Hz三个频率的平均听力损失超过25dB,称为噪声性耳聋。在这种情况下,正常交谈时,句子的可懂度下降13%,而句子加单音节词的混合可懂度降低38%。换句话说,即听力发生了障碍。

2. 对睡眠的干扰

睡眠对人是极为重要的,它能够使人的新陈代谢得到调节,使人的大脑得到休息,从而消除体力和脑力疲劳,所以保证睡眠是关系到人体健康的重要因素。但是噪声会影响人的睡眠质量和数量。据研究表明:在40 ~45dB的噪声刺激下,可使10%的人睡眠受到影响,70dB可影响50%的人的睡眠;而突发的噪声在40dB时可使10%的人惊醒,60dB则使70%的人惊醒。

3. 对人体的生理影响

许多调查和统计资料说明,大量心脏病的发展和恶化与噪声有着密切的关系。实验结果表明,噪声会引起人体紧张的反应,使肾上腺素增加,从而引起心率改变和血压升高。目前不少人认为,20世纪工业生产噪声和交通噪声的升高,是造成心脏病的重要原因之一。

噪声还会引起消化系统方面的疾病。早在30年代,就有人注意到,长期暴露在噪声环境中的工人,其消化功能有明显的改变。一些研究指出,某些吵闹的工业行业里,溃疡症的发病率比安静环境高5倍。

在神经系统方面,神经衰弱症候群是最明显的。噪声能引起失眠、疲劳、头晕、头痛、多汗、乏力、恶心、注意力不集中、记忆衰退、反应迟缓。对噪声作用下的近万名职工的调查表明,噪声强度越大,神经衰弱症的阳性率越高。

此外,强噪声会刺激内耳腔的前庭,使人眩晕、恶心、呕吐,如晕船一般。超过130dB的噪声甚至会引起眼球振动，视觉模糊，呼吸、脉搏、血压都发生波动，全身血管收缩，使供血减少，甚至说话能力都受到影响。

4. 心理影响

噪声引起的心理影响主要是烦恼。引起烦恼首先是由于对交谈和休息的干扰。例如一个人正站在放水的水龙头旁，其背景噪声大约是74dB。当另一个人离开他6m远时，即使提高谈话声，对话也很困难。如果两人相距1.5m，环境噪声如超过66dB，就很难保证正常的交谈。实验研究表明，噪声对交谈、工作的干扰是很大的，其结果如表10-1所示。

噪声对交谈的影响 表10-1

噪声(dB)	主观反应	保证正常讲话距离(m)	通信质量
45	安静	10	很好
55	稍吵	3.5	好
65	吵	1.2	较困难
75	很吵	0.3	困难
85	太吵	0.1	不可能

由于噪声容易使人疲劳，因此往往会分散人的注意力和影响工作效率，尤其是对一些不是重复性的劳动，影响更为明显。此外，由于噪声的掩蔽效应，往往使人不易察觉一些危险信号，从而容易造成工伤事故。据世界卫生组织估计，仅美国由于工业噪声造成的低效率、缺勤、工伤事故和听力损失赔偿等费用，每年达40亿美元。

二、公路交通噪声污染的控制

公路交通噪声主要由车辆动力噪声和轮胎噪声构成，因此，降低声源噪声辐射就应从降低车辆动力噪声和轮胎噪声入手。目前，降低车辆动力噪声的办法较为成功，而轮胎噪声的降低主要靠采用低噪声路面来解决。控制噪声传播途经，是降低交通噪声的主要方式，所采用的主要措施为控制路线距环境敏感点的距离和在噪声传播途中设置声屏使其产生衰减。为减少公路噪声的污染，可采取下列措施。

1. 制订噪声控制法令条例

我国发布了一系列的噪声污染防治的法律、法规及标准，如《中华人民共和国环境噪声污染防治条例》、《城市环境噪声控制法》、《城市区域环境噪声标准》等，这些法律法规为噪声污染控制提供了法律依据及行政保障，并使之得到实施。如对车辆噪声实行年检和车辆出厂检验。表10-2为我国机动车辆允许噪声标准，既是车辆产品的噪声标准，又是城市机动车辆噪声管理检查的依据。

机动车辆允许噪声标准 表10-2

车辆种类		1990年噪声标准(dB)	1988年噪声标准(dB)
载重汽车	3~15t	92	89
	3.5~3t	90	86
	<3.5t	99	84
轻型越野车		89	84
公共汽车	4~11t	89	86
	<4t	88	83
摩托车		90	84
轿车		84	82
轮式拖拉机(45kW以下)		91	86

表10-3为1982年颁布的国家城市区域环境标准GB 3096—82，表10-4系国际环境噪声标准，我们应严格贯彻执行。

中华人民共和国国家标准城市区域环境噪声标准Lep(dB) 表10-3

适用区域	昼间	夜间
特殊住宅区	45	35
居民、文教区	50	40
一类混合区	55	45
二类混合区、商业中心区	60	50
工业集中区	65	55
交通于道两侧	70	55

注：特殊住宅：指特别需要安静的住宅区；

居民、文教区：指纯居民区和文教、机关区；

一类混合区：指一般商业与居民混合区；

二类混合区：指工业、商业、少量交通与居民混合区；

工业集中区：指一个城市或区域内规划明确确定的工业区；

商业中心：指商业集中的繁华地区；

交通干道两侧：指交通量大于100辆/h的道路两侧。

国际标准组织制定的环境噪声标准 表10-4

性质	标准Lep(dB)
寝室	20~50
生活室	30~60
办公室	25~60
工厂	70~75

此外，多数城市实行市区禁鸣、禁止载货汽车进入市区、车辆限速等，这些对降低城市环境噪声都有较大的作用。国际上，美、日等国还制定了道路交通噪声标准，用来控制公路沿线两侧不同区域的允许噪声级，对公路建设的声环境保护从法律上作了规定。

2. 控制噪声源

针对我国车辆状况，首先是改善机动车辆的构造，对进气排气采用高效率消声器；对发动机用附加隔声罩。还可采用电气车辆来降低噪声；开发其他类型的车辆如磁浮式、气垫式等高效低噪声型的车辆或某些新型热机车辆。

3. 改善运行状况

采用合理的交通管制与自动控制系统，使交通通畅。合理地控制交通流量，特别是限制载货汽车的流量，可有效地降低交通噪声。在限制车流量的同时，还应限制车速，使之尽可能地减少加速、减速、按喇叭、制动的噪声。改善路况，提高路面平整度，以减低振动与摩擦噪声。

4. 调整路网规划

在进行路网规划时，应注意不同功能道路之间的配合，应避免主要干道穿越市中心和文教、住宅区。对噪声特别严重的载重汽车宜辟专用道，以便集中采取隔音措施。对于住宅区、居民文教区等特别区域，应与交通干线保持一定距离，利用环境自然衰减来降低噪声(图10-1)，必要时还可采用土丘或路堑以减少噪声(图10-2、图10-3)。对于流量大的一些地区，可采用立体交叉和自动信号控制，以保持车辆匀速行驶，降低噪声。

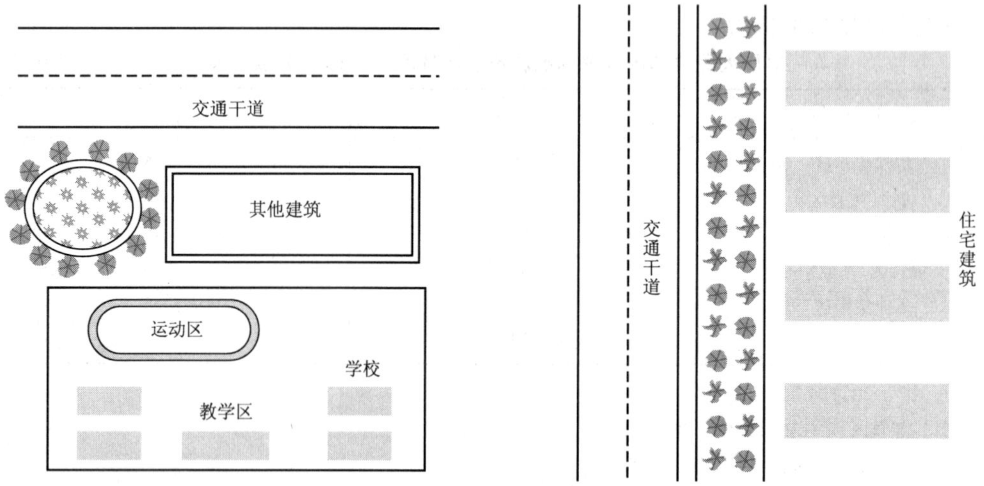

图 10-1　公路与建筑的合理布置示意图

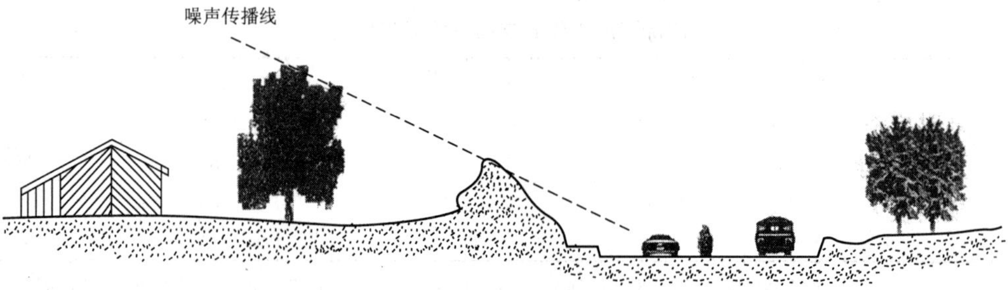

图 10-2　利用土丘作声屏障示意图

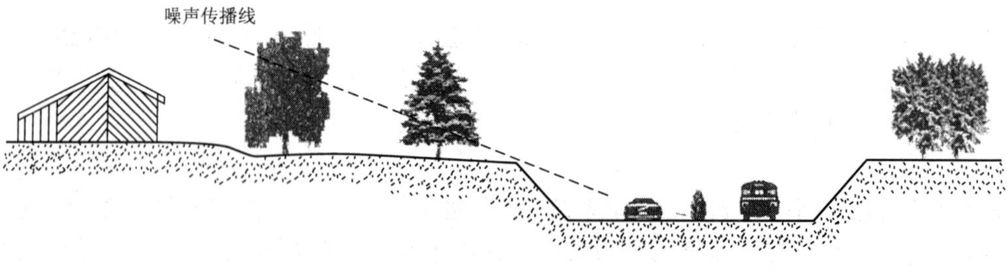

图 10-3　利用路堑作声屏障示意图

5. 设置防声屏障

声屏障是用来遮挡声源和接收者之间直达声的设施，它对交通噪声的衰减作用主要是通过噪声吸收和隔声来达到的。吸声是靠吸声材料来实现的，而隔声主要是靠增加噪声的传播距离达到的，噪声传播路径的不同是噪声衰减的原因。声屏障隔声的原理与光照射一样，如图 10-4 所示，当噪声遇到障碍物尺寸远大于声波波长时，则大部分声能被反射，一部分被衍射，于是在障碍物背后一定距离内形成“声影区”，如果设保护点处于声影区，等效声级可降低 8 ~ 15dB。

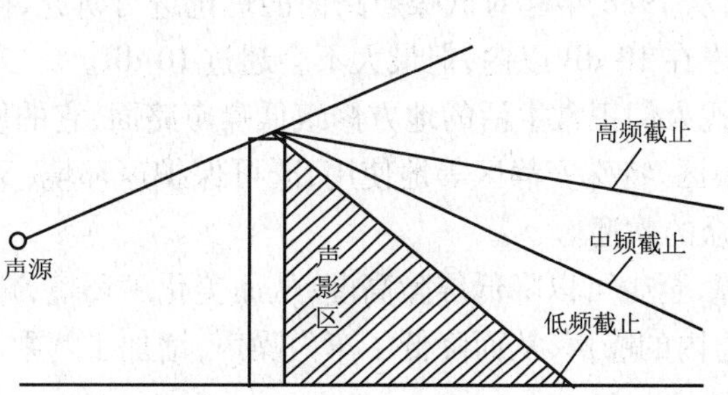

图 10-4　声屏障的隔声原理图

根据公路与防护对象之间的相对位置,周围的地形地貌,可以选择几个声屏障的位置。选取原则或是屏障靠近声源,或是靠近接受点,或者可以利用土坡、堤坝等障碍物等,力求以较小的工作量达到所需的声衰减值。声屏障通常采用的结构可以分为土堤结构、木质结构、混凝土砖石结构、金属和合成材料结构以及不同材料的组合结构等,其性能特点见表 10-5,设计时应根据所在区域特点及技术经济情况选用。

公路声屏障适用范围及效果比较　　表 10-5

类　型	适用范围及效果
土堤结构	适用于公路与受保护对象之间有充足空间可以利用的场合,是经济有效的降噪办法,降噪效果依土堤高度而异
混凝土砖石结构	适用于郊区和农村区域,易与周围自然环境相协调,价格便宜,且便于施工与维护,降噪效果约 10 ~ 13dB
木质结构	适用于农村、郊区个人住宅或院落且木材资源比较丰富的地区的噪声防护,降噪效果约 6 ~ 14dB
金属和合成材料	是目前世界各国普遍使用的结构形式;材料易于加工,便于安装;可加工成各种形状,易于景观设计和规模化生产;降噪效果也很好
组合结构	根据现场条件、周围环境、景观要求和经济条件因地制宜

我国首例将声屏应用于公路作为降噪措施是 1992 年贵州省贵黄高速公路安装的百米试验性声屏障(图 10-5)。目前,上海、北京、广州等城市的高架桥及许多新建高速公路,经过学校、医院和居住区等环境敏感路段也都安装有声屏障(图 10-6)。公路声屏障的研究、设计与应用在我国已开始发挥作用。

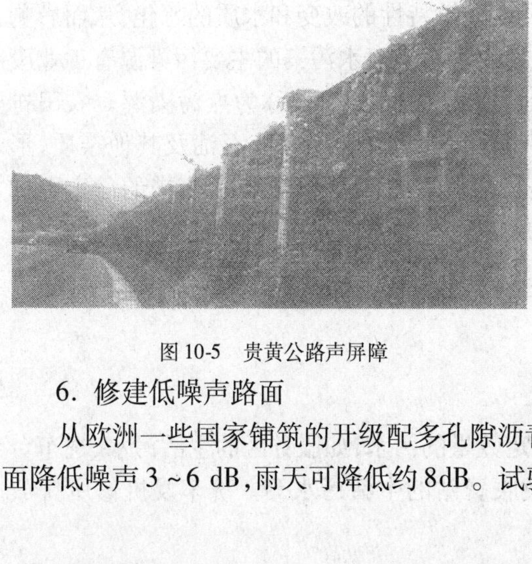

图 10-5　贵黄公路声屏障

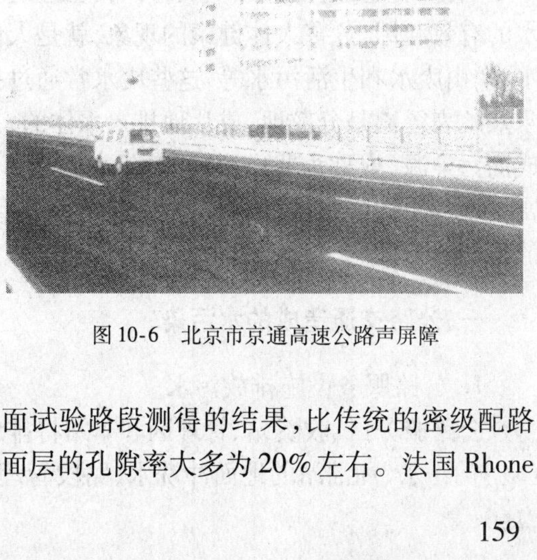

图 10-6　北京市京通高速公路声屏障

6. 修建低噪声路面

从欧洲一些国家铺筑的开级配多孔隙沥青路面试验路段测得的结果,比传统的密级配路面降低噪声 3 ~ 6 dB,雨天可降低约 8dB。试验路面层的孔隙率大多为 20% 左右。法国 Rhone

省联合 Michelin 研究室，从 1988 年起对低噪声路面的理论进行研究，得出的结论是，采用加厚多孔隙路面可以降低噪声在 10 dB 以内，但最大不会超过 10 dB。

在公路交通噪声干扰人们正常生活的地方修筑低噪声路面，它的使用价值表现在：

（1）在城市人口密集区，特殊安静区等地使用，既可保护声环境，又可保持环境风貌，建成的试验路已受到当地民众的欢迎。

（2）可以取消声屏障，至少可以降低屏障高度，从而美化了环境，减少了造价。

（3）可以降低行车道内的噪声，从而降低了车内噪声，增加了驾乘人员的舒适性。

7. 栽植隔声绿化带

隔声绿化带的降噪原理是当声波通过高于声线 1m 以上的密集植物丛时，植物的吸收屏障效应，即会因植物阻挡而产生声衰减，可达到降低噪声的目的，尤其是绿化在人们对噪声的心理感觉上有良好的效果。

绿化带的降噪效果因声波频率、树林密度和深度而异。由于树叶的吸收作用是在树叶的周长接近或大于声波波长时，才有较大的效果，所以要得到绿化降噪的良好效果，树要种得密，林带要相当宽。一般认为，矮的乔木比高的乔木防噪效果好，阔叶树比针叶树好，几条窄林带比一层稠密林带效果好，但林带很窄或为灌木时，效果就很差。

试验表明：40m 宽的林带，可降低噪声 10 ~ 15dB；30m 宽的林带，可降低噪声 6 ~ 8dB；20m 宽的多层行道树，可降低噪声 8 ~ 10dB；12m 宽的悬铃木树冠，可降低噪声 3 ~ 5dB；窄的绿化带的实际降噪效果并不明显，仅有心理作用。

第三节　公路交通水污染及防治

水是人类生存的基本物质，是社会经济发展的重要资源。水环境一般指河流、湖泊、沼泽、水库、地下水、冰川、海洋等地表储水体中的水本身及水体中的物质和生物。

地球上约有 97.3% 的水是海水，人类生命活动和生产活动所必需的淡水水量有限，只占不到总水量的 3%，可较容易地使用和开发的淡水量就更少，仅占总水量的 0.3%，而且这部分淡水在时空分布又很不均衡。据联合国 1997 年发表的《对世界淡水资源的全面评估》报告，缺水问题将严重制约 21 世纪的经济和社会发展，并可能导致国家间的冲突。因此，必须更有效地使用淡水资源，控制河流和湖泊污染。

水体因接受过多的杂质而导致其物理、化学及生物学特性的改变和水质的恶化，从而影响水的有效利用，危害人体健康的现象，就是人们常说的水污染。水污染的主要污染源有工业废水、矿山废水和生活污水等，这些废水常通过排水管道集中排出，又被称为点污染源。农田排水及地表径流是分散地、成片地排入水体的，其中也往往含有化肥、农药、石油及其他杂质，形成面污染源（或称为非点源）。近年来人为污染是最为严重的，水污染及其所带来的危害更加剧了水资源的紧张，对人类的健康和生存产生威胁。防治水污染，保护水资源已成为当今人类的迫切任务。

一、公路交通造成的水污染

1. 公路服务设施排放污水

公路服务区、收费站、管理区和车站将排放一定数量的污水，如服务区的生活污水、洗车台（场）的污水、加油站的地面冲洗水、路段管理处及收费站的生活污水等。洗车及机修所排放的污水可归属为工业废水类,所含污染物以泥沙颗粒物、石油类为主,其排放量相对较小。公路服务区污水以服务区常住工作人员和旅客产生的生活污水为主要来源。

生活污水是人们日常生活中产生的污水,主要含有人的排泄物和生活废水。生活污水包括厕所排水、厨房洗涤排水及沐浴、洗衣排水。其特征是水质比较稳定、浑浊、深色,具有恶臭,呈微碱性,一般不含有毒物质,但常含植物营养物质,且含有大量细菌(包括病原菌)、病毒和寄生虫卵。

2. 公路路面径流对水的污染

公路路面径流是指经过公路路面漫流的雨水或融雪水。公路路面径流是具有单一地表使用功能的地表径流,所含污染物与车辆运输及周围环境状况有关,污染物来源于货物运输过程中在路面上的抛撒,汽车尾气中微粒的降落,汽车燃油会存有一些滴漏,轮胎与路面的磨损物及大气降尘,主要成分为固体物质、有机物、重金属和无机盐等。当降水形成路面径流,就夹带着这些有害物质排入水体和农田。一般来说,不会对水体和土壤造成大面积的污染。但当公路距水源保护地、生活饮用水源和水产养殖水体较近时,路面排水可能直接排入这些水体,这样将危害到人及牲畜的生命。

二、公路交通水污染的防治

(一)公路服务设施污水处理

1. 生活污水处理

1)化粪池

化粪池是污水沉淀与污泥消化同在一个池子内完成的处理构筑物,其构造简单,类似平流式沉淀池(图10-7)。污水在池中缓慢流动,污水中的悬浮固体得以沉淀分离,储存于池底,在常温下进行厌氧分解。由于污泥消化过程完全在自然条件下进行,所以效率低,历时长,一般需要6~12个月,相应所需污泥储存容积较大。上部流动的污水则在池内停留12~24h后排出,化粪池主要去除了污水中悬浮物,对溶解性有机物分解不彻底,且上部流动的污水易受到下部发酵污泥的污染。通常化粪池只作为初步处理,以减轻污水对环境的污染。

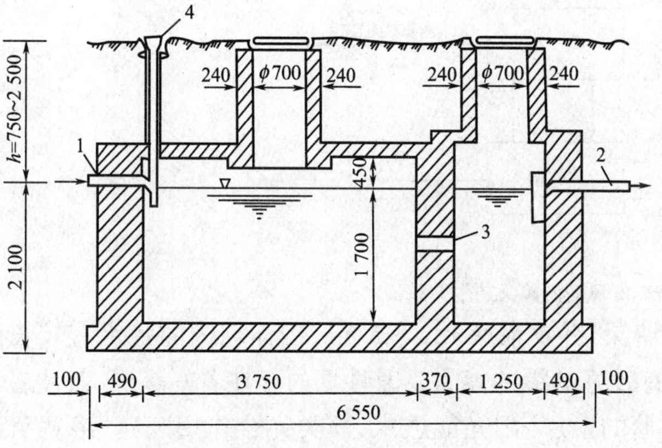

图10-7 化粪池示意图(尺寸单位:mm)

1-进水管;2-出水管;3-连通管;4-清扫口

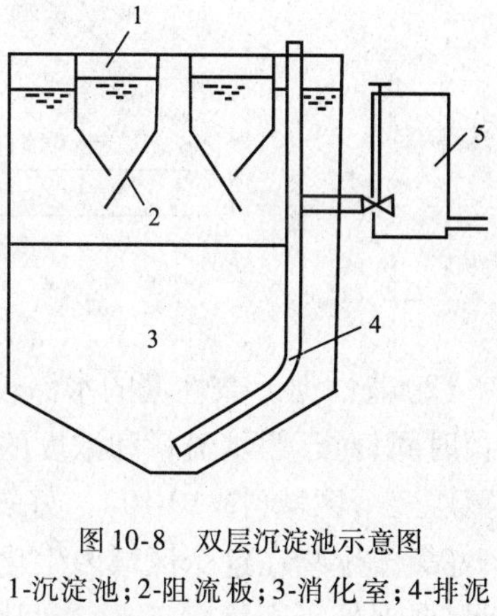

图10-8 双层沉淀池示意图

1-沉淀池;2-阻流板;3-消化室;4-排泥管;5-窨井

2)双层沉淀池

双层沉淀池又称隐化池。它具有使污水沉淀,并将沉淀的污泥同时进行厌氧消化的功能

(图 10-8)。污水从上部的沉淀槽中流过,沉淀物从槽底缝隙滑入下部污泥室进行消化。在沉淀槽底部的缝隙处设阻流板,使污泥室中产生的沼气和随沼气上浮的污泥不能进入沉淀槽内,以免影响沉淀槽的沉淀效果和污水受到污染。双层沉淀池的污泥消化仍在自然条件下进行,当污水冬季平均温度在 10 ~ 15℃时,污泥的消化时间需 60 ~ 120d,因此,消化室的容积较大。消化室的容积根据当地年平均气温,按表 10-6 确定。

消化室容积确定 表 10-6

年平均气温(℃)	每人所需消化室容积(L)
4 ~ 7	45
7 ~ 10	35
>10	30

3)生物塘

当公路服务设施附近有取土坑(或洼地)可以利用时,可将取土坑(或洼地)适当整修作为生物塘。生物塘是一种构造简单、管护容易、处理效果稳定可靠的污水处理方法。生物塘可以作为化粪池或双层沉淀池的后续处理,也可单独使用。

污水在塘内经较长时间的停留和储存,通过微生物(细菌、真菌、藻类、原生动物等)的代谢活动与分解作用,对污水中的有机污染物进行生物降解,最后达到稳定。因此,生物塘又称为生物稳定塘。生物塘可分为好氧塘、兼性塘、厌氧塘和曝气塘四种。

(1)好氧塘。好氧塘的深度较浅,有效水深一般小于 1m,通常采用 0.5m,阳光可以透入池底。塘内存在着藻—菌—原生动物生态系统(图 10-9)。在阳光照射的时间内,藻类光合作用而释放大量氧,塘表面由于风力的搅动而进行自然复氧,使塘内保持着良好的“好氧”条件。好氧异养性微生物通过生化代谢活动,对有机污染物进行氧化分解,代谢产物 CO_2 提供藻类光合作用所需要的碳源。藻类利用 CO_2、H_2O、无机盐及光能合成其细胞质,并释放出氧气。好氧塘适宜处理 BOD_5 小于 100mg/L 的污水。

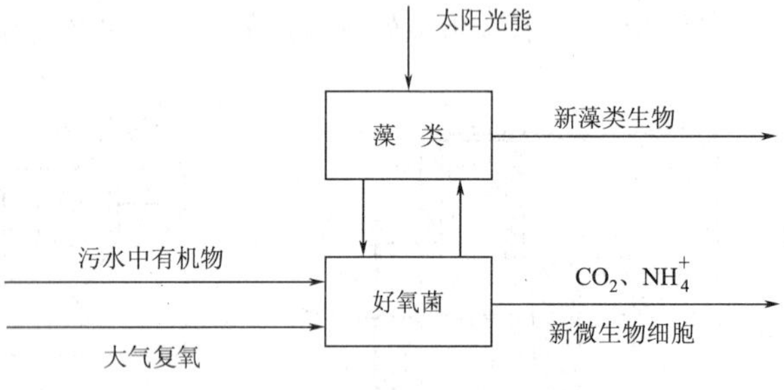

图 10-9 好氧塘内藻菌共生关系

(2)兼性塘。兼性塘的水深较好氧塘深,有效水深 1.2 ~ 2.5m,因而塘内的污水有较长的停留时间,对于污水流量和浓度的波动有较好的缓冲能力。兼性塘内存在着好氧层、兼性层和厌氧层三个区域(图 10-10)。好氧层在塘的上层,阳光能透入,藻类光合作用旺盛,溶解氧充足,好氧微生物在这个区域内生化代谢活动。兼性层在塘的中间,藻类光合作用减弱,溶解氧不足,白天处于好氧状态,而夜间则处于厌氧状态,兼性微生物占优势。塘的底部厌氧微生物占主导,对沉淀池的底泥进行酸性发酵和甲烷发酵。兼性塘适宜处理 BOD_5 在 100 ~ 300mg/L 之间的污水。

(3)厌氧塘。厌氧塘有效水深 3.0 ~ 5.0m(图 10-11),塘内有机物质分解需氧量超过大气

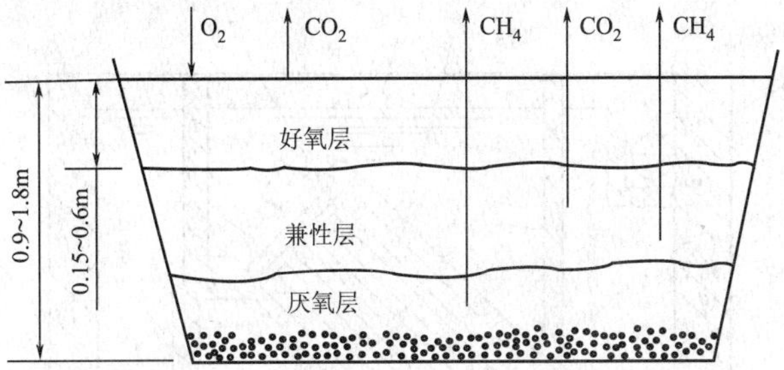

图 10-10　兼性塘的三个区域示意图

复氧和水生植物光合作用释放氧量时,生物塘便处于厌氧状态。减小塘的表面积和加大塘的水深,都能降低光合作用的强度,塘内呈厌氧状态。有机物在厌氧微生物的代谢作用下缓慢降解,最后转化为甲烷,并释放出 H_2S 及其他致臭物,如乙硫醇、硫甘醇酸、粪臭素等。一般在进水 BOD_5 大于 300mg/L 时采用,旨在充分利用厌氧反应高效低耗的特点降低有机负荷,改善原污水的可生化降解性,保障后续塘的有效运行。

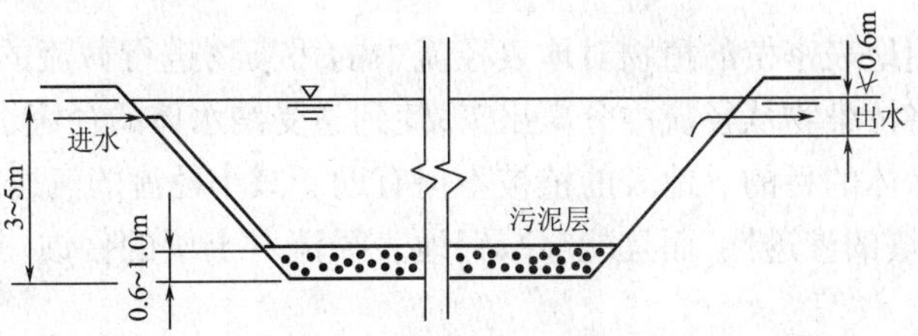

图 10-11　厌氧塘示意图

(4)曝气塘。采用人工曝气(多采用曝气机)在水面进行曝气充氧,以维持良好的充氧状态。由于曝气具有搅拌和充氧双重功能,当曝气机的动力足以维持塘内全部固体处于悬浮状态,并向污水提供足够的溶解氧时,这种塘称为好氧曝气塘,有效水深 1.8 ~4.5m。当曝气机的动力仅能供应污水必要的溶解氧,并使部分固体处于悬浮状态,而另一部分固体沉积塘底并发生厌氧分解,这种塘称为兼性曝气塘。

2. 含油污水的处理

大型洗车场和加油站的污水,常含有泥沙和油类物质。油类不溶于水,在水中的形态为浮油或乳化油。乳化油的油滴微细,且带有负电荷,需破乳混凝后形成大的油滴才能除去。洗车场和加油站的含油污水以浮油为主,通常采用隔油池进行处理。当污水进入隔油池后,比重大于 1 的重质油和泥沙沉淀于池的底部,而比重小于水的粒径较大的可浮油粒便漂浮于水面,利用设置在水面的集油管收集去除。平流式隔油池可去除 100 ~150μm 的油粒。斜板式隔油池(图 10-12),由于利用浅层沉降原理,使可分离去除的油粒最小粒径降为 60μm 左右,且所需容积仅为平流式隔油池的 1/4 ~1/2。

(二)公路路面径流水污染防治

公路路面径流水中污染物以无机固体颗粒为主,所含有机污染物 COD 与 BOD_5 比值约为 6:1,可生物降解性较小,其处理应以物理法处理为主。必要时可在路边设置沉淀池进行沉淀处理后排放,或利用天然洼地、池塘、湿地等收集处理路面径流。美国自 20 世纪 70 年代初就开发了许多用于公路路面径流污染防治的方法和技术,可归纳为植被控制、湿式滞留池、渗滤系统及湿地系统四个方面。

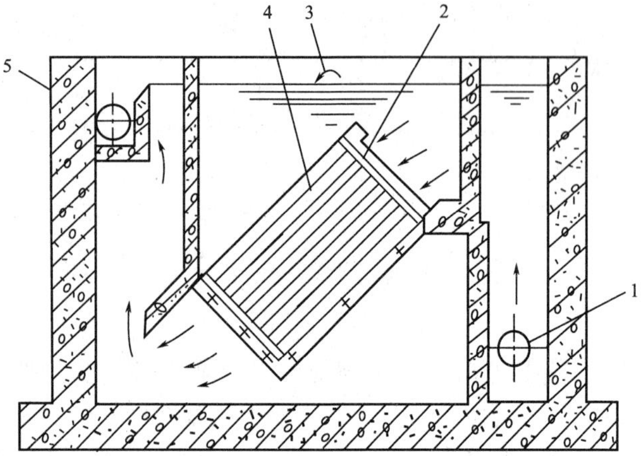

图 10-12　斜板式隔油池构造图

1-进水管;2-布水管;3-集油管;4-波纹斜管;5-出水管

1. 植被控制

植被控制是利用地表密植的植物对地表径流中的污染物进行截流的方法,它能够在地表径流输送的过程中将污染物从径流中分离出来,使到达受纳水体的径流水质获得明显的改善,从而达到保护受纳水体的目的。地表的植被不但有助于减小径流的流速,提高沉淀的效率,过滤悬浮固体,提高土壤的渗透性,而且能够减轻地表径流对土壤的侵蚀,常常是一种有效的径流污染控制方法。

植被控制包括植草渠道和慢流两种。植草渠道即在输送地表径流的沟、渠中密植草皮以防治土壤侵蚀并提高悬浮固体的沉降效率。经国外专家研究,在较为平缓的坡度(<5%)上种植高于地面至少 15cm 的草,保持植草渠道内较小流速(<46cm/s)可取得良好的去除效率。地表漫流是过滤带理论的应用,它是在坡度较小的带状地面密植草皮使水流发散成为面流,从而过滤污染物质并提高土壤渗透性能的一种方法。植草绿化的路肩、边坡、边沟对公路路面径流中的一些污染物质都有良好的去除效率。

2. 湿式滞留池

湿式滞留池是池中平时保持有一定水量的滞留池,是去除地表径流污染最实用有效的方法之一。湿式滞留池的效率取决于滞留池的规模、流域面积和暴雨特征等。水在滞留池中的停留时间是影响去除效率的关键因素。滞留池去除颗粒状污染物的基本机理是沉淀,但一些滞留池对一些可溶性营养物也有很好的去除效果,如可溶性磷、硝酸盐及亚硝酸盐氮,其机理可能是由于湿式滞留池中的生物作用。

3. 渗滤系统

渗滤系统是使地表径流雨水暂时存储起来,并渗透到地下的一种暴雨径流控制方法,渗滤系统在美国的许多地方都作为一种处理暴雨径流的可选方案。可单独使用,也可与其他常规方法结合使用。渗滤系统通常包括渗坑、渗渠及渗井。设计良好的渗滤系统对路面径流中的污染物有很好的去除作用。

4. 湿地系统

地下水位在地表或接近地表、土地被一层潜水淹没或种植水生植物的土地均称为湿地。湿地是一种高效的控制地表径流污染的措施,它可以同化入流中大量的悬浮物或溶解态物质。去除污染物的主要机理是沉淀截流和植物吸附。湿地不同于滞留系统的特征有:水层浅,利用植物作为污染物去除的机理,强调水流缓慢,强调面流。

湿地系统可分为人工湿地及天然湿地。地下水位于地表或接近地表的滞留池,或有充足空间形成一浅水层的洼地,都可以人工建筑成湿地系统。湿地处理系统的开发是一项复杂的工作,尚未得到统一的认识,特别是天然湿地系统的开发利用更需谨慎。

路面径流污染控制技术的应用并不是单一的,在实际运用中,常常将几种方法组合使用。

第四节　公路交通振动污染与防治

振动通过人体各部位与其接触而产生作用,根据振动作用范围的不同,对人体的影响可分为全身振动和局部振动两种。全身振动是指人体直接站(或坐)在振动体上所受的振动,局部振动是指人体只有部分部位(如手)与振动体接触所承受的振动。由于公路交通振动激起的是地面振动,所以对人体的影响是全身的,车内的乘客振动亦是全身的。

人体对振动的反应相当于一个复杂的弹性系统,当振动的频率与人体的某些固有频率一致(或接近)时,因产生共振而对人体的影响特别大。实验表明,人体对频率 2 ~ 12Hz 的振动感觉最敏感,对低于 2Hz 或高于 12Hz 的振动,敏感性逐渐减弱。

人体全身垂直振动时,在频率 4 ~ 8Hz 范围内有一个最大的共振峰,称第一共振频率,它主要由胸腔共振产生,对心脏、肺脏的影响最大。在频率 10Hz 附近存在第二个共振频率,主要由腹腔共振产生,对肠、胃、肝脏等的影响较大。人体其他器官的共振频率头部为 25Hz,手为 30 ~ 40Hz,上下颌为 6 ~ 8Hz,中枢神经系统为 250Hz。

频率给定时,振动对人体的影响主要决定于振动的强度;其次与振动的暴露时间也有很大关系,短暂时间可以容忍的振动,在长时间就可能不能容忍。

当振动增强到某一程度,人就会感到不舒适,这是人对振动的心理反应。当振动继续增强,人对振动产生心理反应的同时产生生理反应,与此相应的振动强度叫做疲劳阈。当振动强度超过疲劳阈时,人的神经系统及其功能会受到不良影响。如果振动进一步增强,达到极限阈强度时,对人不仅有心理及生理影响,还会产生病理性损伤。长期在超极限阈的强烈振动下工作,会使感受器官和神经系统产生永久性病变,这种由振动引起的病变叫做振动病,它的全身症状是头晕、头痛、烦躁失眠、食欲不振和疲乏无力等,局部症状是承受强烈振动的部位,如手、肘、肩关节等发生损伤,手指肿胀僵硬,手臂无力等。

一、公路交通振动的传播

当汽车行驶于凹凸不平或有较深车辙的路面上时,汽车产生上下、左右或前后颠簸、摇动,这种不断变换方向的冲击力量作用于车体的各部,作用于车上的乘客,作用于路面,路面又将这巨大的外力传给路基,路基土壤又传给道路两侧的房屋,于是沿线一带就产生不同程度的振动。这就是一列火车、一队汽车从路面驶过或桥上通过时,人们明显地感到振动或摇晃的原因,尤其是夜深人静时感受倍增。当振动超过某种限度就会对人的心理和生理产生某种有害的影响。

近年来由于重型车辆、超重型车辆及拖挂列车的迅速增长,发动机功率增大,汽车在运行中产生的振动越来越大,不仅对周围环境产生影响,对生活产生影响,破坏安静的气氛,使公路两旁房屋门窗振动、墙面发裂,还由于汽车引起的振动在时间上不分昼夜、连续发生,对沿线居民的身体健康产生不利影响,使人感到疲劳烦躁、焦虑不安。

与噪声相类似，振动的位移、速度和加速度等也可用分贝数表达它们的相对大小，国家标准《城市区域环境振动标准》(GB 10071—88)规定，人体全身振动的感受与振动加速度的对数值大体成正比，故振动大小可以用振动加速度与基准振动加速度之比的常用对数值乘以 20 来表示，记为 VAL，单位为分贝(dB)，其定义为：

$$\mathrm{VAL} = 20\lg A/A_0 \tag{10-1}$$

式中：A——振动加速度的有效数值，$\mathrm{m/s^2}$；

A_0——基准振动加速度，且假定振动频率为 f(Hz)时：

$$A_0 = 2\times10^{-5}f\ (1<f\leqslant4)$$

当垂直振动时，振动频率为 4 ~ 8 Hz，一般认为人感受出的最小振动加速度为 $10^{-2}\mathrm{m/s^2}$。所以

$$\mathrm{VAL} = 20\lg10^{-2}/10^{-5} = 60\mathrm{dB} \tag{10-2}$$

但由于人体对振动的感受极其复杂，影响因素众多，且很多参数难以量测和取得定量指标，所以我国目前未订出全国性的统一标准，国际标准 ISO 2631—1987 亦仅就 1 ~ 80 Hz 频率范围作出了规定(图 10-13)。该标准给出了三个振动容许界线和暴露时间。

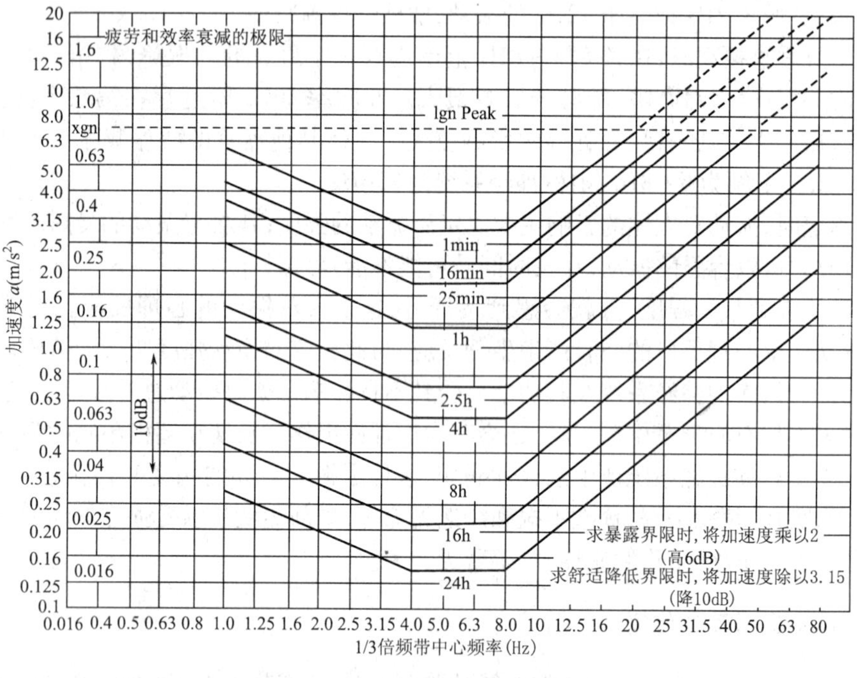

图 10-13 铅垂向的振动暴露标准(ISO 2631)

(1)疲劳、效率降低界限。图中给出的曲线是疲劳和效率降低振动标准，即当振动强度超过该疲劳阈时，人体不能保持正常工作效率。

(2)舒适性降低界限。将图中每条曲线的加速度除以 3.15(减 10dB)便是舒适性降低界限，即当振动强度超过该界限时，人体对振动产生心理不舒适感。

(3)暴露界限。将图中每条曲线的加速度乘以 2(加 6dB)便是振动暴露界限，即当振动强度超过该极限阈时，人体不仅产生心理反应，而且会产生生理病变。

(4)暴露时间。图 10-13 中每条曲线上的时间，即表示在该振动强度下允许的暴露时间。用以控制人的工作时间，以保持正常工作和身体健康。

我国于1988年正式颁布了城市区域环境振动标准(表10-7),对不同地带,白天、夜间允许振动的临界值作出了规定。

城市区域环境振动标准(GB 120071—88)(单位:dB) 表10-7

适用地带范围	昼间	夜间
特殊住宅区:特别需要安静的地区	65	65
居民文教区:纯居民区和文教、机关区	70	67
混合区、商业中心:一般商业与居民混合区;工业、商业、少量交通与居民混合区	75	72
工业集中区:城市或区域内规划明确确定的工业区	75	72
交通干线道路两侧:车流量每小时100辆以上的公路两侧	75	72
铁路干线两侧:距每日车流量不少于20列的铁道外轨30m外两侧的住宅区	80	80

二、公路交通振动的防治

公路交通激振引起公路两侧地面振动,会对人体、建筑、精密设备和文物等产生影响。公路交通振动的防治较为困难,根据国际、国内经验,公路交通振动防治可以采取下列措施。

1. 公路规划设计时的预防措施

根据类似情况发生振动的实测资料,预估规划道路可能发生振动的场所、范围和严重程度,在规划设计时采取减轻或防止振动的措施。如使两旁的房屋远离道路,或在车道两旁布置绿化或设置缓冲地带,依靠土壤吸收振动能以减轻振动的传递,因此,有许多国家将道路用地定得很宽,将两旁居民建筑限制在很远的地方,以免受车辆振动的影响。

2. 降低公路交通振动强度

交通产生振动的根源是汽车,尽可能使汽车本身具有弹性或安装减振设施以减低行驶中的波动,从而使传给公路的波动变小。加强交通管理使汽车匀速流畅地通过,并及时排除故障或交通事故所造成的拥挤阻塞。路面凹凸与沿路地基的振动有很大关系,故提高公路质量:

(1)严格规定公路的平整度并加强检测,及时整平路面修补裂缝可以减小振动。

(2)可采用有橡胶树脂的沥青混凝土防振路面。

(3)选择合适的桥梁伸缩缝,减小车辆的冲击振动。

(4)根据国外经验,对损坏的水泥混凝土路面采用沥青罩面能大大减小振动,一般可减少15~25Hz。

3. 控制公路与敏感点的距离

振动在地面传播时,其振动强度随传播距离衰减较快。一般情况下,公路交通振动传至距路边30m左右便不会有太大的影响,传至50m便可安全。对于有特殊要求的敏感点如天文台、文物古迹等,可根据相应的振动标准控制路线距这些地点的距离,这是唯一可行的措施。

在村庄附近做强振动施工时(如地基夯实、振动式压路机操作等),或爆破施工时,应对临近施工现场的民房进行监控,防止事故发生,对确受工程施工振动影响较大的民房应采取必要的补救措施。

4. 设置防振沟

一般的隔振系统由质量块、弹簧和阻尼器构成(图10-14),以减弱振动源向基础(地基)传递振动。对于公路交通振动,一般的隔振措施显然是不可行的。

防振沟是在振动源与保护目标之间挖一道沟，以隔离地面振动的传播，所以又叫隔振沟。一般防振沟的宽度应大于60cm，沟深应为地面波波长的1/4（在低频时其波长较长，如$f=10$Hz时，波长可达数百米），因此防振沟深度应在被保护建筑物基础深度的2倍以上。为了有效地隔离公路交通振动，防振沟的长度应大于保护目标沿公路方向的长度，有时需在保护目标的周围挖一圈防振沟。防振沟内最好是不填充物体而保持空气层，但实际中较难实现，通常是填充砂砾、矿渣或其他松散的材料。需注意，防振沟内如被填充坚实，或者被灌满水将会失去隔振作用。

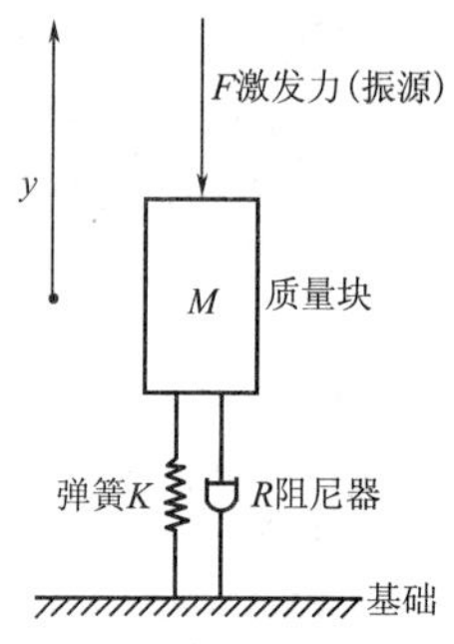

图10-14　隔振系统示意图

由上述可见，防振沟本身是一项比较艰巨的工程，因此，只有在特别需要时才采用，一般情况不宜采用。

第五节　公路交通环境管理

一、公路交通环境管理的任务与工作要求

1．环境管理任务

公路交通部门环境管理以建设项目环境管理为主。其主要任务是执行国家有关的环境管理、环境保护的法规和制度，制定公路交通行业相应的规范、规定和细则，对因公路建设、营运给周围环境造成的污染、损害和影响采取环保对策，使公路交通建设与环境建设实现可持续发展。

2．环境管理工作与要求

1990年6月16日交通部令第17号发布了《交通建设项目环境保护管理办法》，针对交通建设项目的特点及国家对建设项目环境保护的基本要求，规定了公路交通环境管理的主要工作和要求。

（1）对环境有影响的交通行业大中型建设项目，必须执行环境影响报告书（表）审批制度和防治污染及其他公害的设施与主体工程同时设计、同时施工、同时投产的“三同时”制度；改（扩）建和进行技术改造的工程建设项目，在改（扩）建和技术改造的同时，必须对原有的污染进行综合治理。建设项目投产后，其污染物的排放不得超过国家和地方规定的有关排放标准。

（2）各级交通环境保护部门，应协助有关部门完成以下各项工作：

①建设项目可行性研究阶段，落实环境影响评价工作，并审查评价费用。

②参与评审建设项目环境影响评价大纲、环境影响报告书（表）、建设项目工程可行性研究报告和初步设计中的环保篇章。

③监督检查设计、施工中与环境保护有关的设施落实情况，参与建设项目竣工验收。

④监督检查建设项目正式投入生产后环境保护设施运转情况和环境质量常规监测工作。

⑤定期向上一级交通环境保护部门报告有关工作情况。

（3）建设项目的环境影响评价工作是工程可行性研究工作的组成部分。建设主管部门在下达建设项目工程可行性研究任务时，应将有关文件送同级交通环境保护部门。环境影响报告书（表）的编制工作，应与建设项目的工程可行性研究报告编制工作同步进行。

（4）有关部门在审查建设项目工程可行性研究报告时，应邀请项目所在地政府环境保护

主管部门和同级交通环境保护部门参与环境保护篇章的审查。工程可行性研究报告书必须有相应的政府环境保护部门批准的环境影响报告书(表)。

(5)建设单位在项目建议书批准后,安排工程可行性研究工作的同时,委托持有相应的环境影响评价资格证书的单位承担建设项目环境影响评价任务。建设单位在正式委托大中型或限额以上建设项目的环境影响评价单位之前,必须将拟委托的评价单位报交通部环境保护部门,经认可后,方可办理委托手续。

(6)承担交通行业大中型限额以上建设项目环境影响评价任务的单位,必须熟悉交通行业建设项目的生产工艺、污染物排放及治理技术,并具备工程分析能力。

(7)环境影响评价单位与建设单位签订评价协议书后,在正式开展评价工作前,应根据建设项目周围环境和工程特点,提出环境影响评价大纲,明确各专题评价深度和进度,同时提出环境影响评价费用概算。

(8)环境影响评价单位可根据各专题业务性质确定专题评价单位和有关协作单位。主编环境影响报告书的单位必须承担总评价任务50%以上的工作。严禁任何单位和个人转借"评价证书"或变相转包评价任务。

(9)建设项目环境影响评价大纲在征得主管建设项目的交通环境保护部门同意后,由建设单位报负责审批该项目环境影响报告书的政府环境保护部门。经该政府环境保护部门同意,评价单位可与建设单位签订评价合同,合同必须标明评价证书的级别和编号。合同生效后,评价单位应按评价大纲所列内容开展评价工作,加强管理,保证评价质量,并对评价结论负责。

(10)交通行业大中型建设项目和限额以上的技术改造项目,原则上应编制环境影响报告书。但对环境影响较小的大中型建设项目,经主管项目的交通环境保护部门同意,报省级以上政府环境保护部门确认后,可以填写环境影响报告表。

(11)由交通部直接投资或补助投资的以及列入交通部计划的大中型基本建设项目和限额以上的技术改造项目的环境影响报告书(表),一律由建设单位报交通部环境保护部门预审。预审通过后,建设单位将环境影响报告书(表)和预审意见报项目所在地省级环境保护部门或国家环境保护部门审批。

(12)由地方投资的大中型建设项目和限额以上的技术改造项目,环境影响报告书(表)由建设项目所在地省级政府环境保护部门或国家环境保护部门审批。

(13)交通行业小型基本建设项目和限额以下的技术改造项目,环境影响报告书(表)按各地区政府规定的审批权限办理。

(14)负责环境影响报告书(表)预审的交通环境保护部门,自接到建设单位提交的环境影响报告书、环境影响报告表之日起,分别于两个月和一个月内提出预审意见。特殊性质和特大型建设项目的预审时间可适当延长,但应事先向项目审批部门声明。

(15)承担交通行业大中型建设项目的设计单位,必须按国家颁发的《建设项目环境保护设计规定》中有关环境保护篇章的要求和环境影响报告书(表)的预审和审批意见所确定的环境保护措施,完成各阶段的设计任务,并对建设项目防治污染措施的设计负有技术责任。

(16)建设项目主管部门在组织初步设计审查会一个月前,应将初步设计文件中有关环境保护篇章报送主管该项目的政府环境保护部门和项目审批部门同级的交通环境保护部门。初步设计审查会必须有政府环境保护部门和交通环境保护部门参加。环境保护篇章不符合要求的，不得通过初步设计。

（17）施工单位必须做到文明施工，保护施工现场周围环境。施工时应尽可能采取有效环境保护措施，防止和减轻施工过程中产生的粉尘、噪声、振动、废水和废料等对施工现场周围环境造成的污染和危害。建设项目工程竣工后，应恢复由于施工受到破坏的环境。

（18）在建设项目竣工验收前，建设单位应向主管该项目的政府和交通环境保护部门提交《建设项目环境保护设施竣工验收报告》，说明环境保护设施处理能力，试运转情况。项目主管部门在组织对建设项目进行竣工验收时，应有政府和交通环境保护部门参加。经验收合格，方可投入生产使用。没有执行“三同时”和达不到国家和地方有关部门制定的污染物排放标准的建设项目，不得通过验收。

我国建设项目的环境管理程序与基本建设程序的工作关系如图10-15所示，图中表示了项目建设各个阶段所对应的环境管理工作。

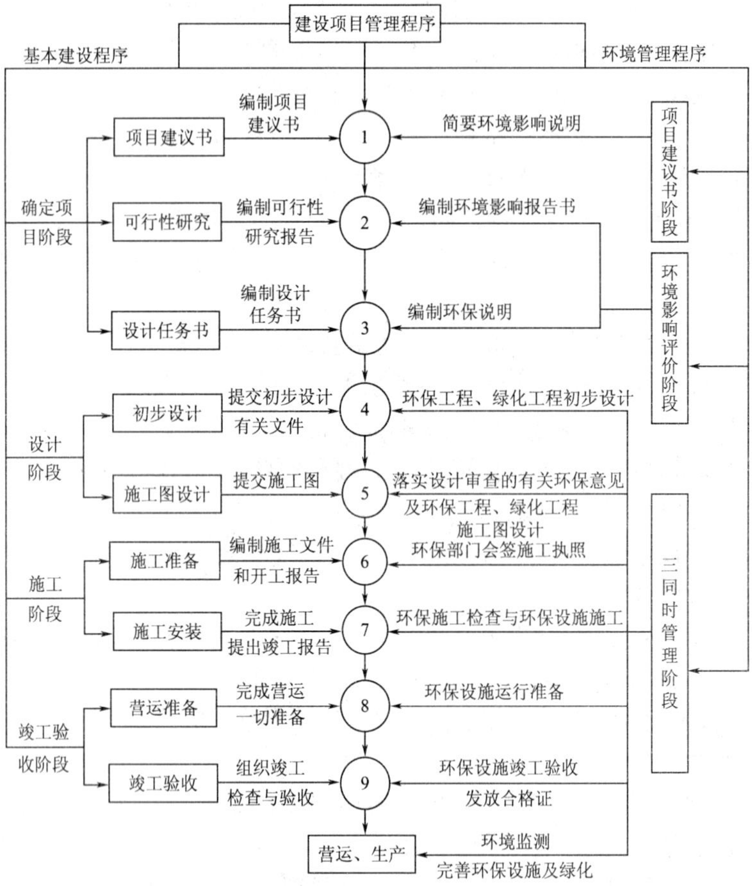

图10-15　我国基本建设程序与环保管理程序的工作关系示意图

二、公路交通环境管理机构及职能

公路交通环境保护除受国家政府相应环保部门的管理外，还受交通行业各级环保部门的管理。一般来说，政府系统的环保部门为监督检查机构，交通行业系统的环保部门为执行机构。我国现行两个环保系统的工作关系见图10-16。

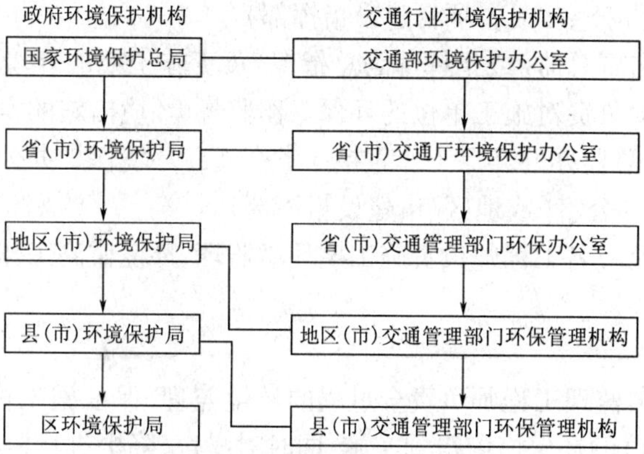

图 10-16　政府环保机构与交通行业环保机构工作关系框图

注:交通管理部门指公路局、交通局、高管局

(一)公路交通环境管理机构及职能

目前各省(市)交通厅及其下属的管理机构框图见图 10-17,各级机构职能如下。

1. 省(市)交通厅环境保护办公室

负责全省(市)公路交通环境保护管理,制定公路交通环境保护有关条例、规章,编制环境保护规划,制订年度环境监测计划、环境设施实施计划等。

2. 省(市)公路交通管理部门环境保护办公室

该层机构包括公路局、交通局、高等级公路管理局或高速公路公司等环保办公室,他们直接负责环境保护工作的管理与保护计划的实施,协助交通厅环保办公室完成定期环境监测,并行使建设项目环境管理职责。

3. 地区(市)、县(市)交通管理部门

目前,地区(市)、县(市)公路交通管理部门(包括公路局、交通局等)的环保工作由领导及工作人员兼管,一般不设专门的环保机构。他们负责辖区内的公路交通环境保护工作,执行并完成省(市)交通环保规划及计划,协助完成环境监测等。

(二)公路交通施工期环境管理机构及职能

根据公路交通项目施工实践及具体工作的需要,特别是国际金融组织贷款建设项目环保工作的要求,施工期应有健全的环境管理机构。目前,施工期环境保护管理机构与施工组织机构合一,各级机构设有专职或兼职人员负责环境保护工作。由于各地的施工组织机构不一致,图 10-18 中以实线、虚线给出了两种组织机构。

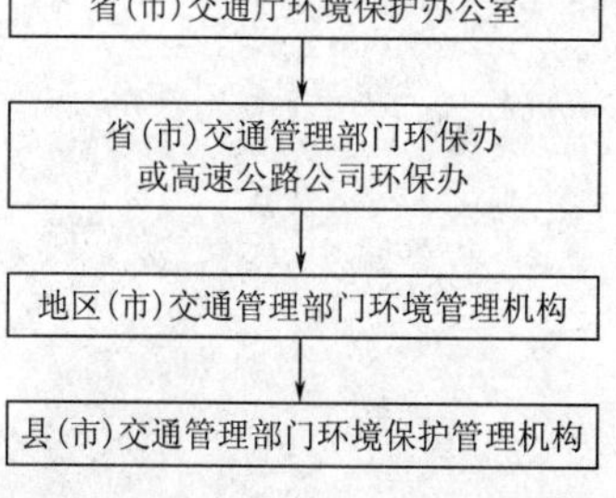

图 10-17　交通行业环境管理机构框图

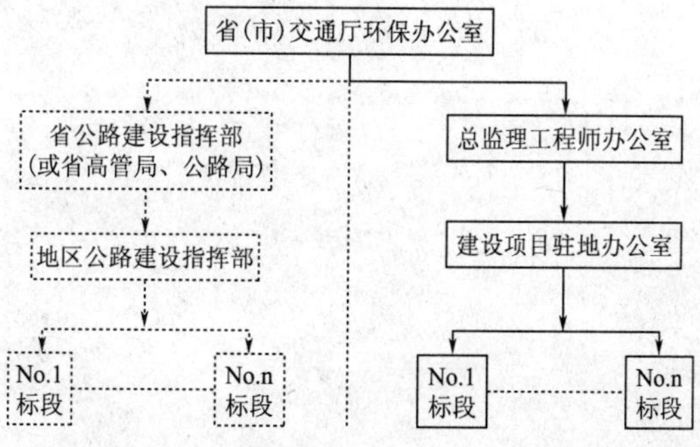

图 10-18　公路施工期环境保护管理机构框图

1. 总监理工程师办公室(或省项目建设指挥部)

一般总监办由一名副总监(或指挥部副总指挥)负责施工期的环境保护工作决策,并领导环保工作。一名工程师负责对施工单位的环保工作监督、环境措施的实施,组织环境监测及数据、资料汇总上报等。总监办的环保工作直接向省交通厅环境保护办公室负责。

2. 建设项目驻地办公室(或地区、市建设指挥部)

一般由一名领导及一名工程师负责施工期环境监理、环境监测工作,直接处理施工中的环境保护工作。

3. 施工标段

各施工标段由一名监理工程师负责全过程的环境监理,保证施工标书或施工期环境行动计划(对贷款建设项目)的环保措施得到实施,同时对噪声、降尘进行监测。

应指出,目前我国公路交通的环境管理需要进一步加强,以使环境保护工作与我国公路建设的形势相适应。

复习思考题

1. 叙述公路交通环境的含义。
2. 叙述大气污染的含义、来源和类型。
3. 公路交通大气污染物的危害及防治方法有哪些?
4. 公路交通噪声的危害及控制方法有哪些?
5. 按水体污染物来分,水环境污染可分为几类?
6. 公路交通造成的水污染包括哪两方面内容?
7. 公路交通振动的防治措施有哪些?
8. 铅垂向振动暴露评价标准中,有哪三个振动容许界限?

参考教学大纲

一、本课程的性质、作用

《公路交通工程及沿线设施概论》是三年制高职交通土建类各专业必修的一门专业课。《公路交通工程及沿线设施》以公路工程基本建设项目设计文件编制办法为主线，以现行公路工程技术标准为依据，兼顾不同等级公路，主要从道路交通的基本特征、交通安全设施、监控系统、通信系统、收费系统、照明系统、配供电系统、服务设施及房屋建筑、公路交通环境污染及防治几个方面介绍公路交通工程及沿线设施的内容。

本课程的作用是通过课堂理论学习和实习，使学生掌握交通工程及沿线设施设置方式及施工程序等基础知识和基本技能；拓展学生专业知识面，培养学生的专业素质；为学习专业课程和继续深造提供必要的基础；同时，注意培养学生科学的思想方法和工作方法。

二、本课程的教学目标、与其他课程的联系

（一）知识目标

1. 理解和掌握交通工程及沿线设施的基本概念、设置方法及其适用范围。

2. 学会用交通工程学的基本知识分析和处理交通沿线设施中简单的技术问题。

（二）能力目标

1. 具备对交通沿线设施施工的能力。

2. 具备对公路交通系统进行交通分析的能力。

3. 能运用设计原理，通过调查、分析和综合，对公路交通问题作出正确判断的能力。

4. 能从事简单的公路交通调查，并协助工程师合理解决公路交通问题的能力。

（三）品格目标

1. 在教学活动中要密切联系生活实际与工程实际，激发学生的求知欲，培养科学精神和创新精神。

2. 教育学生在学习的过程中，处理好理论与实际的关系，培养学生理论联系实际的学风。

（四）本课程应在学习公路设计、桥涵设计等的基础上进行学习。

三、教学方法、手段

根据不同的教学内容可采用：课堂讲授、多媒体教学、分组讨论、解题训练、阅读研讨、实验教学等方式。

四、课程的课时分配

本课程教学总时数约为36学时，包括讲课、实习、解题训练和机动四部分，具体课时分配见课时分配表。

序 号	课 题	讲 课	习 题	实 习
1	绪论	2		
2	道路交通的基本特征	4		2

续上表

序 号	课 题	讲 课	习 题	实 习
3	交通安全设施	4		6
4	监控系统	2		
5	通信系统	2		
6	收费系统	2		
7	照明系统	2		
8	供配电系统	2		
9	服务设施及房屋建筑	2		
10	公路交通环境污染及防治	4		
11	机动	2		
合计		28		8

实习内容为:公路交通量调查2课时,参观认识实习6课时。

五、说明

1. 本课程要重点培养学生对公路交通工程问题的理解和公路交通沿线设施的施工能力。

2. 本课程内容可根据专业所需进行选用并增删课时。

3. 本课程的阅读材料可根据实际情况选用,同时应指导学生进行课外阅读,举行专题研讨,撰写小论文等教学活动。

参 考 文 献

[1] 高速公路丛书编委会.高速公路交通工程及沿线设施.北京:人民交通出版社,1999.
[2] 李峻利.交通工程设施设计.北京:人民交通出版社,2001.
[3] 李江,等.交通工程学.北京:人民交通出版社,2003.
[4] 马荣国,杨立波.交通工程设计理论与方法.北京:人民交通出版社,2002.
[5] 翁小雄.高速公路机电系统.北京:人民交通出版社,1999.
[6] 中国公路学会.《交通工程手册》编委会.交通工程手册.北京:人民交通出版社,1998.
[7] 中华人民共和国行业标准.公路工程技术标准(JTJ B01—2003).北京:人民交通出版社,2004.
[8] 中华人民共和国交通部.公路工程基本建设项目设计文件编制办法.北京:人民交通出版社,2007.
[9] 任福田,刘小明,荣建,等.交通工程学.北京:人民交通出版社,2003.
[10] 杨久龄,刘会学.道路交通标志和标线(GB 5768—1999)解释与应用.北京:新华出版社,1999.
[11] 中国公路学会《交通工程手册》编委会.交通工程手册.北京:人民交通出版社,2001.
[12] 中华人民共和国国家标准.道路交通标志和标线 第1部分:总则(GB 5768.1—2009).北京:中国标准出版社,2009.
[13] 中华人民共和国国家标准.道路交通标志和标线 第2部分:道路交通标志(GB 5768.2—2009).北京:中国标准出版社,2009.
[14] 中华人民共和国国家标准.道路交通标志和标线 第3部分:道路交通标线(GB 5768.3—2009).北京:中国标准出版社,2009.
[15] 中华人民共和国行业标准.公路交通安全设施设计规范(JTG D81—2006).北京:人民交通出版社,2006.
[16] 中华人民共和国行业标准.公路交通安全设施设计细则(JTG/T D81—2006).北京:人民交通出版社,2006.
[17] 中华人民共和国行业标准.公路交通安全设施施工规范(JTG F71—2006).北京:人民交通出版社,2006.
[18] 田平.公路环境建设与管理.北京:人民交通出版社,2004.
[19] 李江,等.交通工程学.北京:人民交通出版社,2002.
[20] 戴明新.公路环境保护手册.北京:人民交通出版社,2004.
[21] 赵剑强.公路交通与环境保护.北京:人民交通出版社,2002.
[22] 张玉芬.道路交通环境工程.北京:人民交通出版社,2001.